Christoph Burger | Jan U. Hagen

Strukturumbruch in der Finanzdienstleistungsindustrie

Christoph Burger | Jan U. Hagen

Strukturumbruch in der Finanzdienstleistungsindustrie

Prozessänderungen als Chance für neue Strategien und Konzepte in Banken

Bibliografische Information Der Deutschen Nationalbibliothek
Die Deutsche Nationalbibliothek verzeichnet diese Publikation in der Deutschen Nationalbibliografie; detaillierte bibliografische Daten sind im Internet über <http://dnb.d-nb.de> abrufbar.

Christoph Burger leitet die Practice Group Telecom, Transportation, Utilities & General Management der ESMT European School of Management and Technology, Customized Solutions. Er hat als Senior Project Manager bei Arthur D. Little und Vice President der Bertelsmann Buch AG umfassende internationale Erfahrungen in Nord- und Osteuropa sowie den USA gesammelt.

Dr. Jan U. Hagen leitet die Practice Group Financial Services der ESMT European School of Management and Technology, Customized Solutions. Er hat umfassende Erfahrungen in der Managementberatung europäischer Finanzdienstleister und war vor seinem Wechsel zur ESMT u. a. Principal bei Booz Allen & Hamilton, Senior Manager bei A.T. Kearney und Vorstandsassistent der Deutschen Bank.

1. Auflage 2008

Lektorat: Katrin Alisch

Der Gabler Verlag ist ein Unternehmen von Springer Science+Business Media.
www.gabler.de

Umschlaggestaltung: Ulrike Weigel, www.CorporateDesignGroup.de
Druck und buchbinderische Verarbeitung: Wilhelm & Adam, Heusenstamm
Gedruckt auf säurefreiem und chlorfrei gebleichtem Papier
Printed in Germany

ISBN 978-3-8349-0625-0

Vorwort

Bisherige Bücher über die Themen Management von Wertschöpfungsketten und Outsourcing stellen gewöhnlich die Prozessoptimierung einzelner Wertschöpfungsstufen in den Vordergrund. Dagegen befasst sich kaum ein Autor mit der Gesamtverlagerung von Wertschöpfungsstufen und demzufolge auch nicht mit ihrer Auswirkung auf die Wettbewerbs- und Marktstruktur. Diese Lücke beabsichtigen wir mithilfe des vorliegenden Buches zu schließen. Die Fragen, denen wir uns in diesem Zusammenhang widmen, lauten daher:

1. Welche Wertschöpfungsstufen soll eine Bank abdecken?
2. Welche Kernkompetenzen sichern die Wettbewerbsfähigkeit in einem sich stark wandelnden Wettbewerbsumfeld?
3. Soll sich die Bank eher als Nischenanbieter oder Generalist positionieren und wie nachhaltig kann diese Positionierung sein?

Das Buch stellt vor dem Hintergrund der Herausforderungen deutscher Banken mögliche Strategien und Geschäftsmodelle zur Verlagerung von Wertschöpfungsstufen vor. Darüber hinaus skizzieren wir mögliche Szenarien für die daraus entstehende Wettbewerbslandschaft deutscher Banken.

Die Thesen, die wir aus den nachfolgenden Kapiteln ableiten, lassen sich wie folgt zusammenfassen:

1. Die Internationalisierung des Wettbewerbs und der Eintritt neuer Wettbewerber werden den Margen- und Effizienzdruck weiterhin erhöhen.
2. Ein erster Ansatzpunkt zu einer Effizienzsteigerung der Banken liegt in der Optimierung der bestehenden Wertschöpfungsstufen.
3. Im Sinn dieser Optimierung versuchen Banken, Effizienzpotenziale durch Skalierung der einzelnen Wertschöpfungsstufen zu realisieren, ebenso wie es bei der Industrialisierung anderer Branchen geschehen ist.
4. Im nationalen Kontext erweist sich diese Strategie mittelfristig als valide; langfristig wird sie bei konvergierenden Märkten (vergleiche Europa) nicht ausreichend sein.
5. Im Sinn einer dualen Strategie (das heißt mit mittelfristigem und langfristigem Fokus) ist es sowohl essenziell, sich mit Zielmarktstrukturen und der möglichen eigenen Positionierung innerhalb dieser zu beschäftigen, als auch zu hinterfragen, ob die derzeitige Strategie auf Basis solcher Strukturen robust sein kann.

Das Buch ist modular aufgebaut. Das Einleitungskapitel befasst sich mit der aktuellen Situation der Bankenlandschaft, bezogen auf die Optimierung von Wertschöpfungsstufen. In den anschließenden Kapiteln werden Erfolgsbeispiele von Banken beziehungsweise Dienstleistern, die sich auf spezifische Wertschöpfungsstufen konzentriert haben, aufgezeigt – vom Transactionbanking (Zahlungsverkehr- und Wertpapierabwicklung) bis zur Kreditabwicklung von Problemkrediten (Sanierungsmanagement). Das Buch schließt mit dem Ausblick auf Zielmarktstrukturen, den Erkenntnissen, die aus den Konsolidierungswellen anderer Industrien gewonnen wurden, und Rastern zur Hinterfragung der eigenen Positionierung.

Das Buch ist praxisorientiert. Es konzentriert sich auf die wesentlichen Themen und ist insofern nicht auf Vollständigkeit bedacht; es richtet sich an Führungskräfte in Banken, Sparkassen und Genossenschaftsbanken; spezialisierte Dienstleister im Bankensektor und Berater des Bankensektors.

Christoph Burger und Jan Hagen

Inhaltsverzeichnis

Herausgeber- und Autorenverzeichnis

Die Herausgeber:

Christoph Burger

leitet die Practice Group Telecommunication, Transport and Utilities der ESMT Customized Solutions, Berlin. Seine Publikationen umfassen die Themen: Industry Outlook, Business-Plan-Bewertung und Customer-Management. Zuvor war er Senior Project Manager bei Arthur D. Little und Vice President der Bertelsmann Buch AG.

Dr. Jan Hagen

leitet die Practice Group Financial Services der ESMT Customized Solutions, Berlin. Zuvor war er bei der Deutschen Bank, A. T. Kearney und Booz Allen & Hamilton tätig. Er hat unter anderem Artikel zu den Themen Komplexitätsmanagement und Outsourcing veröffentlicht.

Die Autoren:

Peter E. Blatter

ist seit 1978 bei der Citibank und entwickelte in seiner langjährigen Tätigkeit im Firmen- und Privatkundengeschäft innovative Konzepte für Budgetplanung und Kapazitätsmanagement. Seit Anfang 2002 ist er als Vorstand für das Ressort Operations & Technology im deutschen Privatkundengeschäft der Citibank verantwortlich.

Dr. Mario Daberkow

ist seit 2006 Mitglied des Vorstandes der Deutsche Postbank AG. Er verantwortet den Ressort Services. Dazu zählen die Geschäftsbereiche: Betriebssteuerung, Kunden und Vertrieb, Zahlungsverkehr Euro, Zahlungsverkehr Global, Konten und Services und Kreditservices.

Dr. Armin Grüneich

ist seit April 2006 für die Deutsche Asset Management – DeAM – New York City tätig. In seinem Bereich werden neueste finanzmathematische Methoden zur Performance-Messung, Attributionsanalyse und Gestaltung der aktiven Risikopositionen der Portfolios eingesetzt und weiterentwickelt.

Ralph Hientzsch

ist geschäftsführender Gesellschafter der Consileon Business Consultancy, Frankfurt. Einer seiner Schwerpunkte liegt in der Managementberatung führender internationaler und nationaler Finanzdienstleister.

Hermann-Josef Lamberti

ist seit 1999 Mitglied des Vorstandes der Deutsche Bank AG. Als Chief Operating Officer ist er für das Kosten- und Infrastrukturmanagement, die Informationstechnologie und Operations, das Gebäude- und Flächenmanagement sowie den Einkauf der Deutschen Bank Gruppe weltweit verantwortlich.

Dr. Götz Möller

ist Vorstandsmitglied von Equens und verantwortlich für die Bereiche Finanzen und Controlling, Personal, Beschaffung und Recht. Zuvor war er Vorstandsmitglied der Transaktionsinstitut für Zahlungsverkehrsdienstleistungen AG und der Kleindienst Datentechnik AG.

Jochen Speeck

ist seit 2004 Vorstandssprecher der VR Kreditwerk Hamburg – Schwäbisch Hall AG. Zuvor war er in der HypoVereinsbank tätig; zuletzt als Vorstandsmitglied der Bank Austria Creditanstalt mit Zuständigkeit für die Bereiche Informationstechnik, Zahlungsverkehr, Settlement und Facility-Management für Österreich und Osteuropa.

Bernd Sperber

ist Mitglied des Vorstandes der Xchanging Transaction Bank GmbH, Frankfurt und verantwortlich für die Bereiche Quality Assurance, Risk Management, Data Security, Audit, Legal, Compliance, Anti-Money Laundering und Principle Matters.

Dr. Rüdiger Volk

ist Direktor der Deutsche Bank AG und war langjährig Leiter des Marktgebietes Berlin/Brandenburg im Bereich Global Banking – German MidCaps, zuständig für Vertrieb und Relationship Management. Weitere Erfahrungen sammelte er unter anderem im Bereich Global Markets, Distressed Product Group, London.

Christoph Burger und Jan Hagen

Einleitung

Die deutschen Banken, Sparkassen und Genossenschaftsbanken sind einem dynamischer werdenden Wettbewerbsumfeld ausgesetzt. Ein zentraler Faktor ist dabei die fortschreitende Deregulierung und Harmonisierung der aufsichtsrechtlichen Regulierung des Bankgeschäfts in Europa. So treten am Markt zunehmend ausländische Wettbewerber auf, die sich auf attraktive Kundensegmente (siehe Abb. 1) konzentrieren, ohne die etablierten deutschen Institute frontal anzugehen: Beispielsweise ist die ING Diba im Online-Retailbanking sehr erfolgreich, während

Abbildung 1: *Markteintrittstrategien im deutschen Banksystem*

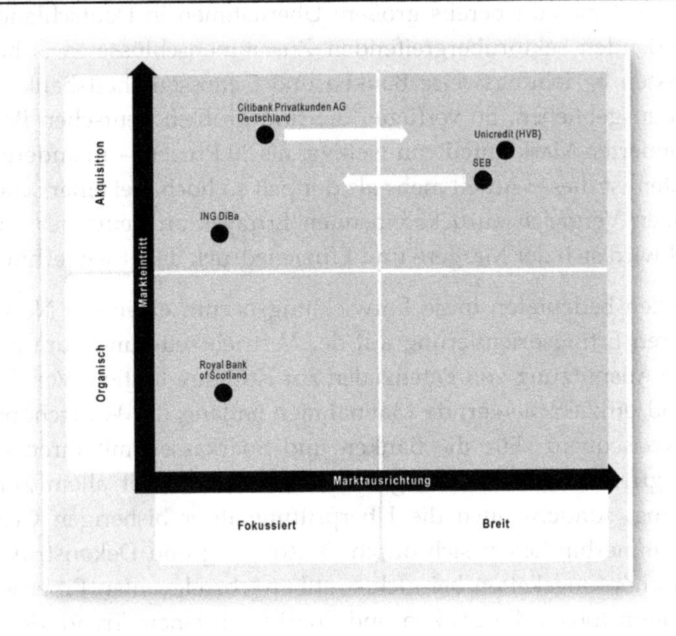

die Royal Bank of Scotland zusammen mit Tchibo in Deutschland standardisierte Ratenkredite im Massengeschäft anbietet. Gerade dadurch geraten ertragsstarke

Kundensegmente bei den etablierten Instituten unter Druck. Die früher häufig zu beobachtende Quersubventionierung von Geschäftsbereichen zur Sicherstellung einer breiten Marktpositionierung wird unter diesen Bedingungen zunehmend problematisch.

Darüber hinaus treten verstärkt neue Wettbewerber aus anderen Branchen (zum Beispiel eBay mit seinem internationalen Zahlungsverkehrssystem PayPal) auf, beziehungsweise werden Banken mit neuen Geschäftsmodellen konfrontiert: General Electric und seine GE Money Bank oder die britische Online-Banking-Plattform Zopa adressieren potenzialstarke Nischensegmente mit Kredit- und Anlageprodukten. Solche neuen Geschäftsmodelle werden die deutsche Wettbewerbsstruktur ebenfalls beeinflussen.

Schließlich müssen sich die deutschen Institute auch mit dem europaweiten Konsolidierungsprozess auseinandersetzen, der die Kostenstrukturen im Wettbewerb immer stärker bestimmen wird. Bislang ist eine Konsolidierung im deutschen Banksystem nur in Ansätzen zu beobachten. Zwar hat es mit der Übernahme der Berliner Bank und der Norisbank duch die Deutsche Bank sowie der HVB durch die italienische Unicredit bereits größere Übernahmen in Deutschland gegeben, die entscheidenden sektorübergreifenden Zusammenschlüsse zwischen Banken und Sparkassen beziehungsweise Banken und Genossenschaftsbanken sind bislang jedoch ausgeblieben. So verfügen die fünf größten deutschen Banken über einen kombinierten Marktanteil von weniger als 30 Prozent – in anderen europäischen Märkten ist dieser Anteil mehr als doppelt so hoch. Bei einer schon jetzt im internationalen Vergleich zurückbleibenden Ertragskraft deutscher Banken und Sparkassen[1] wird sich der Margen- und Effizienzdruck daher weiterhin erhöhen.

Für die Banken bedeuteten diese Entwicklungen zum einen die Notwendigkeit einer stärkeren Ertragsorientierung auf der Vertriebsseite und zum anderen die konsequente Ausnutzung von Potenzialen zur Kostenreduktion. Vor diesem Hintergrund sind effizienzsteigernde Maßnahmen entlang der Wertschöpfungskette eine erste Konsequenz. Für die Banken und Sparkassen mit ihren traditionell vertikal integrierten Wertschöpfungsketten heißt das nicht allein zunehmende Spezialisierung, sondern auch die Überprüfung ihrer bisherigen Geschäftsmodelle; denn immerhin lassen sich durch Outsourcing und Dekonstruktion integrierter Wertschöpfungsketten bei nicht-wettbewerbsrelevanten Prozessen Kosten senken. Insofern folgen die Banken und Sparkassen einem Trend, der in der Industrie bereits deutlich fortgeschritten ist. Als Beispiel möge die Automobilproduktion dienen, in der eine Wertschöpfungsquote von weniger als 30 Prozent zu beobachten ist, wohingegen diese Quote im Finanzdienstleistungsgeschäft in

1 vgl. Brunner, A. et al. (2004)

Deutschland noch bei über 80 Prozent liegt.[2] Hersteller wie BMW haben durch konsequente Spezialisierung und Fokussierung auf wenige Kernprozesse – wie Design und Motorenentwicklung – eine herausragende Marktpositionierung erreichen können.

Bedeutung der Dekonstruktion von Wertschöpfungsketten

Die Wertschöpfung einer Bank oder Sparkasse setzt sich aus unterschiedlichen Wertschöpfungsaktivitäten zusammen, die wir nach Porter als Wertschöpfungskette beschreiben.[3] Strategisch relevante Teilverrichtungen zur Leistungserstellung bilden die Glieder der Kette. Primäre Wertschöpfungsaktivitäten beziehen sich auf die Erbringung der eigentlichen Bankdienstleistung, wohingegen die sekundären Wertschöpfungsaktivitäten für die gesamte Kette unterstützenden Charakter haben. Anders als bei der von Porter betrachteten produzierenden Industrie, beginnt die Wertschöpfungskette bei Finanzdienstleistern allerdings generell auf der Marktseite (siehe Abb. 2).

Abbildung 2: *Generische Wertschöpfungskette einer Bank* [4]

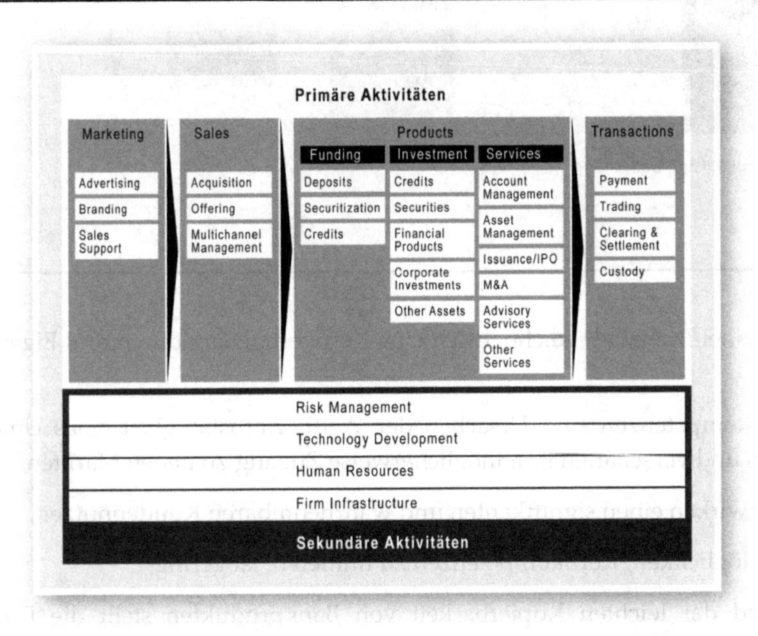

2 vgl. Burchard, U. (1997) sowie Roberts, J. (2004), S. 191 ff.
3 vgl. Porter, M. (1985), S. 36 ff.
4 Lammers, M. et al. (2004), S. 6

Zur Erlangung von Wettbewerbsvorteilen sind die Marktteilnehmer gezwungen, die Effektivität ihrer Wertschöpfungsaktivitäten am Markt kontinuierlich zu überprüfen. Daraus erfolgen schließlich die Konzentration auf die Kernkompetenzen des jeweiligen Unternehmens und die Ausgliederung nicht wettbewerbsrelevanter Wertschöpfungsaktivitäten auf spezialisierte Dienstleister.[5] Die Marktstruktur für den Bereich Finanzdienstleistungen hat sich vor diesem Hintergrund in Richtung zunehmender Spezialisierung auf Kernkompetenzen verschoben (siehe Abb. 3).

Abbildung 3: *Heutige Struktur des Retailbanking-Marktes in Deutschland*

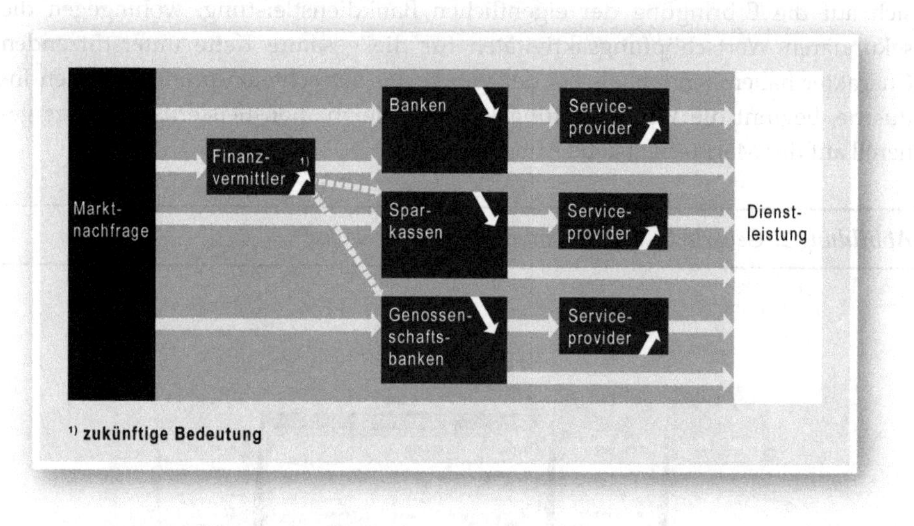

Nach Hamel/Prahalad[6] zeichnet sich eine Kernkompetenz durch drei Eigenschaften aus:

1. Kernkompetenzen sind Ursachen der Wettbewerbsfähigkeit eines Unternehmens und verschaffen ihm möglicherweise Zugang zu neuen Märkten,
2. sie erwirken einen signifikanten und wahrnehmbaren Kundennutzen,
3. die Möglichkeit, Kernkompetenzen zu imitieren, ist gering.

Aufgrund der leichten Kopierbarkeit von Bankprodukten stellt die Erfüllung sämtlicher drei Kriterien eine Herausforderung dar. Banken und Sparkassen müs-

5 vgl. Hamoir, O. et al. (2002), S. 116 – 124
6 vgl. Hamel, G.; Prahalad, C.K. (1991), S. 83 f.

sen zur Wettbewerbsdifferenzierung folglich auf Kompetenzfelder ausweichen, die auch in anderen Branchen relevant sind und deshalb den Markteintritt von branchenfremden Unternehmen begünstigen.[7] Beispiele dafür sind Kompetenzbereiche wie:

- Relationship Management,
- Risk Management,
- Investment Management,
- Financial Engineering,
- Trading & Sales,
- Customer Information Management.

Im Hinblick auf ihre Kernkompetenzen haben sich bisher nur wenige Banken klar positioniert. Beispiele für eine Fokussierung in Deutschland bieten die Citibank und die Privatbank Sal. Oppenheim. Während sich die Citibank auf ihre Vertriebskompetenz im Retailbanking und die Industrialisierung ihrer Prozesse fokussiert, hat sich Sal. Oppenheim auf die Beratungskompetenz für äußerst vermögende Familien konzentriert. Beide Banken haben dabei systematisch Prozesse der Wertschöpfungskette, die keine Kernkompetenz darstellen, auf externe Dienstleister übertragen.

Bei den großen deutschen Universalbanken, Sparkassen und Genossenschaftsbanken steht die Kernkompetenzorientierung dagegen noch am Anfang. Zwar haben nahezu alle Institute die Notwendigkeit der Kostenreduktion durch eine Nutzung von Skaleneffekten erkannt. Allerdings wurde bei den meisten Instituten zunächst eine Insourcing-Strategie – entweder direkt oder über Tochtergesellschaften – gegenüber einem Outsourcing favorisiert (nicht zuletzt vor dem Hintergrund hoher Investitionen in die Informationstechnologie der Vergangenheit).

Seit dem Ende der 1990er Jahre hat jedoch ein Paradigmenwechsel stattgefunden: Banken und Sparkassen beginnen, insbesondere im Bereich der Abwicklung von Wertpapier- und Zahlungsverkehrstransaktionen, mittels gezieltem Outsourcing an neu gegründete Transaktionsbanken, Skaleneffekte zur Kostenreduktion zu nutzen. Da der Anteil der Abwicklungskosten des Wertpapierhandels und Zahlungsverkehrs etwa 25 Prozent der gesamten Prozesskosten der Banken ausmacht[8], liegt hier ein wichtiger Hebel zur Verbesserung der Finanzleistung. Mittlerweile werden im Bereich des Wertpapierhandels heute zirka 55 Prozent des deutschen Marktvolumens durch Transaktionsbanken abgewickelt, wohingegen

7 vgl. Hamel, G.; Prahalad, C.K. (1994), S. 246 f. sowie Ehrensberger, S. et al. (2000), S. 192
8 vgl. Xchanging (2004), S. 5

es beim Zahlungsverkehr über 80 Prozent sind. Während früher bei Banken unterstützende Prozesse wie die Wertpapierabwicklung als wesentlich zur Differenzierung im Wettbewerb angesehen wurden, hat aufgrund des zunehmenden Wettbewerbsdrucks ein Umdenken eingesetzt. Der wachsende Markt von Spezialisten zur Abdeckung von Unterstützungsprozessen ermöglicht nunmehr eine stärkere Kernkompetenzorientierung im Wettbewerb.

Bislang sind die Anbieter dieser Spezialdienstleistungen nur national präsent. Vor dem Hintergrund der von der Europäischen Kommission forcierten Harmonisierung der Regulierung in Europa wird es in den nächsten Jahren jedoch auch hier zu einer Internationalisierung des Wettbewerbs kommen. Erste Ansätze sind zum Beispiel anhand der Übernahme der European Transaction Bank durch die englische Xchanging oder der langfristigen Europastrategie der Postbank im Zahlungsverkehrsgeschäft erkennbar.

Der Markt von Transaktionsbanken und spezialisierten Dienstleistern für Teilfunktionen des Bankgeschäfts hat sich aufgrund der in Deutschland bestehenden Drei-Säulen-Struktur für Banken, Sparkassen und Genossenschaftsbanken getrennt entwickelt und die Entstehung größerer Serviceprovider dadurch bisher verhindert.[9] Die von der Kommission initiierten Maßnahmen zur Erhöhung des Wettbewerbs unter den Säulen – insbesondere durch den Wegfall der Gewährsträgerhaftung bei den Sparkassen – und der steigende internationale Margendruck im Bankgeschäft lassen jedoch eine Konsolidierung unter den Transaktionsbanken und Serviceprovidern erwarten.[10] Das Zusammengehen der zur Sparkassenorganisation gehörenden WPS mit der genossenschaftlichen BWS zur DWP stützt diese Annahme – insbesondere nachdem die Dresdner Bank ihr Wertpapiergeschäft seit 2005 durch die DWP abwickeln lässt. Vor diesem Hintergrund sehen wir bis 2015 eine signifikante Verschiebung der Aufgabenverteilung innerhalb der Wertschöpfungskette. Die Abbildung 4 zeigt die wesentlichen erwarteten Veränderungen gegenüber dem heutigen Stand auf.

Neben der Abwicklung des Zahlungsverkehrs- und Wertpapiergeschäfts werden aber auch weitgehend integrierte Dienstleistungen, wie die Immobilienfinanzierung oder das Kreditmanagement, verstärkt durch Spezialisten, die sich außerhalb der Konzernstrukturen befinden, erbracht. Dazu gehören sekundäre Aktivitäten innerhalb der Wertschöpfungskette, wie die Informations-Technologie.

Insbesondere in den USA ist diese Entwicklung bereits deutlich fortgeschritten. Dort haben sich seit Mitte der 1980er Jahre spezialisierte Service Provider, wie Automatic Data Processing (ADP) oder Electronic Data Systems (EDS) als Out-

9 vgl. Bongartz, U. (2004), S. 47

10 siehe hierzu auch A.T. Kearney-Transaction-Banking-Studie 2004, S. 4

sourcing-Partner der Finanzdienstleistungsindustrie etabliert; seit einiger Zeit versuchen sie auch international Fuß zu fassen. Die heterogenen, nationalen, gesetzlichen Regelungen haben in Europa bislang das Entstehen international tätiger Service Provider verhindert. Aufgrund der fortschreitenden regulatorischen Harmonisierung innerhalb der EU sowie der absehbaren Zusammenschlüsse seitens der großen Börsen dürften hier in den nächsten Jahren signifikante Umbrüche erfolgen. Auf die Weise bereitet die Postbank mit der Schaffung einer neuen IT-Plattform auf SAP-Basis derzeit das Angebot einer europäischen Zahlungsverkehrsabwicklung vor.

Abbildung 4: *Erwartete Verlagerungen der Schwerpunkte entlang der Wertschöpfungskette 2006 – 2016*

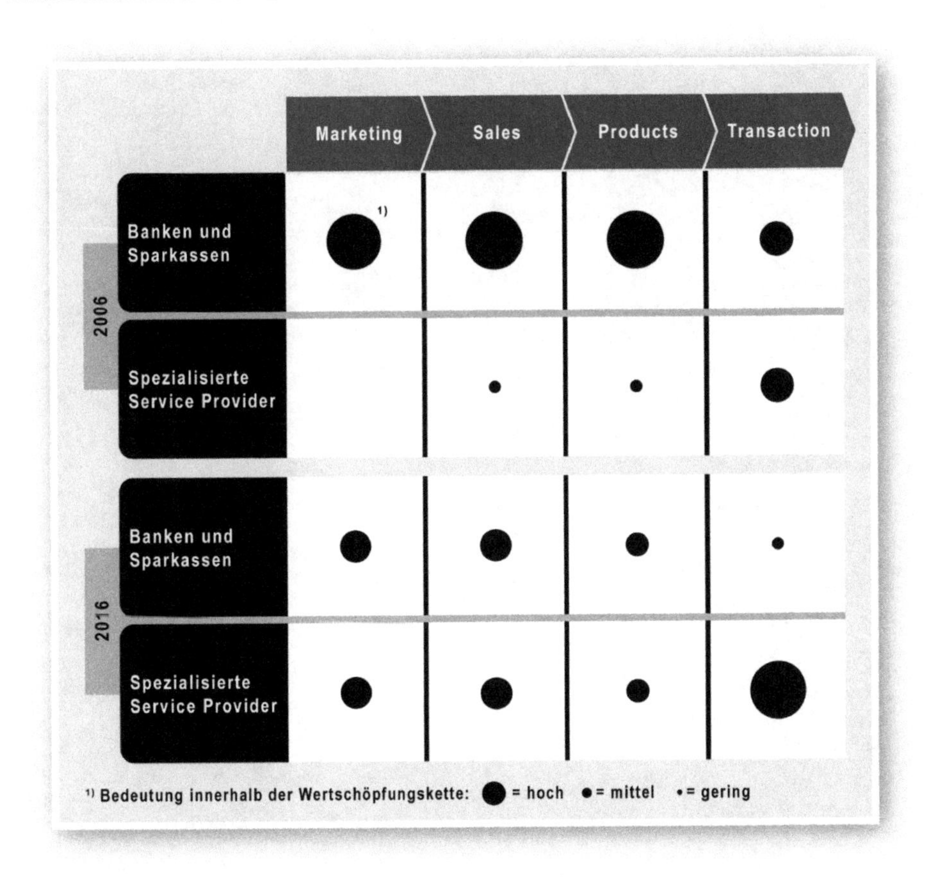

In den nachfolgenden Kapiteln werden die Geschäftsmodelle und Strategien der Anbieter von Dienstleistungen entlang der Wertschöpfungskette von Banken beschrieben, die es den Banken ermöglichen, ihre Wettbewerbsfähigkeit dank Kernkompetenzorientierung und Desintegration ihrer Wertschöpfungskette zu erhalten. Abschließend werden die Autoren einen Ausblick auf ein künftiges Marktszenario für den deutschen Markt entwickeln.

Armin Grüneich und Hermann-Josef Lamberti

Strategische Herausforderungen im IT-Management der Banken

Wettbewerbsbedingter Margendruck, ebenso wie das hohe Innovationstempo der Kapitalmärkte, sind die Treiber, die hinter den Produktivitätsverbesserungen der Banken stehen. Auf der Grundlage eines industriellen Managementmodells für IT- und Abwicklungsprozesse können durch gezieltes Outsourcing effizienzsteigernde Möglichkeiten identifiziert und umgesetzt werden. Auf die Weise lassen sich sowohl Margenvorteile als auch zusätzliche Flexibilität im Wettbewerb realisieren. Der Erfolg eines globalen Finanzdienstleisters hängt maßgeblich von seiner Fähigkeit zur Innovation ab. Das betrifft sowohl Produkt- als auch Prozess- und Geschäftsmodellinnovationen. Das strategische IT-Management einer Bank leistet einen wichtigen Beitrag, um diese Innovationsfähigkeit herzustellen. Finanzdienstleistungen sind schließlich im Kern Informationsprodukte. Ihre Erstellung erfordert erhebliche Investitionen in die Produktionsplattformen, wohingegen die Grenzkosten eher gering sind. Das heißt, hohen Anfangsinvestitionen stehen vergleichsweise niedrige Produktionskosten für höhere Stückzahlen gegenüber. Das zwingt die Finanzwirtschaft, auch international Skalenvorteile zu generieren; mit der Folge, dass sich die Finanzindustrie auch auf internationaler Ebene konsolidiert. Diese Entwicklung verläuft parallel zur zunehmenden Globalisierung, die bekanntlich die Finanzströme weitaus stärker betrifft als die Warenströme. Insbesondere im institutionellen Geschäft konkurrieren Banken zunehmend international um die Vermittlerrolle zwischen Kapitalgebern und -nehmern. Im Prinzip kann eine Finanzdienstleistung an jedem Ort der Welt erstellt und an jedem anderen Ort bezogen werden. Dies gilt auch für einzelne Teile der Leistungserstellung. Die Gravitationswirkung der Kostendegression führt dann dazu, dass sich die Abwicklung in den Banken ebenso internationalisieren wird, wie dies heute schon für ihre Absatzmärkte der Fall ist. Das ist der Grund, weshalb die Fähigkeit der Kreditinstitute, komplexe Dienstleistungshalbwaren international zu beziehen und zu hochwertigen Produkten zu veredeln, verstärkt zum Differenzierungsfaktor wird. Die Konkurrenzsituation dehnt sich dabei auf einzelne Prozessschritte aus und beschränkt sich zukünftig nicht mehr auf vollständig integrierte Finanzdienstleistungen. Das führt zu einer zunehmenden globalen Desintegration der Wertschöpfungsketten der Finanzindustrie.

Aus dieser Ausgangssituation ergeben sich drei Forderungen für ein modernes, global tätiges Finanzinstitut (und damit sein IT-Management): Es muss auf die skizzierte, von Produkt-, Prozess- und Geschäftsmodellinnovation geprägte Marktsituation ausgerichtet sein. Es muss die Fähigkeit besitzen, im Lauf des internationalen Konsolidierungsprozesses Skaleneffekte zu heben. Und schließlich muss eine moderne Bank in der Lage sein, komplexe Dienstleistungskomponenten global zuzukaufen, um sowohl auf der Prozessebene Skalenvorteile zu erzielen als auch von internationalen Lohndifferenzialen zu profitieren.

Dieser Sachverhalt soll im Folgenden eingehender dargestellt werden.

Marktdrucke in der Kreditwirtschaft

Die Finanzwirtschaft zeichnet sich durch ein bemerkenswertes Maß an Produktinnovation aus, die darüber hinaus in hohem Maße vernetzt sind. Um nur einige Beispiele zu nennen: 1997 verwalteten Hedgefonds – eine Anlageklasse, die noch zehn Jahre zuvor erst im geringen Umfang existierte – weltweit ein Vermögen von 367 Milliarden US-Dollar; Ende 2006 waren es 1,43 Billionen US-Dollar.[1] Diese Wachstumsraten sind ungebrochen. Allein 2006 wuchs das von Hedgefonds verwaltete Vermögen gegenüber dem Vorjahr um 29 Prozent. Inzwischen ist die Anlageform im deutschen Markt, zum Beispiel als Dachfonds [2] oder als Investment-Zertifikat[3], auch für den öffentlichen Vertrieb an Retailkunden zugelassen; das heißt, sie hat Verbreitung im Massenmarkt gefunden. Parallel zur Verbreitung der Hedgefonds entwickelte sich das Feld der algorithmischen Handelstransaktionen, sprich, von automatisch ausgelösten Transaktionen.[4] Ihr Anteil am Handelsvolumen der New York Stock Exchange (NYSE) stieg von 19 Prozent im Jahr 1999 auf 62 Prozent im ersten Halbjahr 2006.[5] Solche Handelstransaktionen werden insbesondere von großen institutionellen Kunden nachgefragt, wie den oben genannten Hedgefonds. Eine weitere Produktinnovation, die ebenfalls vorrangig von institutionellen Kunden nachgefragt wird, sind Kreditderivate. Diese Produktkategorie erlaubt die Trennung des Risikoanteils aus Kreditgeschäften von der eigentlichen Finanzierung.[6] Dadurch können die Käufer solcher Derivate, zum Beispiel Banken, ihre Risikoportfolien besser steuern und beispielsweise sektorale oder regionale Risikohäufungen abbauen. Diese Produktgattung war vor zehn Jahren praktisch noch nicht existent. Mitte 2006 belief sich der Nominalwert der ausstehenden Credit Default Swaps auf ein Volumen von 26 Billionen US-Dollar (siehe Abb. 1).

---

1 Hedge Fund Research, Inc. (2007)

2 z. B. DWS Hedge Invest Dynamic

3 z. B. die DWS Go-Währungs-Zertifikate

4 Als algorithmische Handelstransaktionen, oder Program Trades, bezeichnet man solche Portfolio-Transaktionsstrategien, die den Kauf oder Verkauf eines Korbes von mindestens 15 Wertpapieren im Gesamtwert von mindestens 1 Million US-Dollar umfassen.

5 Die NYSE hat zum 30. Juni 2006 ihre Erhebungsgrundlage für Program Trades geändert. Mit der neuen Methodik halbieren sich die hier genannten Zahlen in etwa. Der generelle Trend bleibt davon jedoch unberührt.

6 DB-Research (2004)

Abbildung 1: *Markt für Kreditderivate (Credit Default Swaps) weltweit*

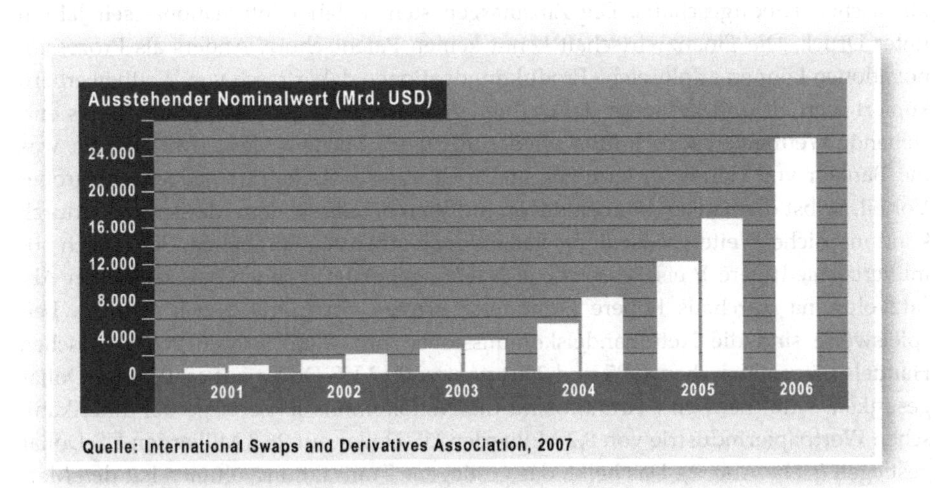

Derivative Instrumente allgemein waren vor 20 Jahren noch eine Spezialität für besondere Kundensegmente. Heute können sie, als Teil von Discountern, von jedermann bei jeder beliebigen Bank bezogen werden. Das ist ein weiteres Beispiel für die Diffusion komplexer und spezialisierter Finanzdienstleistungen für das Spitzenkundensegment in die breite Masse. Die schnelle Diffusion von Produktinnovationen ist bei elektronischen Konsumgütern nicht ungewöhnlich. Für Finanzinnovationen würde man dagegen vielleicht nicht unbedingt erwarten, dass sie so schnell vom Endverbraucher angenommen werden. Immerhin sind Finanzprodukte äußerst vertrauenssensibel.

Die skizzierten Veränderungen folgen einem gemeinsamen Trend: Grundsätzlich wird das klassische Kreditgeschäft der Banken zunehmend durch eine direkte Kapitalmarktorientierung der Investoren und Debitoren ersetzt. Die Banken übernehmen dabei eine Vermittlerrolle, in der sie Forderungen strukturieren und als Wertpapiere emittieren. Beispielsweise nahmen die ausstehenden Unternehmensanleihen am US-Markt von 2,7 Billionen US-Dollar 1998 auf 5,2 Billionen US-Dollar im September 2006 zu.[7] Die Emission forderungsbesicherter Wertpapiere[8] stieg in den USA von 126 Milliarden US-Dollar 1985 auf 2,7 Billionen US-Dollar im Jahr 2005.[9] Diese Instrumente ermöglichen eine bessere Risikobegrenzung und -steuerung als klassische Kreditpro-

7 Securities Industry and Financial Markets Association

8 Mortgage Backed Securities, Collateralized Mortgage Obligations, Asset Backed Securities

9 FDIC Outlook, Fall 2006

dukte. Für die Debitoren senken sie, direkt oder indirekt, die Finanzierungskosten. Die Märkte für Anleihen und Kreditderivate wachsen daher (teilweise) auf Kosten des klassischen Kreditgeschäfts. Die Zinsmargen stehen daher international seit Jahren unter Druck. Die Finanzwirtschaft kennt keinen Patentschutz. Anders als Prozessinnovationen können erfolgreiche Produktinnovationen daher rasch von Wettbewerbern kopiert werden und verlieren damit ihren Alleinstellungscharakter. Der daraus entstehende Wettbewerbsdruck führt wiederum zu erheblichem Margenverfall. Das, was die Banken vor Herausforderungen stellt, ist volkswirtschaftlich jedoch ein großer Vorteil. Selbst die Banken können davon profitieren, falls sie dem Margendruck durch kontinuierliche Weiterentwicklung der internen Abläufe standhalten. Schließlich stimulieren niedrigere Preise zusätzliche Nachfrage. Dabei können bei steigenden Absatzvolumina durchaus höhere kumulierte Erträge am Markt erzielt werden. Beispielsweise sind die Nettohandelskommissionen pro Aktie an den amerikanischen Handelsplätzen zwischen 1985 und 2004 von ca. 0,17 US-Dollar auf ca. 0,03 US-Dollar gesunken.[10] Im gleichen Zeitraum sind die Nettokommissionserträge der amerikanischen Wertpapierindustrie von 8,2 Milliarden US-Dollar auf 26,3 Milliarden US-Dollar gestiegen (siehe Abb. 2). Das heißt, das gestiegene Transaktionsvolumen hat den Margenverfall überkompensiert. Das war natürlich nur möglich, weil es der amerikanischen Wertpapierindustrie gelungen ist, 2004 ein Volumen zu bewältigen, das über 16-mal so groß war wie 1985 und dies zu einem Fünftel des früheren Stückpreises. Die Beherrschung solcher Mengengerüste erfordert eine hohe Prozesseffizienz, die im Fall der Handelskommissionen zum Teil über den Preis an den Kunden weitergegeben wurde. Das dafür notwendige Skalenverhalten kann nur durch einen kontinuierlichen Fluss an Prozessinnovationen hergestellt werden. Zudem erfordert es erhebliche Investitionen in die zugrunde liegenden Abwicklungsplattformen. Auf der IT-Management-Seite stellt dies hohe Anforderungen an den zugrunde liegenden Investment-Governance-Prozess, um diese Investitionen optimal zu steuern (siehe Abb. 2).

In den konkurrenzbetonten Finanzmärkten ist das Phänomen Margenverfall auch eine Folge der stark ausgeprägten Fixkostendegressionseffekte. Falls es gelingt, in der Abwicklung sprungfixe Kosten zu vermeiden (hierin liegt häufig die eigentliche Prozessinnovation), ermöglichen die gesteigerten Transaktionszahlen eine deutliche Senkung der Stückkosten. In der Wettbewerbssituation reifer Märkte werden die Kostenvorteile vergleichsweise rasch an den Kunden weitergegeben. Eine solche Preissenkung regt wiederum die Nachfrage an und steigert das Marktvolumen, was zusätzliche Skaleneffekte erzeugt.

Ob und in welchem Umfang die erzielten Produktivitätsfortschritte an den Kunden weitergegeben werden, hängt stark von der jeweiligen Marktsituation ab. In national regulierten Märkten kann diese durchaus unterschiedlich sein. Das belegt unter ande-

10 Schätzung einer oberen Grenze, basierend auf Zahlen der Securities Industry Association (Erträge US-Markt, Volumen für NYSE, NASDAQ und AMEX)

rem eine Studie der Kreditanstalt für Wiederaufbau (KfW)[11], in der der Produktivitätszuwachs und ein (impliziter[12]) Preisdeflator für das deutsche Finanzgewerbe im internationalen Vergleich untersucht wurden. Die Autoren kamen zu dem Schluss, dass in Deutschland „der dank des beachtlichen Produktivitätswachstums möglich gewordene, kräftige Zuwachs des realen Wertschöpfungsvolumens im Kreditgewerbe – knapp 50 Prozent von 1991 bis 2002 – mit einem starken Preisverfall einherging."

Abbildung 2: *Handelskommissionen der US-Wertpapierindustrie [Millionen US-Dollar] und abgeschätzte Kommission pro Aktie [US-Dollar] an NASDAQ, NYSE und AMEX*

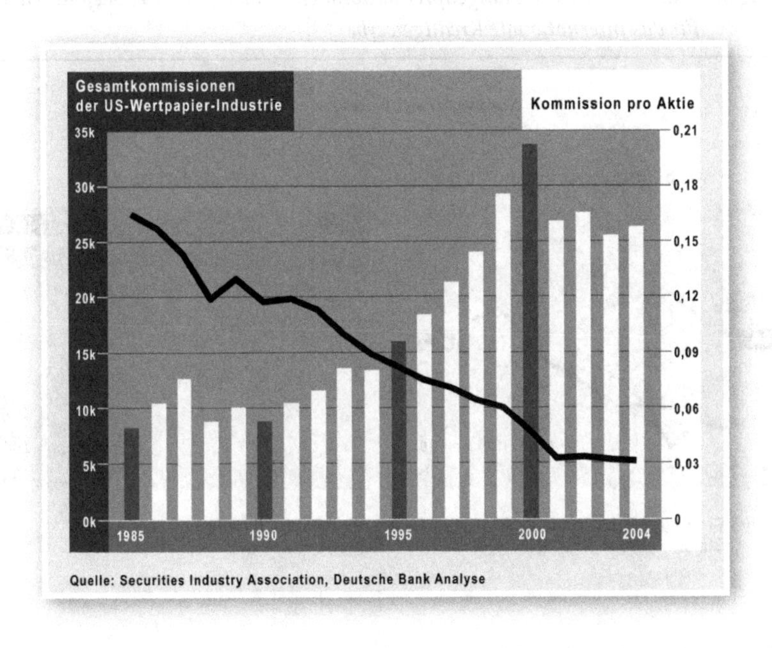

11 KfW-Research MakroScope Nr. 17 (2005)

12 Der Preisdeflator wird in volkswirtschaftlichen Betrachtungen herangezogen, um Marktpreise in konstante Preise bezogen auf einen Referenzzeitpunkt umzurechnen, zum Beispiel um den Wert eines Computers, der 2006 angeschafft wurde, in Preisen von 2000 anzugeben. Für das Finanzgewerbe geht man dabei, neben den Preisen für Bankdienstleistungen gegen Entgelt, auch von einer unterstellten Bankgebühr für Zinsgeschäfte, sowie von einem mengenabhängigen Teil für Nebengeschäfte aus, um die reale Bruttowertschöpfung zu ermitteln. Der implizite Deflator lässt sich dann aus nominaler und realer Bruttowertschöpfung durch Division ermitteln. Vgl. hierzu auch KfW-Research MakroScope Nr. 17 (2005).

Im untersuchten Zeitraum gab der Deflator für die Kreditwirtschaft um 52,6 Prozent beziehungsweise nahezu 4,8 Prozent jährlich nach. Im Ergebnis stagnierte die Wertschöpfung in laufenden Preisen, bzw. die Produktivitätsfortschritte wurden komplett an die Kunden weitergegeben. Im Durchschnitt der übrigen Wirtschaftszweige – das gilt auch für den Durchschnitt der Dienstleistungsindustrie – wuchs der Preisdeflator im betrachteten Zeitraum moderat um 1,3 Prozent. Auch im internationalen Vergleich nimmt die deutsche Kreditindustrie in dem Punkt eine Sonderrolle ein: Nur in Deutschland ging eine hohe Produktivitätssteigerung mit einem starkem Preisverfall einher (siehe Abb. 3).

Abbildung 3: *Indexierte Erwerbstätigenproduktivitäten (links) und Preisdeflatoren (rechts) für das internationale Kreditgewerbe*

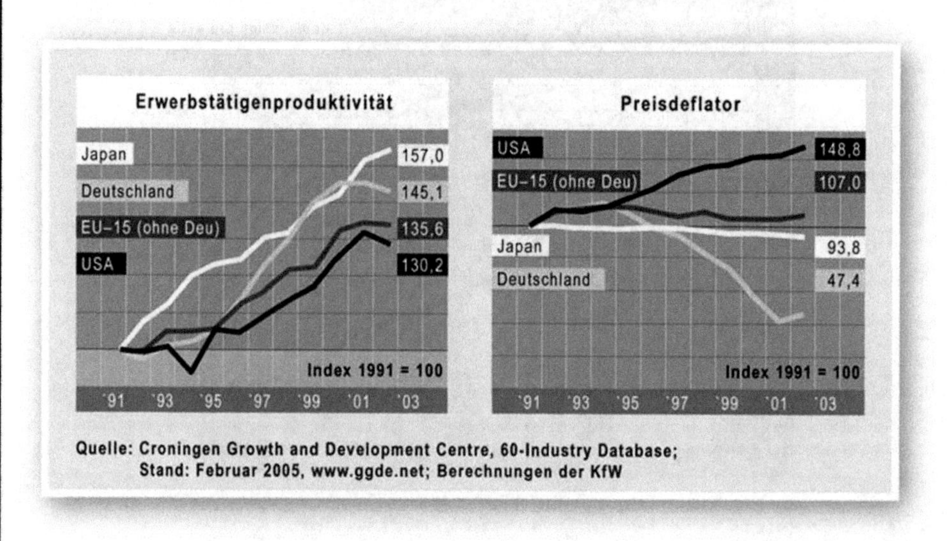

Hierin liegt sowohl eine Herausforderung als auch eine Chance für die deutsche Kreditindustrie: Eine Herausforderung, weil Banken in anderen Ländern offensichtlich unter günstigeren Marktbedingungen operieren[13], eine Chance, weil die deutschen Institute in puncto Produktivität im internationalen Wettbewerb hervorragend positioniert sind. Dies allerdings zum Preis vergleichsweise geringer Margen auf dem Heimatmarkt.

13 Beispielsweise lagen 2004 die Eigenkapitalrenditen der top fünf börsennotierten Banken in Spanien und in Großbritannien bei 20 Prozent, in Frankreich und den USA lagen sie bei 17 Prozent und in Deutschland bei 8 Prozent. Vgl. hierzu auch DB-Research (2004).

Volumen- beziehungsweise Fixkostendegressionseffekte lassen sich insbesondere in gesättigten, wohl etablierten Märkten nicht beliebig generieren, organisches Wachstum ist in solchen Märkten schwierig durchzusetzen, und die Konsolidierung der Industrie folgt, zumal in Deutschland, ihren eigenen – nicht notwendigerweise betriebswirtschaftlichen – Gesetzen.

Dennoch lassen sich auf der Prozessebene auf niedrigeren Stufen der Wertschöpfung Skaleneffekte erzielen, beispielsweise mittels Outsourcing einzelner Prozessglieder oder Zentralisierung regionaler Geschäftsvolumina. In beiden Fällen gilt es, die betrachteten Prozesse auf die Geschäftserfordernisse auszurichten und die zugrunde liegenden Abwicklungsplattformen zu standardisieren, beziehungsweise die Abläufe weiterhin zu automatisieren. Allein mit solchen internen Optimierungen lassen sich erhebliche Effizienzgewinne erzielen. Meist ist es möglich, wachsende Mengengerüste bei gleichbleibenden oder sogar sinkenden Kosten zu verarbeiten. Insbesondere bei global operierenden Unternehmen bietet es sich zudem an, internationale Lohnkostendifferenziale zu nutzen, was in der Vergangenheit zu einem zunehmenden Bezug komplexer Dienstleistungsmodule auf globaler Ebene geführt hat (siehe Abb. 4). Ursprünglich ging dieser Effekt von der Fertigungsindustrie aus, doch inzwischen betrifft er zunehmend auch die Dienstleistungsindustrie.

Abbildung 4: *Volkswirtschaftliche Volumina an zugekauften (Outsourcing) und verkauften (Insourcing) Dienstleistungen, sowie die daraus resultierende Handelsbilanz (Balance) für die USA, Deutschland und Indien*

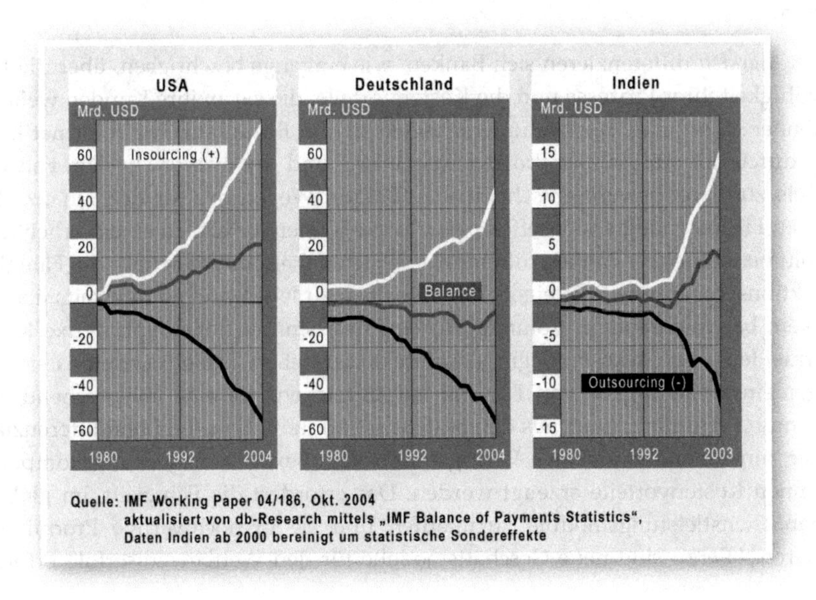

Solche globalen Lieferbeziehungen können auch innerhalb eines Unternehmens bestehen; in einem globalen Konzern können entsprechende Einheiten aufgebaut werden (Captive Offshoring). Um die daraus resultierenden Potenziale zu heben, ist indes eine Geschäftmodellinnovation notwendig, die auch international eine sichere Koordination der Zuliefererkette gewährleistet.

Auswirkungen auf die Steuerung der IT- und Abwicklungsbereiche von Banken

Je nach Reife eines Finanzprodukts erfolgt die Differenzierung anhand unterschiedlicher Eigenschaften. In jungen Geschäftsfeldern ist es die Fähigkeit, Produktinnovationen voranzutreiben, wohingegen es in reifen Feldern eher Skaleneffekte beziehungsweise Prozess- und Geschäftsmodellinnovationen sind, über die sich eine Bank im Wettbewerb abheben kann. Daraus ergeben sich gänzlich unterschiedliche Anforderungen an die zugrunde liegenden IT- und Abwicklungsbereiche, beziehungsweise an deren Steuerung.

In *jungen, dynamischen* Bereichen differenzieren sich Banken gegenüber ihren Wettbewerbern mittels der Flexibilität, mit der sie margenträchtige, neue Produkte unterstützen und auf dem Markt positionieren. Auf die Informatik bezogen, erfordert dies eine flexible IT, die in der Lage ist, das oben skizzierte Ausmaß an Produktinnovation mit zügig anpassbaren Plattformen zu unterstützen. Da in diesen Geschäftsfeldern eher die Geschwindigkeit der Innovationszyklen ausschlaggebend ist, sind solche Plattformen nicht unbedingt kostenoptimal. Der Wettbewerbsvorteil wird über die Qualität generiert.

In *reifen Märkten* differenzieren sich Banken, wie eingangs beschrieben, über die Leistungsfähigkeit ihrer Prozesse und die Kostenvorteile, die sie an ihre Kunden weitergeben können. Das heißt, Banken unterscheiden sich in Bezug auf ihre Informatik vorrangig durch das Ausmaß an Prozessorientierung und -innovation. In dem Fall wird der Preis zum wettbewerbsentscheidenden Faktor. Wegen der für den Finanzsektor typischen Fixkostendegressionseffekte sind diese Kostenvorteile zu einem erheblichen Teil volumengetrieben. Banken differenzieren sich daher einerseits über die Fähigkeit, Transaktionsvolumen auf die eigenen Plattformen zu leiten und andererseits über die Fertigkeit, bei wachsendem Volumen durch Prozessinnovationen sprungfixe Kosten zu vermeiden, also Fixkostendegressionseffekte zu heben. Dabei handelt es sich um eine gemeinsame Aufgabe von IT- und Fachbereichen, die eine entsprechend enge Abstimmung erfordert. Auch aus den bestehenden internationalen Lohndifferenzialen und der zunehmenden globalen Verfügbarkeit komplexer Dienstleistungskomponenten können Kostenvorteile erzeugt werden. Das erfordert die Fähigkeit, im globalen Maßstab Dienstleistungsmodule zuzukaufen und sie in hochwertige Produkte zu integrieren. Hierzu sind neue Geschäftsmodelle für den Wettbewerbserfolg erforderlich.

Das Structured Operating Model als Rahmen für das IT-Management der Deutschen Bank

Um den oben genannten Herausforderungen zu begegnen und die IT- und Abwicklungsbereiche auf eine industrielle Fertigung auszurichten, hat die Deutsche Bank ein strukturiertes Betriebsmodell (Structured Operating Model (SOM)) entwickelt. Es bildet einen Rahmen für das IT-Management, um, wie oben skizziert, Produkt-, Prozess- und Geschäftsmodellinnovationen voranzutreiben.

Hierzu muss man wissen, dass die Deutsche Bank seit einigen Jahren die Strategie verfolgt, Prozessketten intern systematisch zu optimieren. Dabei wurde die Abwicklung einzelner Teilprozesse auf die genauen Geschäftserfordernisse ausgerichtet und, wo möglich, zentralisiert, standardisiert und automatisiert. Nach eingehender Analyse wurden sie dann gegebenenfalls zu einem externen, spezialisierten Dienstleister oder internen Abwicklungszentrum on-, near- oder offshore verlagert. Das galt insbesondere für Teilprozesse in den Bereichen IT-Entwicklung und -Betrieb sowie im Abwicklungsbereich (zum Beispiel Cash Operations, Securities Clearing und Settlement). In der Umsetzung wurde die Strategie dezentral vorangetrieben, nach individueller Prüfung innerhalb der Geschäftsbereiche und ihrer IT-Organisationen. Die erzielten Kosteneinsparungen stellten einen wesentlichen Beitrag dar, um das strategische Ziel einer Eigenkapitalrendite von 25 Prozent vor Steuern zu erreichen. Überdies waren solche Initiativen notwendig, um den organisatorischen Umgang mit globalen Lieferketten zu erlernen. Als Konsequenz der dezentralen Umsetzung ergaben sich allerdings mehr als 120 verschiedene Vertragsbeziehungen mit über 100 externen Dienstleistern. Außerdem wurden neun interne Abwicklungszentren in acht Ländern aufgebaut. SOM zielt darauf ab, derartige Vertragsbeziehungen zu bündeln und sechs der genannten Abwicklungszentren zu einem globalen Netzwerk zu verknüpfen. Sie sollen dann hochgradig standardisierte Abwicklungsleistungen für das Unternehmen im industriellen Maßstab erstellen. Zur Umsetzung ist das industrielle Management der Lieferkette notwendig.[14] Dazu benötigt man eine detaillierte Definition der Funktionen und Prozesse, die zum Front-, Middle- oder Backoffice beziehungsweise zur darunterliegenden Infrastruktur gehören, und zwar über das gesamte Unternehmen hinweg. Außer der Definition der auch intern üblichen Geschäftsbesorgungsverträge (Service Level Agreements) ist es erforderlich, organisatorisch klare und einheitliche Verantwortlichkeiten und Schnittstellen zwischen den sich beliefernden Bereichen zu schaffen. Das SOM-Framework unterscheidet also einerseits zwischen Technologie- und Abwicklungsfunktionen und andererseits zwischen kundennahen und prozessnahen Bereichen. Des Weiteren soll mit dem strukturierten Betriebsmodell ein globales Netzwerk von sechs Abwicklungszentren geschaffen werden, in dem einzelne Zentren die Aufgaben anderer Netzknoten übernehmen können. Das führt zu einer neuen, zuvor nicht gekannten Robustheit der Prozesse im Business-Continuity-Fall (BCM).

14 Lamberti, H.-J. (2006)

Ein Beispiel stellt die Abwicklung der Zahlungen von Großbeträgen (High Value Payments Processing) dar: Das Backend wird von zwei Zentren in Dublin und in Bangalore betrieben. Die beiden Abwicklungszentren sind gegenseitig redundant ausgelegt, das heißt, sie können im Normalbetrieb Lastspitzen des anderen Zentrums abfangen. Zudem ermöglicht die Zeitverschiebung zwischen Dublin und Bangalore längere Betriebszeiten.

Nur am Rand sei angemerkt: In diesem Modell stabilisieren sich die Netzknoten in Hoch- und Niedriglohnländern auch betriebswirtschaftlich gegenseitig. Die internationale Verschränkung der Wertschöpfung sichert daher in Deutschland Arbeitsplätze mit hoher Wertschöpfung.

Abbildung 5: *SOM-Rahmenwerk der Deutschen Bank*

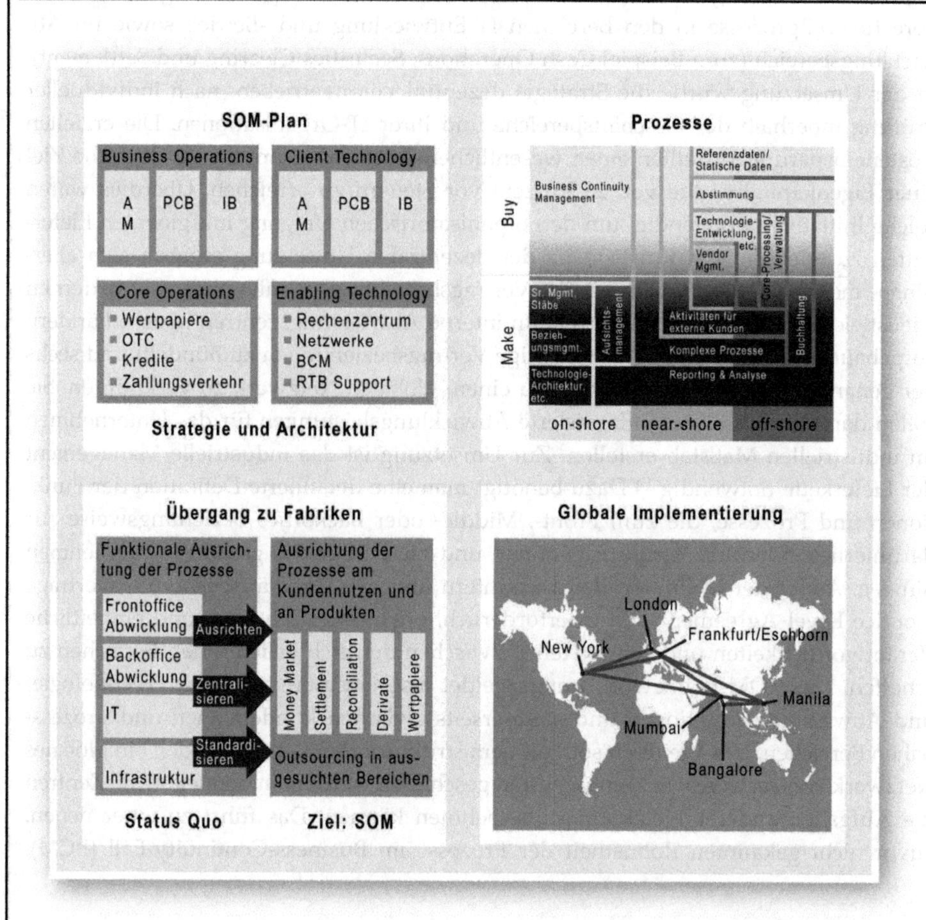

SOM ist ein unternehmensweites Programm, mit dem der Betrieb der Deutschen Bank auf ein industrielles Betriebsmodell umgestellt werden soll. Es bündelt frühere Erfahrungen, ist in Teilen schon umgesetzt und wird über die nächsten zwei Jahre die bestimmende strategische Initiative in den IT- und Abwicklungsbereichen der Bank sein.

In der Umsetzung wird ein dreigliedriger Prozess verfolgt: Die bestehenden Managementstrukturen behalten die Kontrolle über ins Ausland verlagerte Prozesse. Das erhöht die Geschwindigkeit der Umsetzung und ermöglicht es frühzeitig, internationale Lohndifferenziale zu nutzen. Im zweiten Schritt werden Prozessoptimierungsverfahren, wie zum Beispiel Lean Sigma[15] angewandt, um die Lieferfähigkeit der verlagerten Prozessketten zu optimieren. Dabei übernimmt das lokale Abwicklungszentrum die Kontrolle über den Prozess. Die Verantwortung für die eigentliche Lieferung der aggregierten Finanzdienstleistung verbleibt in lokaler Nähe zum Kunden. In einem möglichen dritten Schritt wird darüber entschieden, ob diese Prozesse ausgelagert werden sollen oder die Leistungen nicht im Rahmen eines Insourcings auf dem Markt angeboten werden können (Kommerzialisierung). Der Aspekt der Kommerzialisierung ist deshalb Erfolg versprechend, weil sich die Abwicklung in der Finanzindustrie zukünftig stärker standardisieren wird. Es wird sich ein Markt für Dienstleister etablieren, die generische Prozessmodule für den Weltmarkt betreiben und absetzen. Das ist heute bereits für einzelne Bereiche üblich und treibt den Markt für Business Process Outsourcing (BPO), wie für Lohnzahlung oder Einkauf (siehe Abb. 4).

Erste Ergebnisse

In den Jahren 2005, 2004 und davor befand sich die Finanzwirtschaft in einem wirtschaftlichen Umfeld, das, vorrangig in Kontinentaleuropa, von einer schleppenden Konjunktur geprägt war, die erst im Verlauf des Jahres 2006 wieder an Fahrt gewann. Die Banken sind dieser Herausforderung begegnet, indem sie sich restrukturierten, Wertberichtigungen ihrer Kredit-Portfolios durchführten und insgesamt ihre Kostenbasis verbesserten. Die Institute – auch die internationalen Wettbewerber – haben sich dabei deutlich verschlankt. Für die Deutsche Bank bedeutete dies, sich von Randgeschäftsfeldern zu trennen und sich auf ihre Kernkompetenzen zu konzentrieren. In dem Kontext hat die Deutsche Bank ihr Portfolio an Industriebeteiligungen weitgehend abgebaut. Zudem hat sie sich von Töchtern getrennt, die nicht mehr dem Kerngeschäftsfeld zugehörig betrachtet wurden, wie von der Versicherungsgesellschaft Deutscher Herold und Versicherungsaktivitäten in Italien, Spanien und Portugal. Zudem hat sich die Deutsche Bank von Teilbereichen getrennt, die weiterhin einzelne Prozesskomponenten für den Konzern fertigen, wie Global Custody Services – das internationale Verwahrgeschäft –, das an die State Street Corporation übertragen wurde, oder db-Payments, das den papiergebundenen Inlandszahlungsverkehr abwickelt

15 vgl. George, M. L. (2002)

und an die Postbank veräußert wurde. Ein weiteres Beispiel ist die inländische Wertpapierabwicklung, die in eine eigenständige Transaktionsbank etb (European Transaction Bank) eingebracht wurde und an der sich anschließend ein internationaler Investor, Xchanging, mehrheitlich beteiligt hat. Und schließlich hat die Deutsche Bank einzelne Bereiche ausgelagert, wie den Betrieb der Rechenzentren in Kontinentaleuropa oder die Abwicklung der Procurement-Prozesse.[16]

Die Deutsche Bank hat in den letzten Jahren, wie viele andere Institute auch, erhebliche taktische Anstrengungen unternommen, um Einsparpotenziale zu realisieren. Solche Kostensenkungsprogramme waren notwendig. Aber es waren vorrangig die oben angesprochenen strategischen Maßnahmen, die es der Deutschen Bank ermöglichten, ihre Kostenbasis grundlegend zu transformieren. So konnten zum Beispiel die IT-Kosten in den letzten fünf Jahren um etwa ein Drittel gesenkt werden (siehe Abb. 6).

Abbildung 6: *IT-Kosten der Deutschen Bank, indexiert, 2001 = 100, und IT-Intensity (IT-Kosten/-Erträge)*[17]

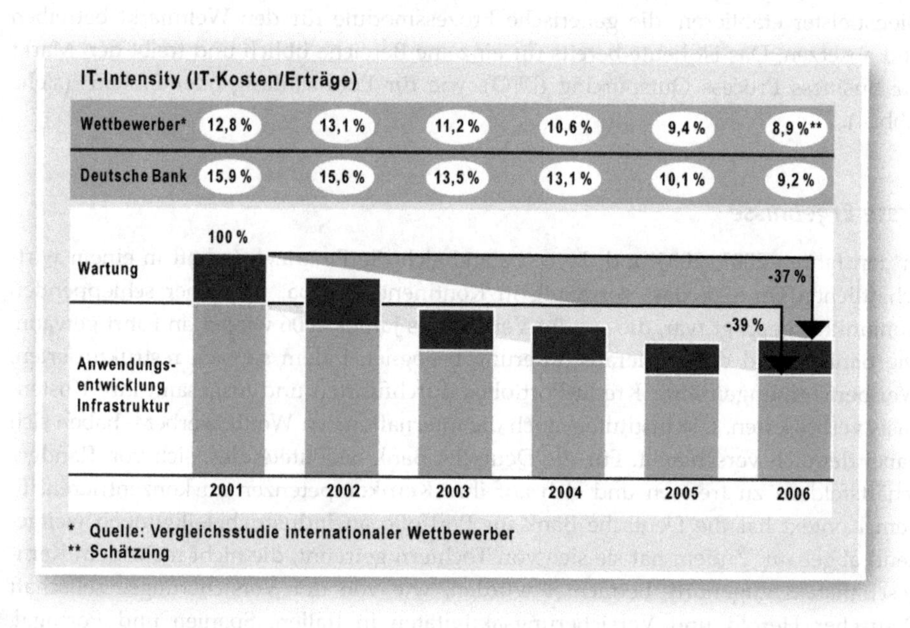

16 als umfassendere Übersicht siehe auch Lamberti, H.-J. (2005)

17 Vergleichsstudie internationaler Wettbewerber

Dank der oben genannten Desinvestitionen sind die Erträge der Deutschen Bank zwischen 2001 und 2004 gesunken. Insbesondere mithilfe der oben skizzierten strategischen Maßnahmen ist es gelungen, diesen Effekt zu überkompensieren. Während die Deutsche Bank 2001 noch für jeden Euro-Ertrag 15,9 Cent IT-Kosten ausgeben musste, waren es 2005 nur noch 10,4 Cent, nach ersten Schätzungen für das Jahr 2006 voraussichtlich sogar nur noch 9 Cent. Falls man die verschiedenen Kostenstrukturen unterschiedlicher Geschäftsfelder berücksichtigt (das institutionelle Geschäft erfordert typischerweise höhere IT-Kostenanteile), liegt dieser Wert gleichauf mit dem Feld der internationalen Wettbewerber. Die Verlagerung einzelner Prozessschritte an spezialisierte Dienstleister ermöglicht es, Skaleneffekte zu erzielen, die an einem gesättigten Markt anders nicht zu erreichen wären. So ist gegenwärtig davon auszugehen, dass das Inlandszahlungsverkehrsvolumen der Deutschen Bank in den Jahren bis 2007 organisch um etwa 5 Prozent wachsen wird. Aufgrund der Verlagerung von DB-Payments zur Postbank erhöhte sich das Transaktionsvolumen dort um ca. 1,8 Milliarden Transaktionen. Die daraus resultierenden Fixkostendegressionseffekte werden zwischen den beteiligten Partnern geteilt. Für die Deutsche Bank bedeutet das, bei den erwarteten steigenden Volumina gegenüber dem heutigen von 2006 eine Kostensenkung von 47 Prozent erreicht zu haben (siehe Abb. 7).

Abbildung 7: *Erwartete Transaktionsvolumina und indexierte Kosten im Inlandszahlungsverkehr der Deutschen Dank*

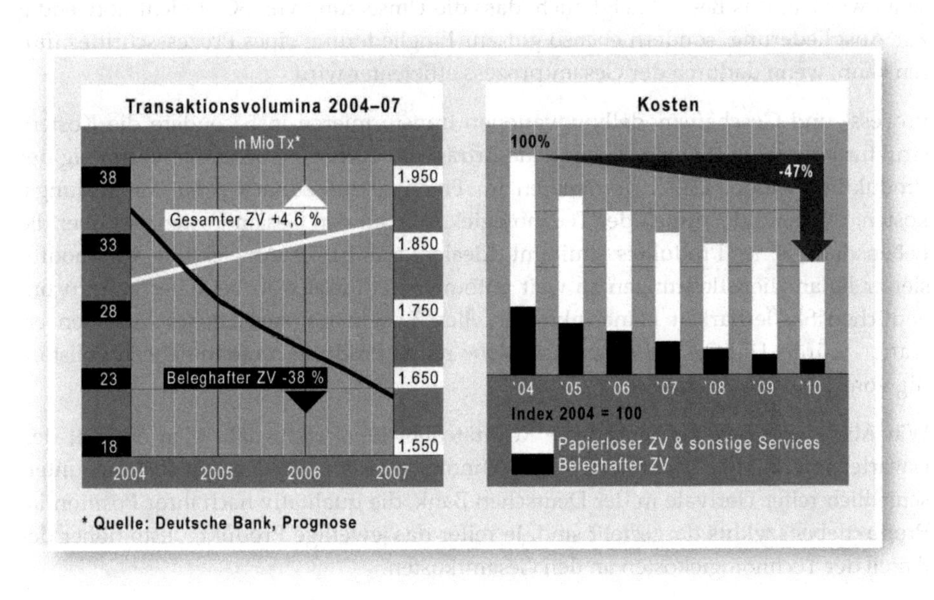

In der oben angesprochenen Abwicklung von High Value Payments in Dollar und Euro konnte ein ähnliches Ergebnis erzielt werden. Hier wurden die globale Konsolidierung der Prozesse durchgeführt und Backend-Funktionen aus New York, London, Frankfurt und einigen asiatischen Ländern in Dublin und Bangalore zusammengeführt. Die Abwicklung der Prozesse wurde nach Six Sigma optimiert. Auf die Weise war es möglich, die Betriebskosten in 2005 gegenüber der Kostenbasis von 2002 um 33 Prozent zu senken, und das, obwohl im gleichen Zeitraum die Transaktionszahlen um knapp 40 Prozent zunahmen. Mit anderen Worten, es lassen sich dank der Kombination von Prozess- und Geschäftsmodellinnovation erhebliche Kostenvorteile generieren.[18]

Auch die Umsetzung des SOM trägt erste Früchte. So konnten Prozesse konsolidiert, Komplexität reduziert und Kosten signifikant gesenkt werden. Beispielhaft sei das Exception Handling im Bereich der European Securities Trades genannt. Der vor der Transformation in Großbritannien durchgeführte Prozess umfasst neben der Abwicklung telefonischer oder Fax-Aufträge die manuelle Nachbearbeitung all der Fälle, die aufgrund von (Eingabe-/Übertragungs-) Fehlern nicht automatisch bearbeitet werden konnten. Die im Schnitt 1500 pro Tag manuell zu bewältigenden Transaktionen wurden bisher von rund 70 Mitarbeitern eines externen Dienstleisters bearbeitet. Im Rahmen der Umsetzung von SOM wurde der Prozess verlagert und in die globale Settlement Utility in Bangalore (Indien) eingegliedert. Durch diese Zusammenfassung in der Settlement Utility, die das Exception Handling für zahlreiche ähnlich gelagerte Prozesse bündelt, konnten in 2006 die laufenden Kosten um mehr als 50 Prozent gesenkt werden. Das Bespiel zeigt auch, dass die Umsetzung von SOM nicht notwendig zur Ausgliederung, sondern ebenso gut zur Eingliederung eines Prozessschrittes führen kann, wenn dadurch der Gesamtprozess effizienter wird.

Prozess- und Geschäftsmodellinnovationen transformieren insbesondere die Kostenstruktur eines Unternehmens. Um neue Erträge zu erzeugen, bedarf es vorrangig der Produktinnovation. Dabei dominieren im Finanzsektor zunächst die Abwicklungskosten, während der Anteil der Technologiekosten an den Gesamtkosten erst über die Lebensdauer eines Produktes zunimmt. Idealerweise ist die Abwicklung kommoditisierter Finanzdienstleistungen so weit automatisiert, dass man bei einer nahezu unendlichen Skalierbarkeit keine inkrementellen Kosten für zusätzliches Volumen erwarten würde. Die Gesamtkosten für solche reifen Produkte werden nahezu vollständig von IT-Kosten dominiert.

Wie Abbildung 8 zeigt, kommt die Realität dem Ideal recht nah. Man erkennt den erwarteten und den realen Teil der Technologiekosten bei der Abwicklung unterschiedlich reifer Derivate in der Deutschen Bank, die qualitativ nach ihrer Position im Produktlebenszyklus dargestellt sind. Je reifer das jeweilige Produkt, desto höher der Anteil der Technologiekosten an den Gesamtkosten.

---

18 siehe hierzu auch Bremer, A. and Simone, A. E. (01/2006)

Abbildung 8: Ausrichtung der Technologiekosten am Lebenszyklus der korrespondierenden Produkte im Bereich Derivate-Abwicklung

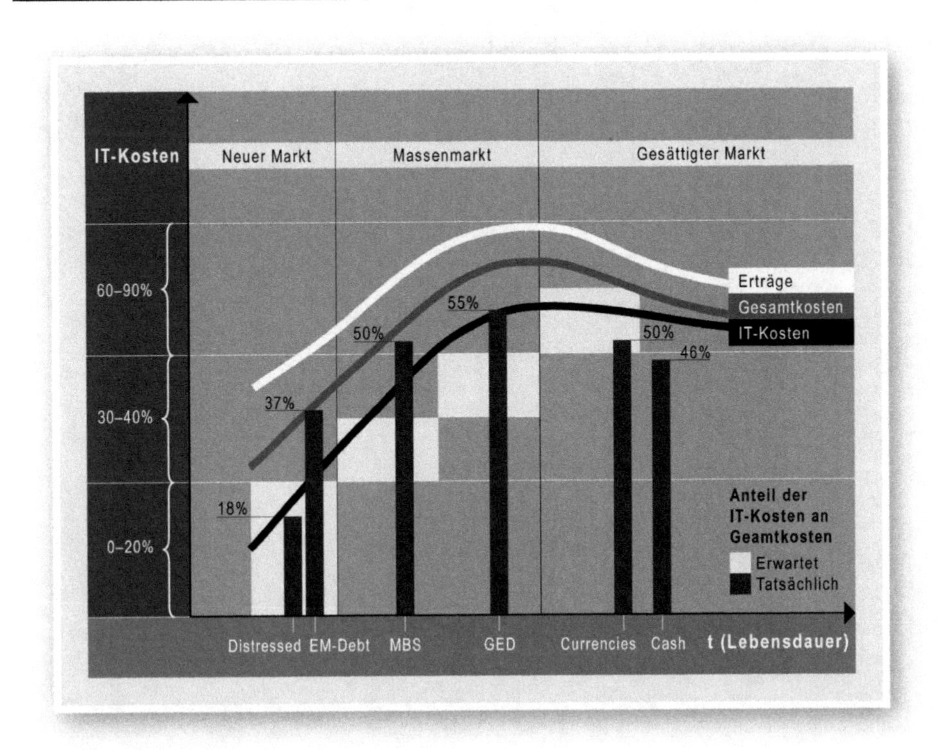

Bei jungen Produkten ist es notwendig, verstärkt in die Flexibilität der Abwicklung zu investieren, um das Produkt an die noch nicht genau bekannten Kundenbedürfnisse anzupassen. Bei reifen Produkten sollten Investitionen verstärkt in die Effizienz der Abwicklungssysteme geleitet werden, um auf die Weise Wettbewerb über den Preis zu ermöglichen. Das SOM liefert einen Rahmen, um die jeweiligen Investitionsfälle zu unterscheiden.

Peter Blatter

Retailbanking: Die Basis für die Bank von morgen schaffen

Industrieorientierte Prozesse haben für Banken erst gegen Ende des 20. Jahrhunderts an Bedeutung gewonnen. Zuvor spielten Effizienz und schlanke Strukturen nur eine untergeordnete Rolle. Aber mit der Deregulierung des Marktes sowie dem nachfolgenden Wettbewerb und Margendruck veränderte sich auch die Kostensituation signifikant. Die Notwendigkeit zur Industrialisierung gab es vorrangig im Retailbanking, bei dem die Fähigkeit zur standardisierten Leistungserstellung mit hoher Qualität entscheidend für den Wettbewerbserfolg ist. Die Citibank ist einer der Vorreiter beim Thema Industrialisierung und hat im Produktionsprozess entlang der Wertschöpfungskette eine konsequente Spezialisierung vorgenommen. Dadurch hat die Bank auch die Basis für zukünftigen Erfolg im Wettbewerb geschaffen. Denn aufgrund ihrer schlanken Strukturen ist der Ausbau von Service und Beratung für die Kunden ohne erhebliche Kostensteigerungen möglich. Und Service und Beratung sind die zentralen Erfolgsfaktoren für die Zukunft.

Der im Calvinismus populär gewordene Begriff der *industria* lässt sich in seiner Urform am besten mit *Fleiß* übersetzen. Falls wir *fleißig* im nächsten Schritt als *produktiv* interpretieren und einen Qualitätsbegriff im Sinne von *Kundenerwartungen erfüllen* hinzufügen, sind wir bei den Wesensmerkmalen angelangt, die in der Citibank das Industrialisierungskonzept bestimmen.

Die Banken heute

Im Effizienzvergleich (siehe Abb. 1) hat sich die sogenannte Cost-Income-Ratio als internationaler Maßstab etabliert. Beinahe jede öffentlich zugängige Gewinn- und Verlustrechnung birgt genügend Granularität, um diesen Quotienten, trotz seiner Primitivität, zu aussagefähigen Vergleichen heranziehen zu können. Falls wir uns auf den deutschen Finanzplatz beschränken, können wir daraus für eineinhalb Dekaden eine einfache Erkenntnis ableiten: Anfang der neunziger Jahre spielten nahezu sämtliche Banken in der gleichen Produktivitätsliga, doch in der Folgezeit trennten sich die Wege; die Mehrzahl bewegte sich auf einem negativen Vektor, wohingegen einige wenige die Zeichen der Zeit erkannten und Maßnahmen ergriffen, um sich für den lokalen und internationalen Wettbewerb fit zu machen. Zu jener Minorität zählt die Citibank (als Beleg sollte unsere Cost-Income-Ratio in 2005 von 43 Prozent genügen). Die nach unten unelastische Kostenkurve – das gilt insbesondere im deutschen arbeitsrechtlichen Umfeld – gepaart mit der unter wettbewerblichem Druck stehenden Ertragskurve, stellen ein Margenproblem dar, dessen Naturgesetzlichkeit nur durch aktives Handeln gebrochen werden kann. Findet solches Handeln rechtzeitig, also visions- und nicht notgedrungen statt, stellt sich ein temporärer Wettbewerbsvorteil ein.

Abbildung 1: *Effizienzvergleich*

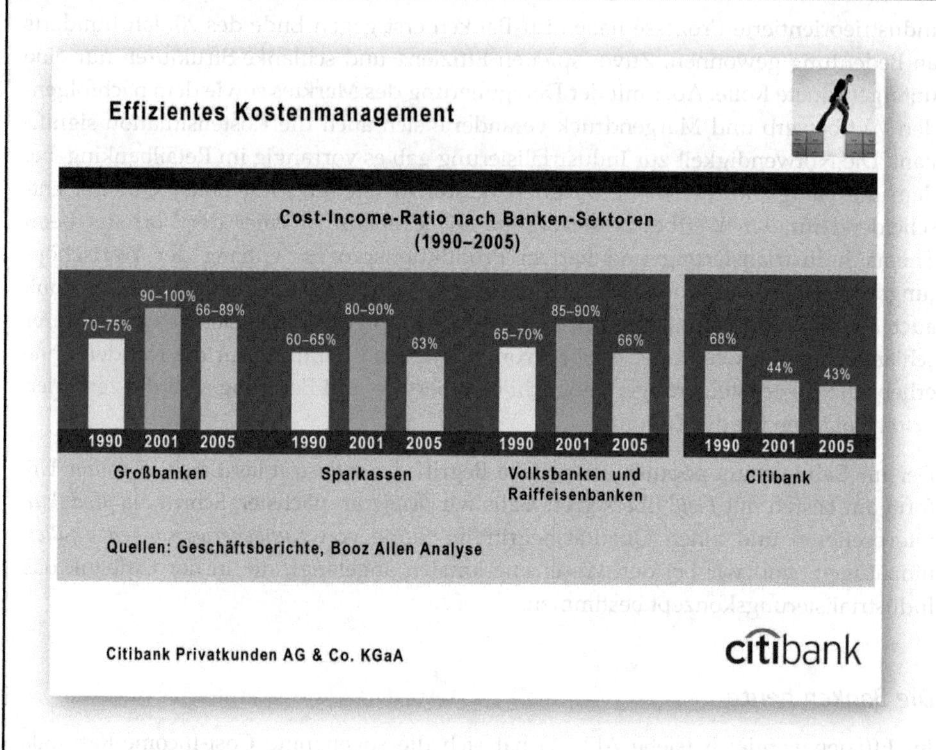

Die Steigerung der Effizienz ist jedoch kein Spar-, sondern ein Wachstumsprogramm. Die aufgrund der effizienten Strukturen eingesparten Mittel können in den Ausbau des Vertriebsnetzes, die Erweiterung der Produkt- und Servicepalette und die Einstellung neuer Mitarbeiter investiert werden. Im Jahr 2005 hat die Citibank beispielsweise neun Vertriebsstellen eröffnet und über 300 Mitarbeiter eingestellt. Im Dienstleistungscenter der Citibank in Duisburg hat sich die Zahl der Mitarbeiter von 1999 bis 2005 auf 2000 verdoppelt.

Frühzeitiges Handeln setzt jedoch ein hohes Maß an Überzeugungsarbeit in der eigenen Organisation voraus: Mit rechtzeitiger und offener Kommunikation schafft man bei Mitarbeitern und Führungskräften das Verständnis, dass in der Tat schon jetzt Handlungsbedarf zur Zukunftssicherung besteht.

Mögliche Ursachen der Fehlentwicklung

Um die Cost-Income-Ratio positiv zu beeinflussen, sollten sich sowohl proaktives als auch reaktives Handeln nicht in wildem Aktionismus verlieren, sondern in gezielte und effektive Maßnahmen münden. Letztere setzen jedoch voraus, dass man sich über die Ursachen der beobachtbaren Fehlentwicklungen klar wird. Folgender Ursachenkatalog dürfte für die Finanzindustrie repräsentativen Charakter haben:

- die Trägheit sozioökonomischer Systeme,
- die historischen Produktivitätsdefizite in sogenannten Büroberufen,
- das Defizit bezüglich Meinungsführerschaft im Bankenpolypol (perfect market), das einen schwachen Nachahmungsdruck bewirkt,
- die Dominanz des öffentlich-rechtlichen/genossenschaftlichen Sektors,
- die späte „Entdeckung" der Cost-Income-Ratio,
- der späte Einzug von Accounting Standards, also des internationalen Ratings,
- das klassische Dilemma, das sich in der Dominanz der Aufbauorganisation und fehlender Prozesskultur manifestiert (siehe Abb. 2),
- das in der Regel fehlende Verständnis von Dienstleistung als Produktionsprozess,
- die geringe Übung in Bezug auf Matrix-Management,
- die hohe Produktionstiefe.

Die erstzitierte Ursache, die Trägheit sozioökonomischer Systeme, ist die wichtigste. Um es mit einem Beispiel zu verdeutlichen: Es ist ein hohes Maß an Kreativität und Flexibilität erforderlich, um einen trägen Öltanker in eine flinke Jolle gleicher wirtschaftlicher Bedeutung zu verwandeln. Die Überwindung immanenter Trägheit bedarf der Energie von außen. Im übertragenen Sinn ist damit die Summe aus Managementleistung, Mitarbeitermotivation, Betriebsratseinsicht, zweckgebundener Technologie, Prozesskompetenz, Fantasie und Leadership gemeint. Was das technische Rüstzeug eines solchen holistischen Vorhabens angeht, haben die klassischen Büroberufe – unter anderem das Bankgewerbe – nur sehr geringe historische Erfahrung und gegenwärtige Kompetenz. Demzufolge liegt es nahe, sich bei Unternehmen in anderen Industrien umzuschauen – Unternehmen, die sich um einiges früher gewaltigen Wettbewerbsherausforderungen stellen mussten.

Abbildung 2: Das klassische Dilemma

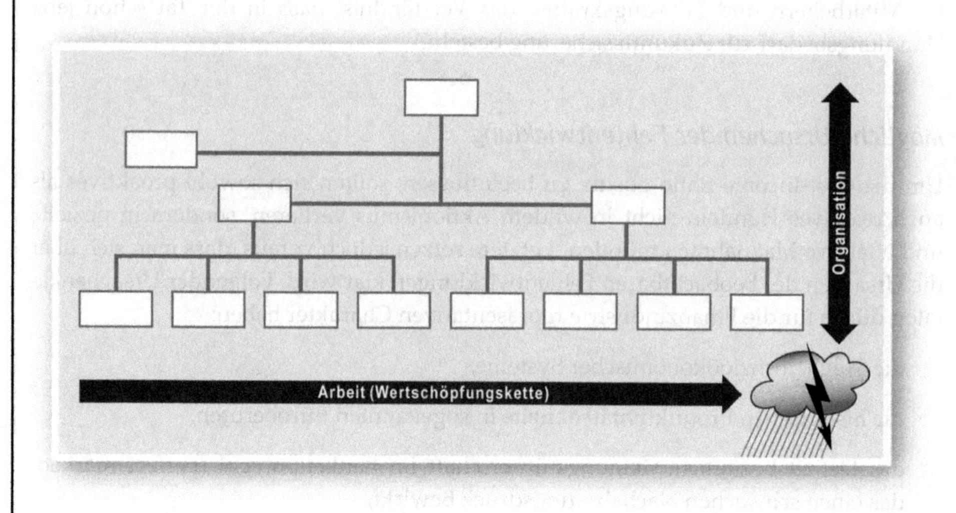

Von Manufacturern lernen – Übertragbarkeit industrieller Strukturen?

Begibt man sich auf eine ausreichend hohe Abstraktionsebene, stellt man fest, dass die vermeintlichen Einzigartigkeiten des Banking im Vergleich zu den Manufacturern verblassen und Banken eigentlich *nichts* Besonderes sind. Es ist unsere Erfahrung, dass in einem Abgleich des Tätigkeitsbündels einer Bank mit demjenigen anderer Industrien eigentlich nur drei einfache, binäre (Ja/Nein) Fragen zu beantworten sind. Falls dreimal mit Ja geantwortet wird, ist die Übertragbarkeit industrieller Strukturen, wie wir sie heute kennen, relativ problemlos möglich. Die drei konstituierenden Fragen sind:

- Gibt es ein hohes Maß an Gleichartigkeit der Vorgänge?
- Gibt es eine sehr hohe Wiederholungsrate innerhalb der Prozesskette?
- Ist die Prozesskette modular?

Darüber hinaus stellt sich die Frage, was Abweichungen vom obigen Antwortmuster bedeuten. Zur Beantwortung halten wir uns da die Aspekte, die eine Boutique ausmachen, vor Augen, mit anderen Worten ein System, in dem es um niedrige Stückzahlen und hohe Individualität der Produktionsvorgänge geht. Auf die Weise sind der Boutique industrielle Prozesse und niedrige Stückkosten verwehrt.

Im Weiteren sprechen wir von einer Bank – unserer Bank –, deren Geschäftsmodell zu einem homogenen Ja-Muster führte. Folglich sahen wir keine unüberwindlichen Hürden, Erfahrungen Dritter in unseren Produktgestehungsprozess einfließen zu lassen und industrielle Strukturen auf unser Geschäftsmodell zu übertragen. Bevor ein Maßnahmenbündel jedoch initiiert wird, ist es ratsam, eine Schwächen-Stärken-Analyse, relativ zu den Musterindustrien, durchzuführen. In Bezug auf die Banken hat sich dabei Folgendes ergeben:

Schwächen der Banken:

- mangelndes Kapazitätsverständnis (das Kerndefizit schlechthin),
- Prozesskompetenz,
- Kundenorientierung,
- Produktionstiefe,
- strukturierte Produktentwicklung.

Stärke der Banken:

- Kontrollen (öffentliches Interesse).

Der kurze Vergleich genügt, um die historisch akkumulierten, relativen Defizite einer Bank zu illustrieren und zu folgern, dass „die Anderen" die Lehrer und wir die Schüler sind.

Ein kleines Territorium differenzierter Banking-Eigenart muss allerdings noch angesprochen werden. Nicht um das Selbstbewusstsein der Banker zu stärken, sondern um sich der weittragenden Konsequenzen dieser Phänomene bewusst zu werden:

- Bankprodukte sind nicht lagerfähig,
- die Kapazitätsnutzung von Banken wird in hohem Maße extern gesteuert (Homebanking),
- die Produktionstiefe bei Banken ist äußerst hoch (wobei das Optimierungspotenzial der Arbeitsteilung in der Vergangenheit vernachlässigt wurde).

Zu diesen drei Sonderbarkeiten gesellt sich noch das hohe Maß an Ignoranz hinsichtlich der Leistungsobergrenzen des jeweiligen Bankunternehmens. Falls wir Kapazität als das Leistungsvermögen einer gegebenen Einheit begreifen, wird klar, welche Bedeutung diese Unkenntnis hat. Zum Beispiel dürfte das Phänomen des deutschen Overbankings zumindest teilweise damit zusammenhängen. Wenn nämlich das Leistungsvermögen einer Einheit unbekannt ist, beobachtet man häufig, dass mit einer Überversorgung an Infrastruktur und Personal reagiert wird. In einer kollektiven Marktbetrachtung addieren sich derartige Überversorgungsmaßnahmen zu einem definierenden Attribut: „zu viel Banking in Deutschland". Sobald sich der Wettbewerb verschärft, wird dieses übergroße Maß an Infrastruktur und Personaldichte einen Profitabilitätsdruck auslösen, den man, ohne den Shareholder-Value temporär oder sogar auf Dauer zu schädigen, nur für eine Weile aushalten kann.

Citibanks Konzeptbausteine der Industrialisierung

Abbildung 3: *Konzeptbausteine der Industrialisierung – integrierte Initiativen*

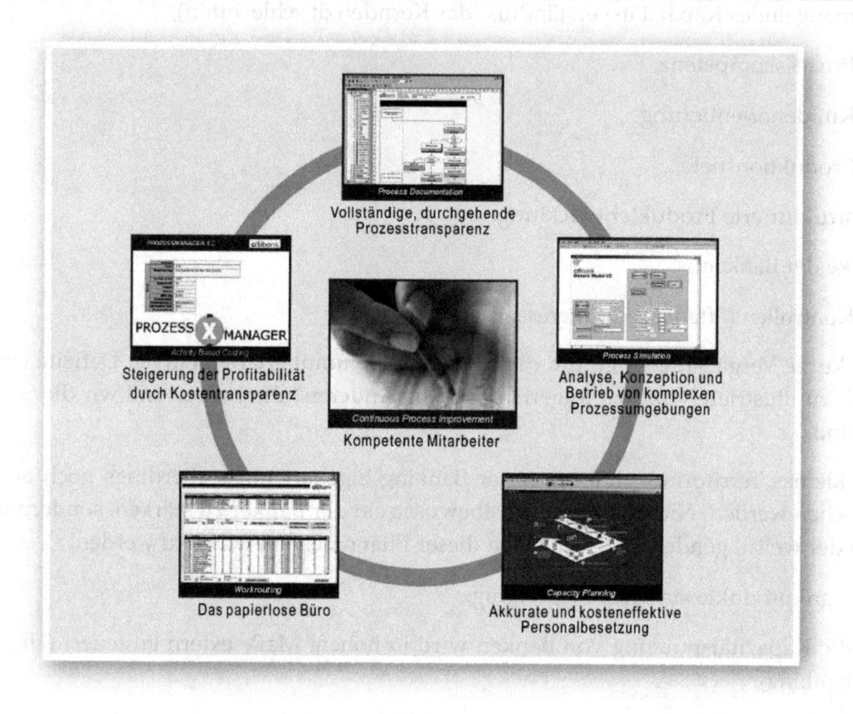

Die obige Übersicht stellt einen Regelkreis an Instrumenten dar, der, mit dem Faktor Mensch im Zentrum, unseren Industrialisierungsalgorithmus abbildet. Der Mensch befindet sich nicht zufällig in der Mitte, sondern aufgrund seiner Fähigkeiten, vorrangig jenen, die sich unter den Oberbegriffen Kreativität, Fantasie, Innovation, Neugier und Spieltrieb vereinen lassen. Diese natürlichen Kräfte, so man ihnen freien Lauf und Entfaltungsmöglichkeiten lässt, sind die Quelle, die das Industrialisierungswerkzeug mit Tatendrang versorgt. Der Verdacht, dabei könne Chaos entstehen, ist nicht unbegründet. Deshalb müssen die Industrialisierungskräfte mit einem engen – jedoch nicht zu engen – Strukturrahmen umgeben werden, sodass die freigesetzte Energie sich in zweckgebundenen Richtungen entfalten kann. Steht man vor der Entscheidung zwischen „ein bisschen Chaos zu viel" oder „ein bisschen Struktur zu viel", so wäre mein Rat, stets ein bisschen zu viel an Chaos zu wählen.

Prozessdokumentation

Unternehmensprozesse wurden sicherlich so häufig dokumentiert, dass sich die Frage stellt, warum dieses traditionelle Handeln ein Konzeptbaustein eines modernen Industrialisierungsvorhabens sein soll? Die Antwort liegt nicht im Ehrgeiz begründet, die Prozesse neu zu dokumentieren, sondern im Mehrwert, der dadurch entsteht, dass sämtliche Prozesse unter einheitlicher Terminologie und einheitlicher Granularität in einem End-to-End-Zusammenhang erfasst und in einer zentralen Datenbank abgelegt werden. Diese Menge an vernetzten Teilprozessen lässt sich dokumentarisch dynamisieren, sodass eine zukünftige Änderung in einem Bereich sich gegebenenfalls bei den anderen, relevanten Prozessen automatisch abbildet.

Abbildung 4: *Prozessdokumentation*

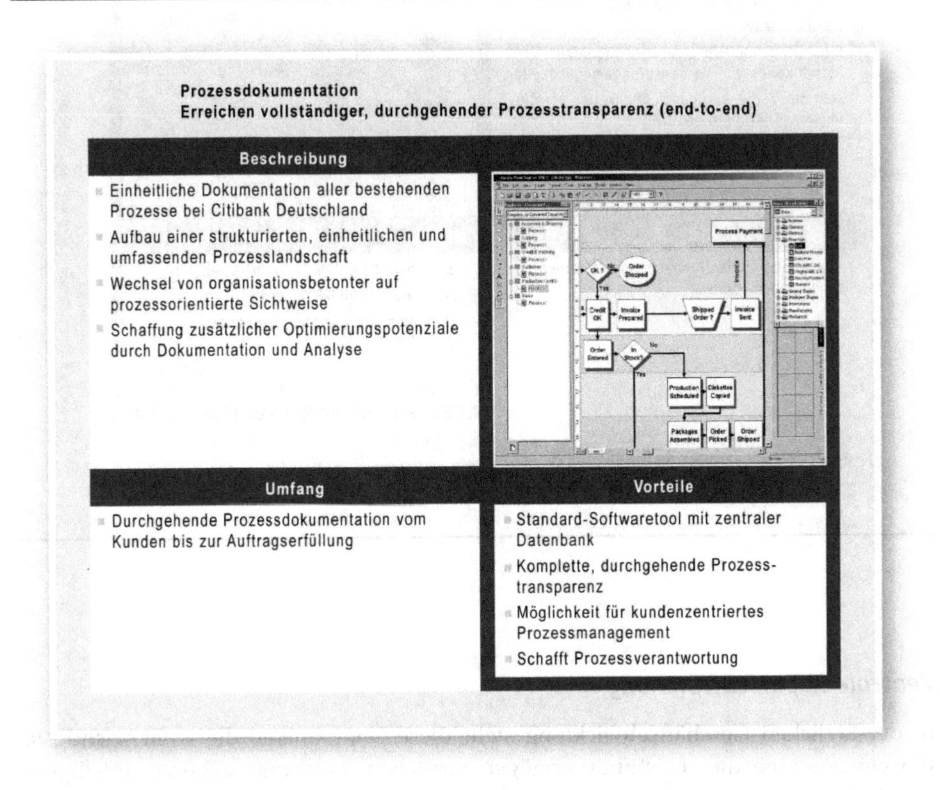

Prozesssimulation

Die Einführung der Prozesssimulation sehen wir als unsere eigentliche Innovation im Rahmen der Industrialisierung an. Verlässliche What-if-Aussagen treffen zu können stellt eine ungeheure Verbesserung der Planungsqualität und der zukünftigen Qualitätssicherung dar. Kapitalintensive Industrien üben sich in dieser Kunst schon seit Langem; eventuelle Investitionsabenteuer können schließlich kostspielig werden, falls man die Validität komplexer Vorhaben nicht vorab verifizieren kann.

Abbildung 5: *Prozesssimulation*

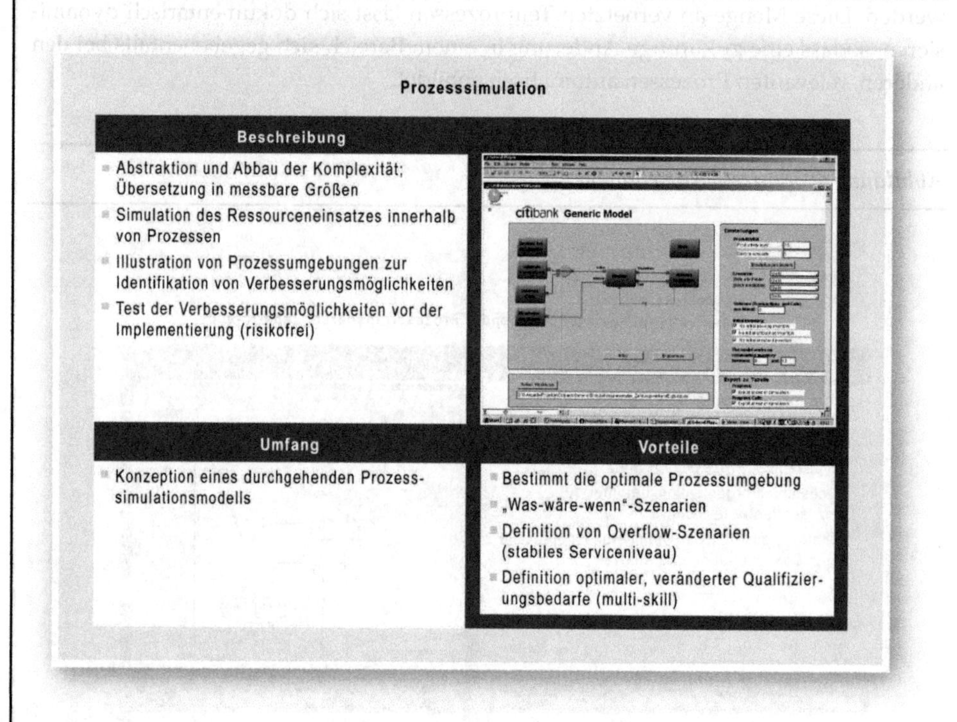

Zentrale Kapazitätsplanung

In der täglichen Geschäftsabwicklung stellt diese Komponente die wohl wichtigste Einzelmaßnahme dar. Leistungsvermögen verstehen, Leistungsnachfrage intelligent einschätzen, tägliche Leistungsinanspruchnahme wissen, definiert die Basis unternehmerischen Tuns. Das Kompetenzprofil unserer Mitarbeiter bildet dabei das Rückgrat des Kapazitätsmanagements. Erst die Kenntnis der Fähigkeiten eines jeden Mitarbeiters und die daraus abgeleiteten Trainingsmaßnahmen (Multi-Skill) machen die Optimierung des menschlichen Arbeitseinsatzes möglich. Unser Kapazitätsplanungsmodell berücksichtigt zudem die individuellen Wünsche der Mitarbeiter zur Arbeitszeit.

Abbildung 6: *Zentrale Kapazitätsplanung*

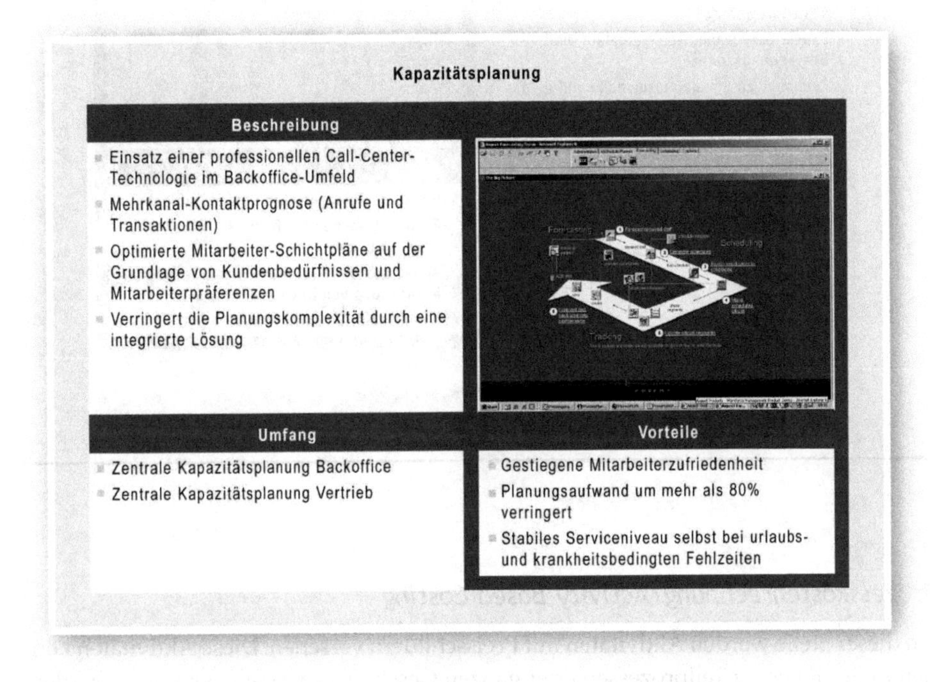

Workflow/Workrouting

Workrouting als eine höhere Form des Workflows beschreibt den Transport von Arbeitsvorgängen in digitaler Form, wobei ein IT-gestütztes Regelwerk die Entscheidungen trifft, welcher Mitarbeiter wann welche Arbeit erhält. Die Voraussetzung, dies tun zu können, liegt im zuvor beschriebenen Kapazitätsmanagement, mit der eingebetteten sogenannten Skill Matrix.

Abbildung 7: *Workflow/Workrouting*

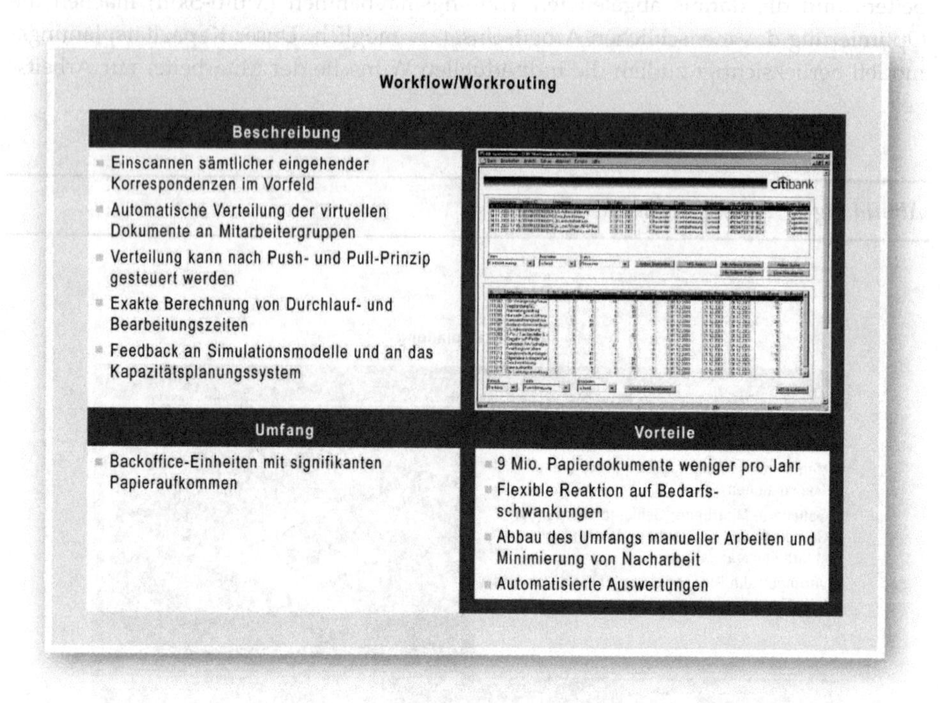

Prozesskostenrechnung/Activity-Based Costing

An dieser Stelle werden Aktivitäten mit Preisschildern versehen. Diese Aktivitäten können in der Folge zu Teilprozessen oder ganzen Geschäftsprozessen aggregiert werden. Als Konsequenz können wir den Ergebniswürfel kostenrechnerisch dreidimensional betrachten, das heißt aus: Produkt-, Kunden- und Profitcenterkalkül (siehe Abb. 8).

Kontinuierliche Prozessverbesserung

Über das zu Anfang Besprochene hinaus haben wir uns entschieden, folgende für die Mitarbeiter relevanten Initiativen zu verwirklichen:

- Gründung einer kleinen Abteilung mit höchstqualifizierten Mitarbeitern, die als Hüter des Industrialisierungskonzeptes agieren. Diese Elitegruppe hat das alleinige Recht, die vielen statistisch-mathematischen Modellvarianten zu pflegen, beziehungsweise zu ändern.

- Diese Gruppe verwaltet sowohl unsere beiden Industrialisierungs-Trainingsprogramme (einschließlich Zertifizierung) als auch unser hochdotiertes betriebliches Vorschlagswesen.
- In unserem Intranet findet sich eine große, allen Mitarbeitern zugängliche Industrialisierungssektion, die sämtliche verfügbaren Unterlagen in leicht verständlicher Form bereithält. Auch dieser Kommunikationskanal wird von unserer Industrialisierungskerngruppe betreut.

Abbildung 8: *Prozesskostenrechnung*

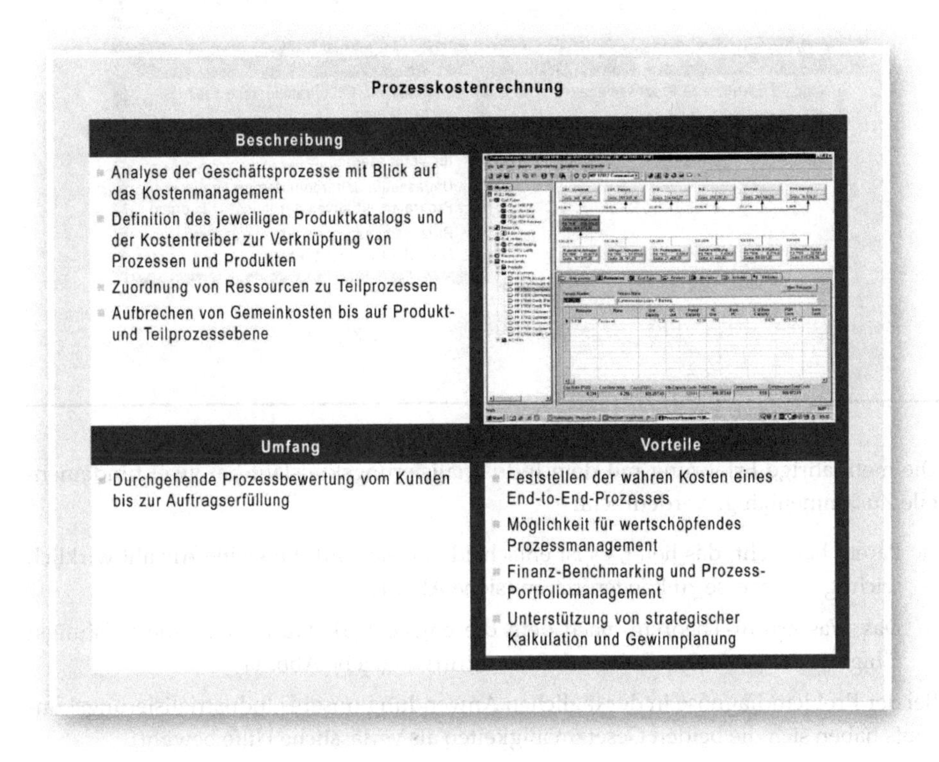

Auf diese Weise haben wir einem Konzept nicht nur Werkzeuge und Vorschriften zugeordnet, sondern dem Ganzen auch Gesichter und Namen gegeben, die sämtlichen Mitarbeitern als natürliche Anlaufstellen dienen.

Abbildung 9: Kontinuierliche Prozessverbesserung

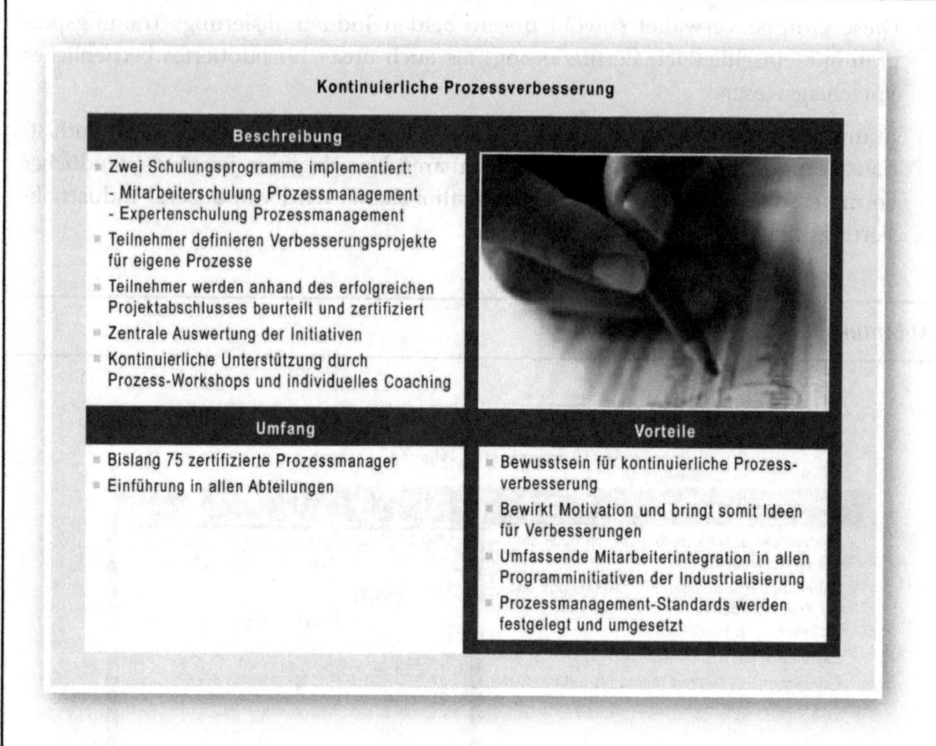

Die mehrjährige Erfahrung mit dem Industrialisierungskreislauf hat zwei fundamentale Zusammenhänge verdeutlicht:

- Pareto hat recht, das heißt, es ist entscheidend, sich auf die kleine Anzahl wirklich wichtiger Prozesse zu konzentrieren (siehe Abb. 10).
- Das Wasserrohr-Theorem, nach dem die engste Verkalkungsstelle die Leistungsfähigkeit des gesamten Rohres definiert, trifft zu (siehe Abb. 11).

Bei der Problemdiagnose in der täglichen Anwendung unseres Industrialisierungskonzepts haben sich die beiden Gesetzmäßigkeiten als verlässliche Hilfe bewährt.

Emotionalisierung – Neue Wege im Kundenservice

In der Wirtschaftsgeschichte gibt es zahlreiche Beispiele dafür, dass produktives Handeln allein nicht ausreicht, um Erfolg zu generieren. (So hat ein englischer Peitschenhersteller die qualitativ hochwertigsten Pferdepeitschen hergestellt, dabei jedoch übersehen, dass es mittlerweile Automobile gab.) Mit anderen Worten sind Marktbeobachtung, Produktinnovation, Trendanalyse und Kundenservice unabdingbare Argumente der Erfolgsgleichung.

Abbildung 10: *Gezielte Prozessauswahl*

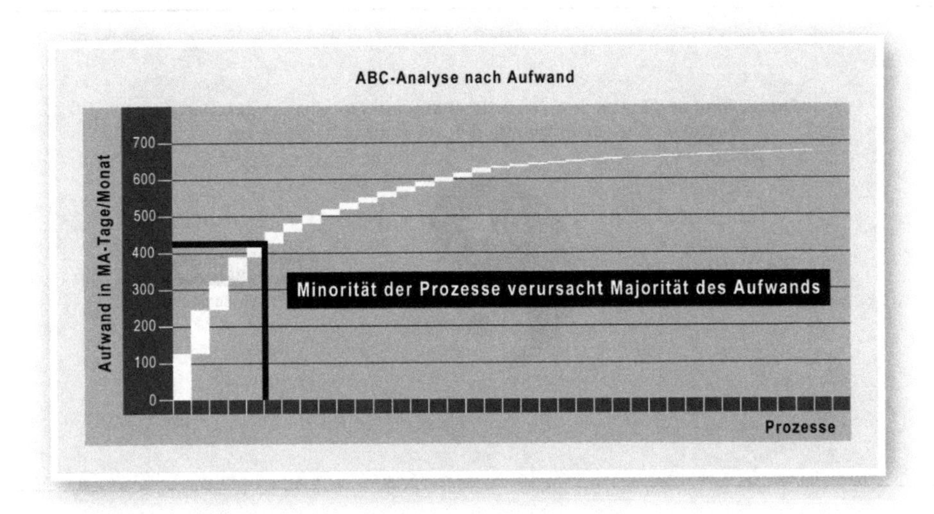

Abbildung 11: *Wasserrohr-Theorem – Engpassanalyse*

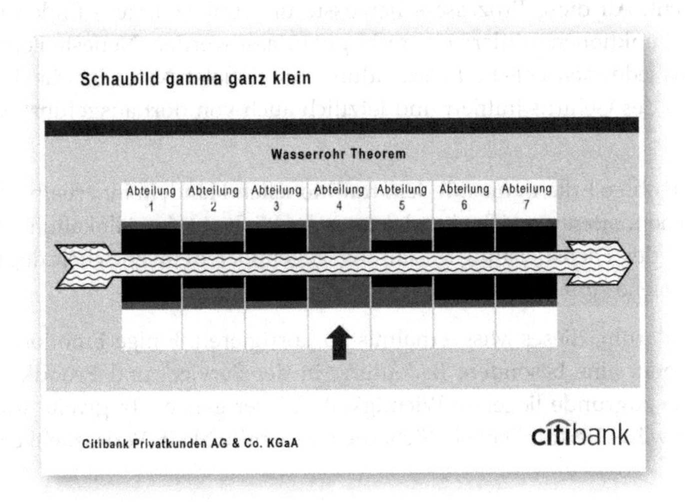

Die *harte* Industrialisierung und der *weiche* Kundenservice stehen dabei keineswegs in betriebswirtschaftlichem Konflikt zueinander, sondern sind komplementär (wie in der folgenden Yin- und Yang-Analogie abgebildet).

Abbildung 12: *Emotions@Work – Neue Wege im Kundenservice*

Wir haben den Versuch unternommen, Kundenservice vom Kunden ausgehend neu zu betrachten. Folgt man diesem Pfad, wird man auf den menschlichen Entscheidungsprozess stoßen. Dabei geht es um die Entscheidung, eine bestimmte Bank auszuwählen, bestimmte Bankprodukte in Anspruch zu nehmen, einer Bank treu zu bleiben oder nicht. All diese Prozesse – bewusste und unbewusste – finden im Gehirn statt, dessen Funktionen mittlerweile recht gut erfasst werden. Neueste Forschung hat ergeben, dass jede menschliche Entscheidung emotionaler Natur ist, da sie im limbischen System des Gehirns initiiert und letztlich auch von dort ausgeführt wird (siehe Abb. 13).

Wenn wir die obige Erkenntnis mit dem traditionellen Handeln innerhalb der Bankenwelt vergleichen, offenbart sich eine dramatische Lücke in der Allokation emotionaler Elemente bei der Dienstleistungsgestaltung gegenüber dem Entscheidungsverhalten der Kunden (siehe Abb. 14).

Es geht also darum, dieses Missverhältnis zu korrigieren. Einige Emotionalitäten haben seit Langem eine besondere Bedeutung in der Service- und Produktgestaltung, ohne dass die zugrunde liegende Wichtigkeit in ihrer ganzen Tragweite wahrgenommen worden wäre: Vertraulichkeit, Sicherheit, Freundlichkeit, Verlässlichkeit, Unkompliziertheit.

Abbildung 13: Der Entscheidungsapparat

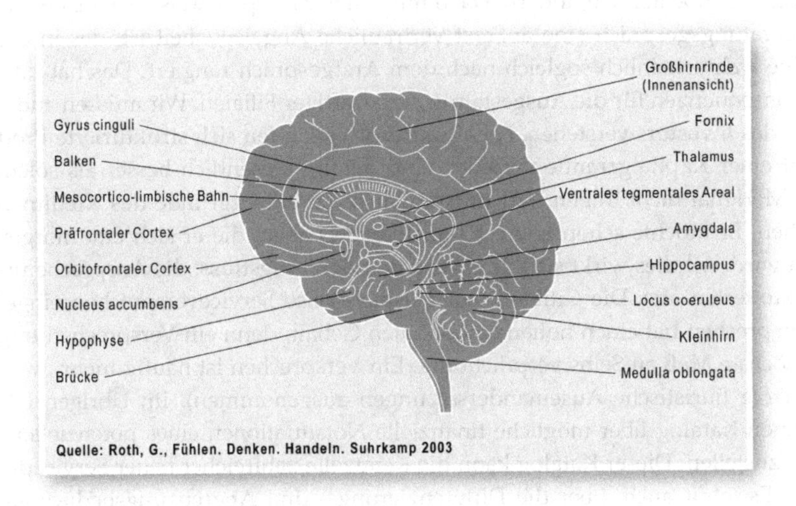

Abbildung 14: Anteil von Ratio und Emotion

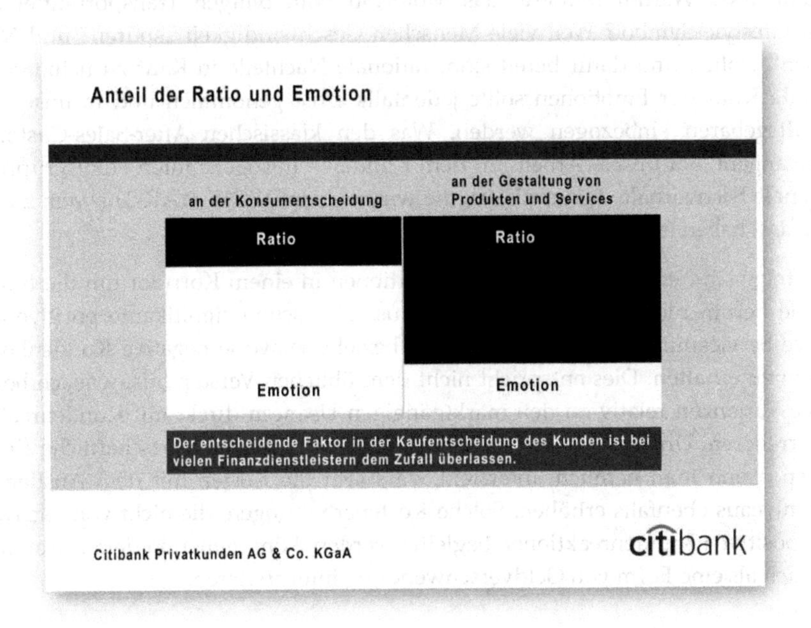

Instinktiv haben die Banken seit jeher gewusst, dass diese (emotionalen) Attribute eine Rolle spielen. In seiner gesamten Tragweite wurde dieser Sachverhalt jedoch nie erkannt. Das möchten wir ändern. Dazu müssen wir beispielsweise verstehen, dass ein Bank-Beratungsgespräch eine äußerst vertrauliche Angelegenheit ist, das in der Reihenfolge wahrscheinlich sogleich nach dem Arztgespräch rangiert. Das hat unmittelbare Konsequenzen für die Ausgestaltung zukünftiger Filialen. Wir müssen zudem die Ängste des Investors verstehen. Nicht umsonst verkaufen sich strukturierte Produkte, die mit einer Kapitalgarantie versehen sind, häufig wesentlich besser als solche, die dieses Merkmal nicht tragen. Wir müssen auch die Beweggründe des Kreditnehmers verstehen: Er möchte schon heute Möglichkeiten haben, die er sich erst morgen verdienen wird. All dies wirkt sich direkt auf den Beratungsfluss, die Ansprache und die Produktofferten aus. Die Citibank hat beispielsweise Serviceversprechen eingeführt. Ein Versprechen hat einen hohen emotionalen Gehalt, denn ein Versprechen trägt das wohl höchste Maß an Selbstverpflichtung. Ein Versprechen ist häufig mehr „wert" als ein Vertrag (juristische Auseinandersetzungen ausgenommen). Im Übrigen lohnt es sich, einen Katalog über mögliche finanzielle Notsituationen eines potenziellen Kunden aufzustellen. Dieser Katalog kann die Keimzelle zahlreicher neuer Serviceprodukte sein. Es lohnt auch, über die Differenzierungs- und Abgrenzungsbedürfnisse der Menschen nachzudenken; Airport Lounges, schwarze Kreditkarten, Clubmitgliedschaften und dergleichen sind Zeugnisse dessen.

Es wird sich weiterhin lohnen, die heutigen Lifestyle-Einflüsse besser zu verstehen. Warum etwa wurden Cabriolets im regnerischen Deutschland zu einem bedeutenden Nischenmarkt? Warum mutierte das Motorrad vom billigen Transportmittel zum teuren Lifestyle-Symbol? Weil viele Menschen Geschwindigkeit „spüren" und Natur „riechen" wollen und dafür bereit sind, rationale Nachteile in Kauf zu nehmen. Die treibende Kraft der Emotionen sollte jedenfalls ernst genommen und in unser aller Geschäftsgebaren einbezogen werden. Was den klassischen After-Sales-Customer-Service angeht, hat unsere Arbeit mit dem Kunden – in sogenannten Fokusgruppen – emotionale Sachverhalte konkretisiert, die wir in einem WOW-/YAK-Theorem zusammengefasst haben (siehe Abb. 15).

Demzufolge sind emotional gesteuerte Reaktionen in einem Korridor um die Indifferenzlinie herum nicht zu erwarten. Man muss also schon signifikante positive oder negative Servicemuster bieten, um positive beziehungsweise negative Kundenkonsequenzen zu erhalten. Dies entspricht nicht dem üblichen Verständnis, wonach bereits kleinste Varianzen relativ zu den marktgängigen Usancen direkt mit Kundenreaktionen korrelieren. Unser Theorem hat aber auch direkte betriebswirtschaftliche Konsequenzen, wenn man nämlich unterstellt, dass sich die Kosten mit dem Anstieg des Serviceniveaus ebenfalls erhöhen. Solche Kostenerhöhungen, die nicht von nachweisbaren, positiven Kundenreaktionen begleitet werden, könnte man in dem Zusammenhang auch als eine Form von Geldverschwendung interpretieren.

Abbildung 15: Das Wow-/Yak-Theorem

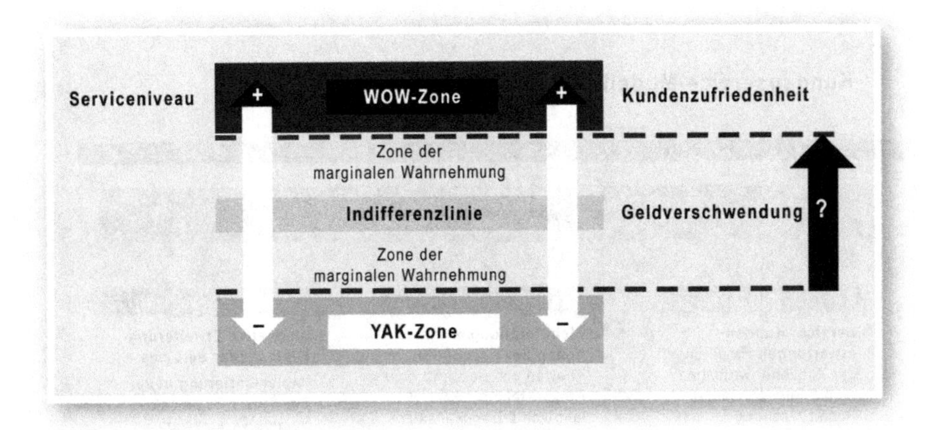

Die Leistung muss also die vom Wettbewerb diktierte Indifferenzlinie signifikant übertreffen, damit sie vom Kunden als besondere Leistung wahrgenommen wird. Spiegelbildlich bedeutet dies, dass im negativen Bereich die YAK-Zone unbedingt zu vermeiden ist. Hierbei kann eine umfassende Liste sogenannter Killer Points helfen, große Kundenloyalitätsverluste zu vermeiden. Auf der positiven Seite (WOW-Zone) sind die Sachverhalte wesentlich komplizierter. Es ist außerordentlich schwierig, echte Positiv-Überraschungen zu schaffen. Insofern sind hier erneut die Kreativitäts- und Fantasiepotenziale sämtlicher Mitarbeiter gefragt. Dabei sollte man nicht vergessen, dass jeder Mitarbeiter auch Kunde ist und somit die Voraussetzungen mitbringt, Kundenverhalten zu simulieren. Abbildung 16 zeigt die After-Sales-Service-Module der Citibank (siehe Abb. 16).

Nach den Ermittlungen und Analysen von Kundenbedürfnissen gilt es, die Erkenntnisse in aktives Handeln umzusetzen. Service-Monitoring ist eine Auswirkung des ehernen Grundsatzes, dass sich nur solche Dinge ändern, die gemessen werden. Die Service-Optimierung, im Sinn des klassischen Kaizen, wird von dem stetigen Kreislauf getrieben, einen Ist-Zustand auf einen neuen, besseren Soll-Zustand anzuheben.

In jeder Fortentwicklung reicht kontinuierliche Verbesserung als Zukunftsvorsorge allein nicht aus. Anders als Verbesserungsstrategien bedeutet Innovation einen sprunghaften Anstieg auf ein gänzlich neues Leistungs- und Erlebnisniveau. Das gilt natürlich auch für den Kundenservice.

Abbildung 16: After-Sales-Service-Module

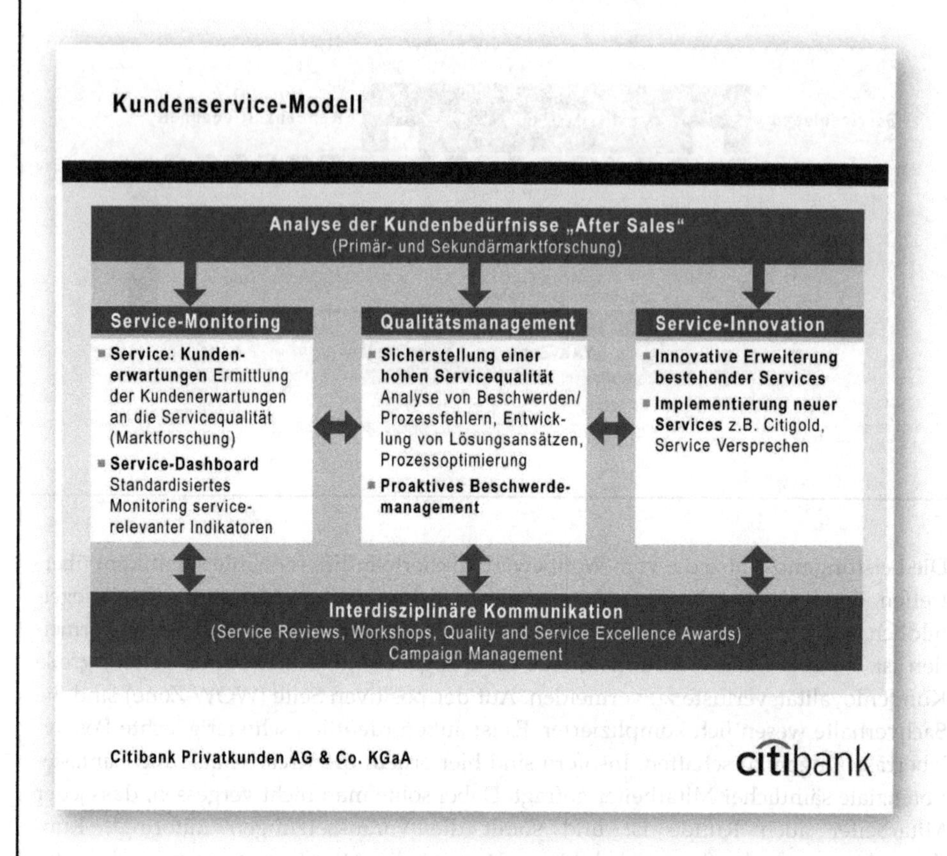

Der Industrialisierungsansatz bietet das effektive Werkzeug, die prozessrelevanten Erkenntnisse aus dem täglichen Kundenservice in stabile Prozessvariationen einfließen zu lassen.

Credo der Bank von morgen

- Messen, messen, messen: Im Sinn der Standortfindung, des Abgleichs mit erfolgreichen Benchmarks und der Nachvollziehbarkeit von Änderung und Innovation.
- Den Kunden in den Mittelpunkt stellen: Nicht im Sinne eines unverbindlichen moralischen Appells, sondern im Sinne aktiven Handelns. Als Beispiel soll die Zeitallokation unserer Filialmitarbeiter für unseren Kunden dienen. Durchschnittlich verbringt jeder unserer Filialmitarbeiter 50 bis 70 Prozent seiner verfügbaren Zeit mit den Kunden. Die pragmatische Umsetzung dessen, was anfänglich ein

Vorsatz war, ist mithilfe unseres Industrialisierungskonzepts gelungen. Da wir sehr weit über dem Marktdurchschnitt in Deutschland liegen, können wir mit unseren rund 340 Filialen und Vertriebsstellen ein Geschäftspotenzial realisieren, für das unsere Mitwettbewerber weitaus mehr Standorte brauchten.

- So viel direkte Kommunikation und Fokus auf die Ablauforganisation wie möglich und so wenig Hierarchie und Aufbauorganisation wie gerade noch vertretbar.
- Schaffung einer Führungselite, die Weltklasse-Kriterien genügt.
- Motivierte und ermächtigte Mitarbeiter, die in einem legeren Umfeld Spaß bei ihrer Arbeit haben und eine Erfolgs- und Winnerkultur schaffen.

Das Fundament, auf dem unsere modernen Konzeptbausteine stehen, lässt sich am besten mithilfe der folgenden Leitsätze beschreiben:

Leaders have what it takes! Walk the talk! Perfect is the enemy of good!

Jochen Speek

Die Industrialisierung der Kreditbearbeitung

Zögerlich, aber unaufhaltsam erreicht die Industrialisierung im Bankenmarkt auch die Kreditabteilungen. Der Handlungsdruck aus Sicht der traditionellen Kreditinstitute ist groß: Aufgrund stagnierender Margen und eines wachsenden Konkurrenzdrucks wird es fortwährend schwieriger, im Kreditgeschäft Geld zu verdienen. Kreditfabriken bieten einen Ausweg aus der aktuellen Kosten-Ertragsproblematik; sie senken und flexibilisieren die Bearbeitungskosten, verbessern die Abwicklungsqualität und steigern dadurch indirekt die Vertriebseffizienz.

Revolution im Kreditgeschäft? Der Konkurrenzdruck im Kreditgewerbe steigt

Die Ertragskrise der deutschen Banken ist noch nicht überwunden. „Die deutschen Institute haben es bisher nicht geschafft, an das durchschnittliche Rentabilitätsniveau heranzukommen", urteilte Jochen Sanio, Präsident der Bundesanstalt für Finanzdienstleistungsaufsicht (BaFin) auf der Jahrespressekonferenz 2006. „Was das Zinsergebnis betrifft, ist Besserung leider kaum zu erwarten. Der deutsche Markt ist nach wie vor dicht besetzt, der Konditionenwettbewerb nach wie vor hart. Entsprechend stark ist der Druck der Margen." Besonders herausfordernd entwickelt sich der Wettbewerbsdruck zurzeit im Bereich privater Immobilienkredite. So erinnert der Online-Baufinanzierungsberater Interhyp mit der Parole *„Liberté, Egalité – Kredite"* an die Französische Revolution und bläst zum Sturm auf die traditionellen Vertriebswege. Direktbanken und bankenunabhängige Vermittler erobern Marktanteile der Filialbanken. Und ausländische Finanzinstitute nutzen das Cross-Selling-Potenzial der privaten Baufinanzierung zu ihrem Einstieg in den deutschen Markt. Das, was Interhyp „eine kleine Revolution im Bankenmarkt" nennt, scheint sich Marktstudien zufolge zu einer Bedrohung für das Hypothekengeschäft der klassischen Filialbanken auszuwachsen. „Bankenunabhängige Berater und Direktbanken werden in den nächsten Jahren zu den klaren Gewinnern auf dem Markt für private Baufinanzierungen gehören", prophezeiten Interhyp, die Direktbank ING DiBa und der Finanzdienstleister MLP im November 2005 in einer gemeinsamen Presseerklärung. Als Beleg wurde eine Studie von Professor Dr. Klaus Fleischer von der Fachhochschule München zitiert, derzufolge der Marktanteil der Filialbanken bis 2010 von 70 auf 50 Prozent sinkt.

In Bankenkreisen sind die Meinungen über die Expansionschancen der Direktbanken und -vermittler allerdings geteilt. Fraglich ist, wie viele Kunden tatsächlich bereit sein werden, bei der komplexen und folgenschweren Entscheidung zur Baufinanzierung auf die persönliche Beratung in der Filiale zu verzichten. Doch ganz gleich, wie sich der Markt langfristig aufteilt: Die Auswirkungen des zunehmenden Konkurrenzdrucks sind für die klassischen Filialbanken bereits jetzt zu spüren. Mit wachsender Markttransparenz steigen die Ansprüche der Kunden an die Qualität von Beratung und Service, an die Reaktionszeiten und die Bearbeitungsgeschwindigkeit.

Industrialisierung als Ausweg aus der Kosten-Ertragsfalle – Wachsende Anforderungen im Kreditgeschäft

Neben den Direktvermittlern und ausländischen Anbietern sind es branchenfremde Anbieter, sogenannte Non- und Nearbanks, die um den Kreditkunden werben. Mit dem Werbespruch „Tchibo ist günstiger als die Bank erlaubt", erinnert beispielsweise der Kaffeeröster daran, dass es für die deutschen Banken immer schwieriger wird, gleichzeitig Kunden zu gewinnen und Geld zu verdienen. Denn die Konkurrenz-Offensive trifft die klassischen Filialbanken in einer Marktphase, in der die Kreditmargen aufgrund anhaltend niedriger Zinsen bereits stark zusammengeschmolzen sind. Aufgrund des wachsenden Konkurrenzdrucks versteht sich von selbst, dass es für die Banken zurzeit keine Option ist, die schwierige Ertragslage in Form höherer Kosten auf die Endkunden umzulegen. Die Banken stehen vor der schwierigen Aufgabe, ihre Produktionskosten in der Kreditbearbeitung reduzieren zu müssen und zum gleichen Zeitpunkt mittels Steigerung ihrer Vertriebseffizienz und Verbesserung von Service und Abwicklungsqualität auf ihre Mitbewerber zu reagieren (siehe Abb. 1). Es überrascht daher nicht, dass die Industrialisierung im Bankenmarkt nach dem Zahlungsverkehr und der Wertpapierabwicklung jetzt auch auf die Kreditabteilungen übergreift. Immer mehr Banken entdecken die Optimierung und Standardisierung sowie die teilweise Auslagerung ihrer Kreditprozesse als Weg, ihr Kosten-Ertragsprofil in der Kreditabwicklung zu verbessern und gleichzeitig die Effizienz und Qualität der Bearbeitung zu steigern.

Die industrielle Revolution erreicht das Kreditgeschäft

Die Studie „Bank und Zukunft 2006" des Fraunhofer Instituts für Arbeitswirtschaft und Organisation ermittelte, „dass dem Einsatz industrieller Methoden in der Bankenbranche heute und zukünftig ein hoher Stellenwert eingeräumt wird. Besonders im Bereich der Prozessoptimierung sind 76,7 Prozent der Studienteilnehmer der Meinung, dass die Banken verstärkt industrielle Ansätze verfolgen sollten." Das Outsourcing standardisierbarer Geschäftsprozesse spielt in diesem Zusammenhang eine immer bedeutsamere Rolle: „Mehr als die Hälfte der befragten Bankmanager sieht in der Auslagerung ihrer Geschäftsprozesse ein wichtiges Instrument, um im Wettbewerb bestehen zu können", heißt es in einer 2006 veröffentlichten Studie des Frankfurter E-Finance Labs.

Abbildung 1: *Banken sind mit ihrer Kreditabwicklung unzufrieden*

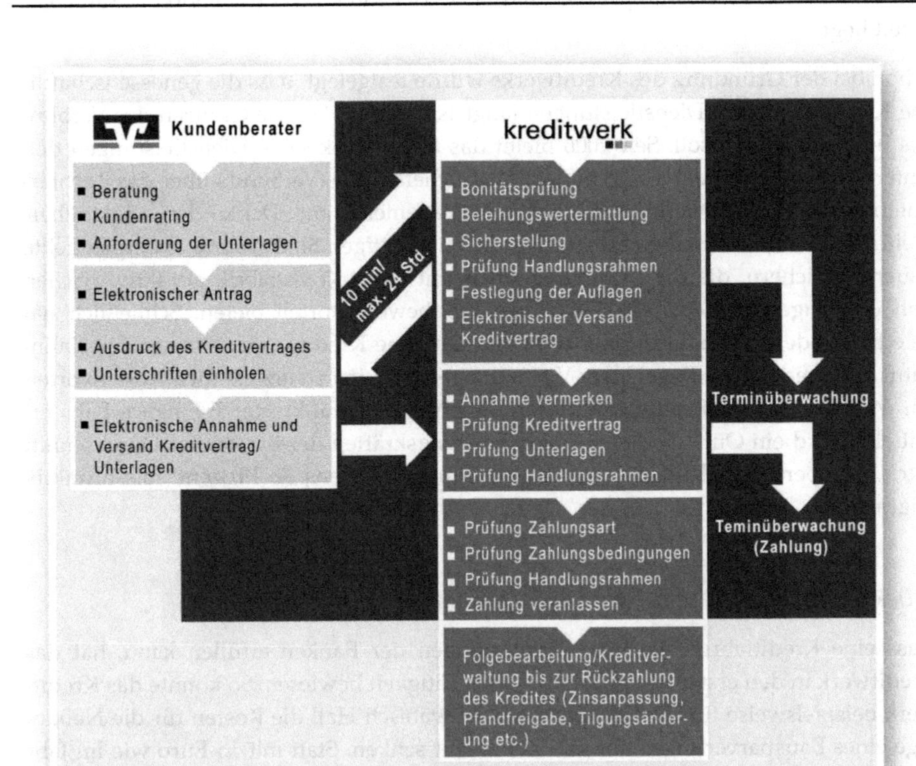

Der genossenschaftliche FinanzVerbund als Vorreiter

Das VR Kreditwerk zählt zu den Vorreitern der Industrialisierung im Kreditgeschäft. Die Kreditfabrik des genossenschaftlichen FinanzVerbundes wurde im Jahr 2000 durch die Bausparkasse Schwäbisch Hall und die Deutsche Genossenschafts-Hypothekenbank (DG HYP), Hamburg, gegründet. Heute ist das Kreditwerk mit einem Volumen von rund 8 Millionen Kredit- und Bausparverträgen die größte deutsche Kreditfabrik. Auch über das Kreditgeschäft hinaus kann sich der genossenschaftliche FinanzVerbund zu den Pionieren der Industrialisierung im Bankenmarkt zählen. Mit dem Transaktionsinstitut für Zahlungsverkehrsdienstleistungen (künftig Equens) und der Deutschen WertpapierService Bank AG hat sich der Verbund auch im Bereich des Zahlungsverkehrs und der Wertpapierabwicklung unter den Marktführern positioniert. Gleichzeitig demonstriert der Erfolg der beiden Dienstleister, dass im Outsourcing von Backoffice-Leistungen die Zukunft in der säulenübergreifenden Zusammenarbeit liegt.

Schon bei der Gründung des Kreditwerks wurde festgelegt, dass die genossenschaftliche Kreditfabrik ihre Dienstleistungen langfristig auch über die Grenzen des Verbundes hinaus anbieten soll. Seit 2006 bietet das Kreditwerk seine Dienstleistungen den Unternehmen außerhalb des genossenschaftlichen FinanzVerbunds über das Tochterunternehmen Kreditwerk Hypotheken-Management an. Dank der säulenübergreifenden Zusammenarbeit lassen sich die nachhaltigen Skalen- und Synergieeffekte dauerhaft sichern, die die Zusammenarbeit mit einer Kreditfabrik attraktiv machen und den angeschlossenen Banken einen Wettbewerbsvorteil bieten. Schließlich hat eine Bank oder ein anderes Finanzinstitut, das seine Kreditprozesse an ein Spezialinstitut auslagert, in der Regel klare Vorstellungen von den zu erzielenden Kostenvorteilen. Wie die Studie „Kreditprozess der Zukunft" des Frankfurter E-Finance Labs ermittelte, wird ein Outsourcing von den Führungskräften der Banken im Durchschnitt nur „bei operativen Kosteneinsparungen von mindestens 30 Prozent" als attraktiv angesehen.

Stückkosten senken und flexibilisieren

Dass eine Kreditfabrik die Einsparerwartungen der Banken erfüllen kann, hat das Kreditwerk in den ersten sechs Jahren seiner Tätigkeit bewiesen. So konnte das Kreditwerk beispielsweise für die Bausparkasse Schwäbisch Hall die Kosten für die Neuanlage eines Bausparvertrages um gut 50 Prozent senken. Statt mit 15 Euro wie im Jahr 1999 schlägt sie nur noch mit 8 Euro zu Buch. Doch Kosten werden in der Kreditfabrik nicht einfach nur gesenkt: Um einiges wichtiger ist vielen Entscheidern in den auslagernden Instituten die Flexibilisierung ihrer Stückkosten. Bearbeitungs-, Personal- und Verwaltungskapazitäten der Kreditfabrik können je nach Bedarf abgerufen werden.

Outsourcing schafft unternehmerische Freiheit

Vertriebs- und Marketinginitiativen, beispielsweise im Bereich der privaten Immobilienfinanzierung, können unabhängig von der personellen Auslastung in der Marktfolge geplant und ohne Qualitäts- oder Serviceeinbußen umgesetzt werden. Urlaubs- und Krankheitstage bleiben für den Kunden ohne Auswirkungen auf die Erreichbarkeit seiner Kreditsachbearbeitung. Als zusätzliche Entlastung für die auslagernde Bank fallen auch die Aktivitäten im Bereich der Personalentwicklung und Fortbildung zu einem wesentlichen Teil in den Zuständigkeitsbereich der Kreditfabrik. Ebenfalls reduziert werden die Investitionen in die hauseigenen IT-Systeme. Angesichts laufend kürzer werdender Innovationszyklen im IT-Bereich spielt dieses Argument für die Entscheider in den Banken eine immer wichtigere Rolle.

Abbildung 2: *Prozessablauf beim Outsourcing einer Genossenschaftsbank an das Kreditwerk*

Prozesspaket – Neugeschäft

- Antragsbearbeitung bis Annahme
- Unterlagenbearbeitung
- Auszahlung

Prozesspaket – Bestandsgeschäft

- Austausch Tilgungsersatz
- Tilgungsänderung
- Erklärungen gegenüber Dritten
- Pfandfreigabe
- Rückzahlung (planmäßig/vorzeitig)
- Zinsanpassung (planmäßig/vorzeitig)
- Wechsel Feuerversicherung (FV)
- Bearbeitung rückständiger BSV/LV/Fonds/FV
- Änderung der Schuldverhältnisse
- Sicherheitenfreigabe
- Sicherheitentausch
- Terminüberwachung
- Pflege der Klientenbasissysteme

Kernkompetenzen eines Kredit-Servicers. Erfolgsfaktor: Flexible Preismodelle

Von der Senkung und der Flexibilisierung der Stückkosten kann ein Finanzdienstleister nur dann im vollen Umfang profitieren, wenn die Kreditfabrik diese Kostenvorteile in ein anforderungsgemäßes Preismodell verpackt. Für die Klienten des Kreditwerks bedeutet das, dass die Preiskonditionen zu Beginn einer Outsourcing-Partnerschaft auf die Bedürfnisse des auslagernden Instituts zugeschnitten werden. Dabei gilt für die Klienten, dass sie auf der Basis mengenabhängiger Stückpreise von den Skaleneffekten der Kreditfabrik profitieren. Dank der verursachungsgerechten Bepreisung kann das angeschlossene Institut sichergehen, dass ihm, anders als bei der Inhouse-Lösung, nur die tatsächlich in Anspruch genommenen Leistungen in Rechnung gestellt werden. Volksbanken und Raiffeisenbanken ermöglicht das Kreditwerk durch den Verzicht auf eine Abnahmeverpflichtung darüber hinaus unternehmerische Unabhängigkeit von Marktphasen. Durch die leistungsgerechte Abrechnung erhalten die auslagernden Finanzinstitute gleichzeitig eine höchstmögliche Kostentransparenz.

Abbildung 3: *Leistungsumfang des Kreditwerks im Processing für Genossenschaftsbanken*

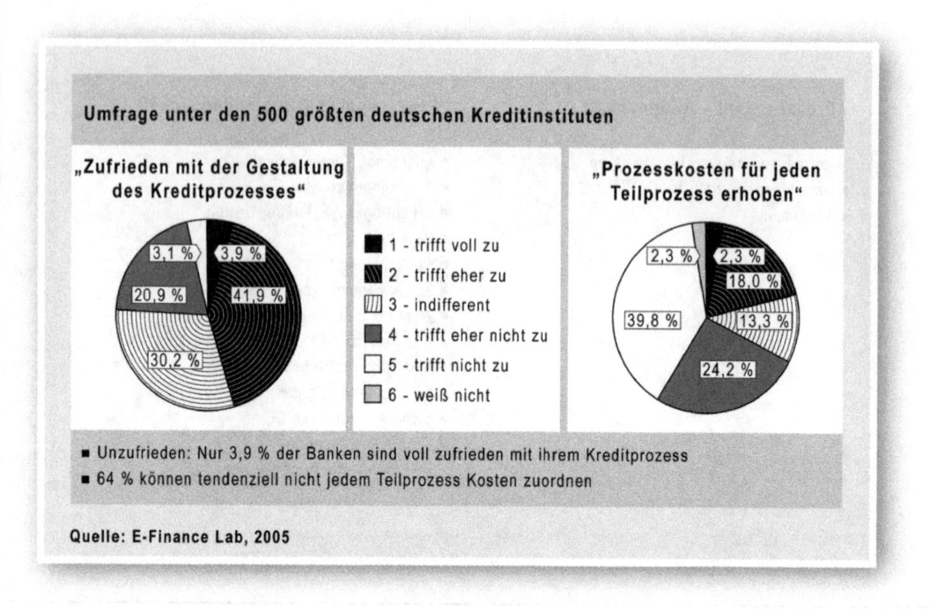

Was die Finanzdienstleister von einer Kreditfabrik erwarten

Doch auch wenn die Kreditfabrik eine nachhaltige Senkung der Bearbeitungskosten ermöglicht: Aus Kostengründen allein entscheidet sich kaum ein Unternehmen für ein Business Process Outsourcing (BPO). Laut einer Bankenbefragung des E-Finance Labs „bietet BPO den Banken den größten Nutzen in der Konzentration auf die eigenen Kernkompetenzen." Als zweitwichtigstes Argument wird die Transparenz der Kosten und erst als drittes Outsourcing-Argument die Senkung vor Kosten genannt.

Finanzdienstleister, die sich für die Auslagerung ihrer Kreditprozesse an das Kreditwerk entscheiden, verzeichnen zusätzlich spürbare Qualitätsvorteile. Sie erhalten Zugriff auf ein hoch spezialisiertes Kredit- und Immobilien-Know-how und profitieren vom hohen Spezialisierungsgrad der unterschiedlichen Processing-Teams in der Kreditfabrik. Auf die Weise können Banken aufgrund der Zusammenarbeit mit dem Kreditwerk ihre Bearbeitungs- und Prüfungsrisiken aktiv senken. Das auslagernde Institut kann davon ausgehen, dass in der Kreditbearbeitung jederzeit die aktuellsten bank-, kredit- und aufsichtsrechtlichen Grundsätze angewendet werden. Das ist insbesondere in solchen Zeiten von Vorteil, in denen wachsende gesetzliche und aufsichtsrechtliche Anforderungen die Personalbudgets der Banken zusätzlich belasten, beispielsweise die MaRisk (Mindestanforderungen an das Risikomanagement) und Basel II. So hatte laut einer Studie der Unternehmensberatung Droege & Comp. (2004) bereits die Einführung der MaK (Mindestanforderung an das Kreditgeschäft) bei 60 Prozent der befragten Institute zu erhöhtem Personalbedarf geführt, „bei oft gleichzeitig schlechteren Durchlaufzeiten in der Kreditbearbeitung".

Bank und Kunde profitieren von Qualitätsvorteilen

Das Kreditwerk unterstützt seine Klienten während der gesamten Kreditlaufzeit. Das Servicepaket, das zu Beginn der Zusammenarbeit individuell auf die Bedürfnisse der auslagernden Bank zugeschnitten wird, umfasst die gesamte Kreditverwaltung von der Antragsbearbeitung und Auszahlung über sämtliche Bestandsprozesse wie Tilgungsänderungen und Zinsanpassungen bis zur Rückzahlung – selbstverständlich inklusive der Terminüberwachung. Dabei behalten die Kreditwerk-Klienten stets sämtliche Kontroll- und Weisungsbefugnisse. Die hohe Bearbeitungsqualität des Kreditwerks macht sich von Anfang an bemerkbar. Kommunikationsprobleme zwischen Markt und Marktfolge, beispielsweise wegen handschriftlicher Vermerke in den Kreditakten, gehören ebenfalls der Vergangenheit an.

Insbesondere profitiert von der Qualitätsoffensive *Kredit-Outsourcing* jedoch der Endkunde. Die schnelle Kreditentscheidung, die durch die optimierten Prozesse in der Kreditfabrik ermöglicht wird, ist insbesondere angesichts des zunehmenden Konkurrenzdrucks ein wichtiges Mittel der Kundenbindung. Dabei findet die automatisierte Kreditzusage anhand der Entscheidungsparameter statt, die das auslagernde Institut festgelegt hat. Die Optimierung der einzelnen Prozessschritte sowie die standardisierte Vor- und Aufbereitung der Antragsunterlagen findet darüber hinaus oft in der besseren Unterlagenqualität und in perfekt vorbereiteten Beratungsgesprächen ihren Niederschlag. Das Kreditwerk tritt dabei immer im Namen der auslagernden Bank mit dem Endkunden in Kontakt, und die Bank behält die vollständige Vertriebs- und Beratungsverantwortung.

Kernkompetenz Service Level Management

Die Qualitäts- und Servicevorteile eines Outsourcing-Dienstleisters können nur dann zur Kundenbindung der Bank beitragen, wenn die Leistungen verlässlich erbracht werden. Aus dem Grund zählt das Management von Qualitäts- und Servicevereinbarungen zu den Kernkompetenzen jeder Kreditfabrik. Im Kreditwerk werden zu Beginn eines Outsourcing-Projekts die Bearbeitungs- und Reaktionszeiten ebenso verbindlich fixiert wie der Umfang der Serviceleistungen. Auf die Weise erhält jede Bank das Leistungspaket, das ihren Anforderungen und denjenigen ihrer Kunden entspricht. Sämtliche Arbeitsschritte, Leistungen und Kompetenzvereinbarungen, die zu Beginn der Zusammenarbeit zwischen Kreditwerk und Klienten definiert wurden, sind im sogenannten Processing-Handbuch definiert. Die rechtlichen Rahmenbedingungen sind darüber hinaus im Kooperationsvertrag dokumentiert, der laufend mit dem Kreditwesengesetz und den aktuellen aufsichtsrechtlichen Rahmenbedingungen abgeglichen wird.

Kernkompetenz Personaleinsatzsteuerung

Finanzdienstleister, die ihre Kreditprozesse an das Kreditwerk auslagern, können ihre Kredit-Stückkosten nachhaltig reduzieren. Um solche Einsparungen zu erzielen und gleichzeitig die Qualitäts- und Serviceansprüche der Klienten zu erfüllen, sind die Skalen- und Synergieeffekte einer Kreditfabrik sowie die Ergebnisse der Prozessoptimierung allein nicht ausreichend. Aus diesem Grund gehört das Management der Personalressourcen zu den weiteren Kernkompetenzen einer Kreditfabrik. Aufgabe des Kapazitätsmanagements im Kreditwerk ist es, jeden einzelnen Mitarbeiter zu jedem Zeitpunkt quantitativ und qualitativ optimal einzusetzen. Zu diesem Zweck können die Planer auf eine Palette langfristiger, mittelfristiger und tagesaktueller Maßnahmen zurückgreifen, die einem einzelnen Bankhaus nur in geringem Umfang zur Verfügung stehen. Zu den mittelfristigen Planungsinstrumenten des Kreditwerks gehört beispielsweise ein Einsatzteam von rund 100 Springern. Sie alle haben eine spezielle und besonders breit gefächerte Ausbildung absolviert, sodass sie team-, abteilungs- und sogar standortübergreifend in sämtlichen Processing-Bereichen eingesetzt werden können. Auch die flexiblen Arbeitszeiten im Kreditwerk sind ein Mittel der auslastungsorientierten Einsatzplanung. Hilfreich ist dabei ein besonders hoher Anteil an Teilzeitkräften. Sie haben die Möglichkeit, ihre Arbeitszeit bei saisonalen Auftragsspitzen für Monate zu erhöhen. Auch eine tagesaktuelle Anpassung der Arbeitszeit an das Auftragsvolumen ist im Kreditwerk Alltag.

Auch wenn sich die Erkenntnis durchsetzt, dass die derzeitige Kosten-Ertragsproblematik im Kreditgeschäft nur durch ein Aufbrechen der Wertschöpfungskette gelöst werden kann, sind die Banken beim Outsourcing ihrer Kreditprozesse zurzeit noch zurückhaltend. Besondere Bedeutung kommt dabei den Fragen der Technologieabhängigkeit und der Einmalkosten für die Portierung der bestehenden IT-Lösung in der Bank auf die Plattform des Insourcers zu.

Um den Banken die Sorge vor der Abhängigkeit zu nehmen, gehört das Management der IT-Schnittstellen ebenfalls zu den Kernkompetenzen einer Kreditfabrik. So hat das Kreditwerk den Anspruch, bei der Aufnahme neuer Geschäftsbeziehungen den Aufwand für die Migration und technische Anbindung seitens des Klienten so gering wie möglich zu halten. Im genossenschaftlichen FinanzVerbund löst das Kreditwerk diese Herausforderung beispielsweise durch Kooperationen mit den beiden genossenschaftlichen Rechenzentralen GAD und FIDUCIA. Durch die Integration der Kreditwerk-Prozessstraße in die neuen Bankenarbeitsplätze bank21 (GAD) und agree (FIDUCIA) haben Volksbanken und Raiffeisenbanken seit 2007 die Arbeit mit dem Kreditwerk noch unkomplizierter und ohne Integrationsaufwand aufnehmen können. Der Umfang der Zusammenarbeit mit dem Kreditwerk kann auf Wunsch dem aktuellen Bedarf flexibel angepasst werden.

Perspektiven im Markt für Kreditprocessing – Vielfältige Expansionschancen

Zurzeit wird das Kerngeschäft der Kreditfabriken größtenteils durch die private Immobilienfinanzierung gebildet. Doch auch für andere Vermögensklassen lassen sich in der Kreditfabrik nachhaltige Skalen- und Synergieeffekte erzielen. Dabei gilt: Je höher die Standardisierbarkeit der Kreditprozesse, desto spürbarer die Effekte. Aus diesem Grund sind Förderkredite, Ratenkredite und kleinteilige Gewerbekredite ebenfalls Anwärter auf das Processing in der Kreditfabrik. Die Verwaltung komplexer gewerblicher Einzelkredite hingegen ist auch auf lange Sicht in der Kreditabteilung der Banken am besten aufgehoben.

Neben den verschiedenen Vermögensklassen bietet auch der durch Verbriefungstransaktionen in Bewegung geratene Kapitalmarkt weit reichende Expansionsmöglichkeiten. Die Verbriefung von Darlehensforderungen gewinnt als Finanzinstrument auch hierzulande an Bedeutung, nachdem vor allem britische und skandinavische Investoren verstärkt am deutschen Markt auftreten und die Eigenkapitalregeln Basel II ein neues Management der Kreditrisiken von den Banken fordern. Eine Kreditfabrik kann in diesem Zusammenhang den Bedarf der in- und ausländischen Risikonehmer am Kapitalmarkt an einer Optimierung der Prozesskette aufgreifen: Die Unterstützung durch eine Kreditfabrik bei der Industrialisierung des gesamten Prozesses, vom Verkauf des Kredits bis zur Platzierung am Kapitalmarkt, ist eine konsequente Weiterentwicklung des Geschäftsmodells, das auf aktuelle Entwicklungen am Finanzmarkt mit adäquaten Lösungen reagiert. Verkauft zum Beispiel eine Bank ein an eine Kreditfabrik ausgelagertes Kredit-Portfolio, werden die darin gebündelten Darlehen ohne zeitliche, technische oder qualitative Brüche weiter vom Outsourcing-Partner bearbeitet; die Portfoliotransaktion kann ohne aufwendige Daten- und Aktenübertragungen abgewickelt werden.

Industrialisierung umfasst weit mehr als Outsourcing

Ganz gleich, um welche Vermögensklasse es sich handelt, die Industrialisierung ist stets der erste Schritt zum Kredit-Outsourcing. Um die Voraussetzungen zu einem effizienten Outsourcing-Prozess zu schaffen, werden Klienten im Vorfeld der Auslagerung durch das Integrationsteam des Kreditwerks betreut. Doch auch unabhängig von der Entscheidung für oder gegen ein Outsourcing haben Banken die Möglichkeit, die Beratungskompetenz des Kreditwerks im Bereich der privaten Immobilienfinanzierung zu nutzen. Kunden, die das Angebot „Beratung für Banken" nutzen, gelingt es durch die vom Kreditwerk vorgeschlagenen Optimierungsmaßnahmen die Stückkosten in der Kreditbearbeitung um durchschnittlich 15 bis 20 Prozent zu senken.

Zu den wichtigsten Ergebnissen aus dem Beratungsprojekt zählen für viele Banken die Berechnung ihrer Prozess- und Durchlaufzeiten in der Kreditbearbeitung sowie die Ermittlung der Durchschnittstückkosten. Die Bankenbefragung „Kreditprozess der Zukunft" (2005) hat entsprechend ergeben, dass 64 Prozent der Banken „tendenziell nicht jedem Teilprozess Kosten zuordnen" können. Ferner wurde ermittelt, dass nur 3,9 Prozent der Führungskräfte in den deutschen Banken „voll zufrieden mit ihrem Kreditprozess" sind. Angesichts dieser Zahlen ist davon auszugehen, dass die Nachfrage nach Outsourcing- und auch Beratungsangeboten im Bereich der Kreditabwicklung weiter steigen wird. Damit würde sich ein Ausspruch von Henry Ford bestätigen, der als Wegbereiter der industriellen Fertigungsprinzipien gilt: „Erfolg besteht darin, dass man genau die Fähigkeiten hat, die im Moment gefragt sind."

Rüdiger Volk

Vertikale Desintegration im Sanierungsmanagement

Die Desintegration der Wertschöpfungskette ist auch im Firmenkundengeschäft der Banken weit fortgeschritten. So wird das Management von Sanierungsfällen der Banken zunehmend auf Hedgefonds und Private-Equity-Gesellschaften verlagert; häufig nur zur kurzfristigen Verbesserung der Liquiditätslage beziehungsweise der Risikosituation. Daraus kann jedoch auch ein neues, langfristig orientiertes eigenes Geschäftsmodell für Spezialbanken - vergleichbar mit den Transaktionsbanken für die Wertpapier- und Zahlungsverkehrsabwicklung – entwickelt werden.

Umdenken der Banken im Rahmen des Sanierungsmanagements

Wenngleich die Zahl der Firmeninsolvenzen im ersten Halbjahr 2006 gegenüber dem Vergleichszeitraum im Vorjahr auf 16.265 zurückgegangen ist[1], darf nicht verkannt werden, dass das Niveau der Unternehmensinsolvenzen noch immer hoch ist. Entwarnung für Kreditinstitute mag es insofern nur kurzfristig geben: Allein aufgrund der aktuell nicht auszuschließenden weiteren Zinssteigerungsgefahren drohen künftig insbesondere Finanzierungsstrukturen mit hohen Leverage Multiplikatoren (LBOs) in Schwierigkeiten zu geraten. Trotz oder wegen der derzeitigen Ruhe sollten private Banken, vornehmlich aber auch Kreditinstitute des öffentlich-rechtlichen Sektors wie Landesbanken, Sparkassen und Förderbanken, sich mit dem Thema des zeitgemäßen Sanierungsmanagements beschäftigen, um in problematischen Zeiten gewappnet zu sein. Investmentbanken, Hedgefonds und Private-Equity-Gesellschaften betreiben folglich ein aktives Asset beziehungsweise Investment Management, indem sie Non-Performing-Loan-Portfolien (NLPs) kaufen, restrukturieren und am Markt zügig weiterzuverkaufen versuchen. Außer solchen True Sales werden inzwischen allerdings auch NPL-Verbriefungen sektorspezifischer Firmenkreditportfolien unter Verwendung von Derivaten erwogen.[2]

Während derlei Überlegungen gewöhnlich angloamerikanischen Investmentbanking-Philosophien entspringen, die Sanierungsprobleme als marktorientiertes Handelsgeschäft betrachten, beleuchtet der nachfolgende Beitrag die Entwicklung des Sanierungsgeschäfts von Kreditinstituten. Ausgegangen wird dabei vom Workout-

1 15,1 Prozent im Vorjahr; vgl. Handelsblatt Online (6.9.2006)

2 vgl. Dickler, R. A.; Schalast, Ch. (2006)

Management, das in den vergangenen Krisenjahren von zahlreichen Banken etabliert wurde. Das Ziel der Überlegungen ist die Steigerung der Effizienz im Sanierungsgeschäft und insofern verbesserte Bankenerträge sowie eine nachhaltigere Kundenbasis.

Theoretischer Hintergrund

Vor dem Hintergrund der in der Finanzdienstleistungsindustrie zu beobachtenden Disintermediation[3] bietet der Kundenwunsch nach variablen und bedarfsgerechten Vertriebskanälen etlichen Intermediären Überlebenschancen. Um ihre Bedeutung innerhalb der Wertschöpfungskette zu erhalten oder zu steigern, müssen diese Intermediäre ihre Beziehung zu vor- und nachgelagerten Elementen jener Kette – also ihren Lieferanten und ihren Kunden – intensivieren und einen individuellen Zusatznutzen anbieten. Eine Alternative zur Disintermediation besteht in der Reintermediation, die eine Verschiebung der Intermediärfunktion und nicht ihre vollständige Eliminierung beinhaltet. Das heißt, die Funktionen der Intermediäre gehen nicht verloren, sondern werden anderen vor- oder nachgelagerten Partnern der Wertschöpfungskette oder von neu auftauchenden Intermediären übernommen.

Mit dem Begriff *Desintegration* bezeichnet man im Allgemeinen sowohl das Aufbrechen bestehender Fertigungsstufen und die Reorganisation entlang der Wertschöpfungskette (vertikale Desintegration) als auch das Infragestellen des Zuschnitts von Markt- beziehungsweise Geschäftsfeldern, in denen ein Unternehmen tätig ist (horizontale Desintegration). Die hier zu thematisierende *vertikale Desintegration* tritt nur dann auf, wenn durch sie für die Beteiligten eine bessere Situation eintritt als bei voller Integration. (Das Motto lautet, nicht das zu tun, was andere besser können.) Auch die Wettbewerbsbetrachtung spielt neben den Transaktionskosten eine wesentliche Rolle. Ursächlich für die Desintegration sind zwei Phänomene: Die Gewinne aus der umgesetzten Spezialisierung (reale Vorteile) sowie latente Gewinne aus Handelsaktivitäten (zum Beispiel Arbitrage) an den Stellen, an denen die Wertkette aufbricht.

Lean Banking charakterisiert seit Beginn der neunziger Jahre Ansätze forcierten organisatorischen Wandels in der Kreditwirtschaft. Eine einheitliche Definition des Lean Banking existiert nicht, auch gibt es kein vordefiniertes Konzept. Zum einen wird der Schwerpunkt auf Effizienzsteigerung durch Kostensenkung gesetzt[4], zum anderen wird Lean Banking als Führungs- und Organisationsprinzip gesehen.[5] Lean Banking als strategisches Managementkonzept ist ein integrierter Ansatz zur Neuausrichtung des Gesamtunternehmens[6], der durch Aufspaltung in Hauptgeschäftssparten und

---

3 Unter Disintermediation versteht man die Eliminierung von Mittelsmännern (Intermediären) wie Brokern und Händlern.

4 vgl. Krönung; H. D.: Chancen (1994), S. 325

5 vgl. Große-Peclum, K.-H.: Lean Banking (1995), S. 129

6 vgl. Bierer, H.; Fassbender, H.; Rüdel, T. (1992)

deren Optimierung eine verbesserte Marktorientierung zum Ziel hat. „Die Realisierung der erforderlichen ‚Quantensprünge' der Veränderung erfordert (...) ein prinzipielles Umdenken und damit eine Abkehr von den traditionell bevorzugten Lösungsmustern"[7], wobei ein fundamentales Überdenken beziehungsweise radikales Redesign wesentlicher Unternehmensprozesse im Mittelpunkt der Betrachtung steht. Konzepte, den organisatorischen Wandel einer Organisation zu forcieren, werden auch mit dem Begriff des Business-Reengineering[8] belegt. Neben Lean Banking oder Business-Reengineering kennzeichnet auch der Begriff *Deconstruction* den aktuellen Trend, die bislang integrierten Wertschöpfungsketten traditioneller Universalbanken aufzubrechen. Das Aufbrechen vormals homogener Leistungsketten „... ermöglicht es, spezialisierten Anbietern, sich erfolgreich zu etablieren, indem sie einzelne Wertschöpfungsstufen besetzen oder sich auf integrierte Lösungen für einzelne Prozessschritte der Unternehmensleistung konzentrieren. ...".[9]

Das Modell der Deconstruction beinhaltet, traditionelle Unternehmensstrukturen (siehe Abb. 1) mit ihren vollständig integrierten Wertschöpfungsketten aufzugeben und stattdessen Unternehmen auf eine Weise zu segmentieren und in einzelne Wertschöpfungsstufen zu zerlegen, dass die einzelnen Teile in einem zweiten Schritt unter Profitabilitätsgesichtspunkten neu zusammengestellt werden können. Wesentlich dabei sind nicht Größe oder Marktanteil; über den Wettbewerbserfolg entscheidet vielmehr die Fähigkeit, *Wertarchitekturen* zu rekombinieren.[10] Bezogen auf Bank-IT-Projekte wurde bereits vor einigen Jahren das Aufbrechen der Wertschöpfungskette prognostiziert und durch vier Typen spezialisierter Banken beschrieben: reine Vertriebsbanken, Produktentwickler, Abwicklungsbanken und Spezialisten zur Bündelung von Risiken.[11]

Insofern ist folgende These vertretbar: Aus dem Deconstruction-Ansatz kann im Hinblick auf das Sanierungsgeschäft der Banken ein Zukunftsmodell entwickelt werden. „Neben der strategischen Sicht haben insbesondere Überlegungen aus Sicht der Produktions- sowie der Transformationskosten eine große Bedeutung."[12] Anders formuliert, stellt sich die Frage, ob es vor dem Hintergrund derartiger Deconstruction-Ansätze nicht nur zeitgemäß, sondern auch richtungweisend wäre, wenn Banken ihr Sanierungsportefeuille in einem eigenständigen strategischen Geschäftsfeld zusammenfassten und aus der bestehenden Organisation ausgliederten.

---

7 Süchting, J.; Paul, S. (1998), S. 284

8 vgl. zum Business-Reengineering im Bankgeschäft bzw. Lean Banking: Räss; H. E., (1993)

9 Lohneiß, H. (2000), S. 232

10 vgl. Fockenbrock, D. (1.10.1999), S. 11

11 vgl. Handelsblatt (23.7.2002) S. 18

12 Lautenschlager, P. (2000), S. 336

Abbildung 1: *Derzeitige Sanierungs-Wertschöpfungskette*

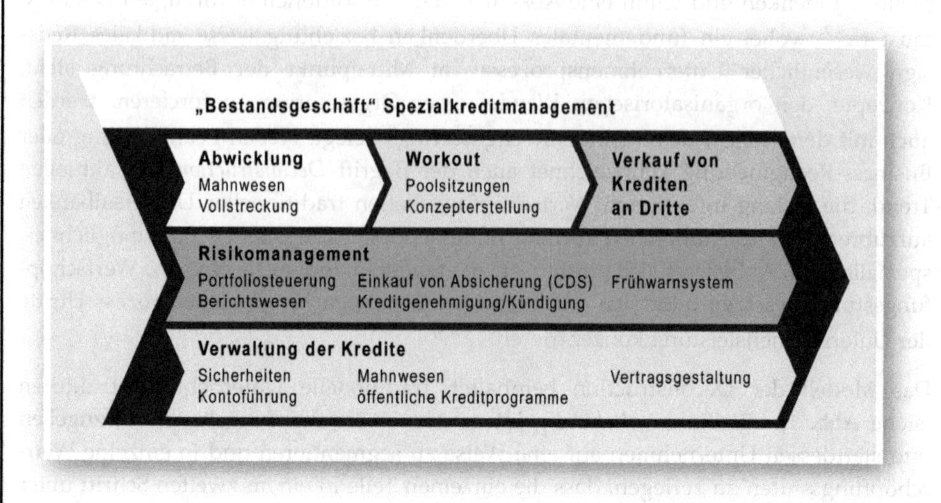

Den betriebswirtschaftlichen Kern der vorgenannten Überlegungen bildet die *Theorie der Transaktionskosten*[13] und die dadurch mögliche Bewertung der Effizienz alternativer Koordinationsformen bei der Leistungserstellung. Die Existenz von Finanzintermediären[14] liegt danach darin begründet, dass sie bei der Leistungserstellung zur Kosteneinsparung beitragen und Informationsprobleme lösen, die sonst den Abschluss und die Kontrolle von Finanzverträgen behindern. Transaktionskosten stellen die Summe der Kosten dar, die unter Anbahnung, Abwicklung und Kontrolle einer Austauschbeziehung zwischen Wirtschaftssubjekten entstehen. Aus Kosten- und Informationssicht beantwortet die Transaktionskostentheorie, welche der beiden Organisationsformen, Markt oder Unternehmen, die effizientere ist. Häufig werden verschiedene Faktoren

13 vgl. Grampp, M. (2004); Voigt, S. (2004), S. 55 ff. sowie Williamson, O. E. (1985); Williamson, O. E. (1975); Jost, P.-J. (2001); Windsperger, J. (1996); Schätzer, S. (1999) und Fuchs, W. (1994):

14 zur *Finanzintermediation*: Bernet, B. (2003); Süchting; J.; Paul, T. (1998)

wie Spezifität[15], strategische Bedeutung, Unsicherheit oder Transaktionshäufigkeit genannt, die auf die Höhe der Transaktionskosten und daher auf die Frage des richtigen Koordinationsmechanismus – Markt oder Unternehmen – einwirken. Der Bereich des Sanierungsmanagements zählt aufgrund mangelnder strategischer Bedeutung und vergleichsweise geringer Transaktionshäufigkeit nicht zum Kerngeschäft einer normalen Bankorganisation. Es böte sich also an, nach rein marktlichen Koordinations- und Lösungsmechanismen zu suchen, die, in dem von angloamerikanischen Ländern bevorzugten und als *Workout-Investmentbanking* bezeichneten Weg der Problemlösung mittels Verkauf von Distressed Assets, über Kreditderivate oder durch Verbriefungslösungen zu finden wären. Dem ist jedoch entgegenzuhalten, dass ein hohes, äußerst spezifisches Know-how notwendig ist, falls man das Sanierungsgeschäft richtig – das heißt mit dem Ziel, am Ende des oftmals langwierigen Prozesses die Wiederherstellung der Wettbewerbsfähigkeit zu erreichen – betreiben will. Nur die Summe vieler richtig angewandter Schlüsselkompetenzen führt zum Sanierungserfolg und dadurch zum finanziellen Optimum der Bank. Auch spricht das Kriterium der Unsicherheit, das als „... Maß für die Vorhersehbarkeit und die Anzahl der notwendigen Änderungen der Leistungsvereinbarung während einer Transaktion"[16] definiert ist, eindeutig für eine unternehmensorientierte Koordinationsform.

Dem Sanierungsmanagement durch Banken ist eine eher hybride Bedarfsstruktur eigen: Aufgrund der geringen Häufigkeit und fehlenden strategischen Bedeutung erscheint eine Herauslösung dieses Geschäfts aus der bestehenden Wertschöpfungskette sinnvoll. Umgekehrt ist wegen der Spezifität und Unsicherheit eine Einbringung dieses Geschäfts in eine neue eigenständige unternehmerische Wertschöpfungsstufe empfehlenswert. Das Optimum zur Lösung des Problems „Sanierungsmanagement durch Banken" scheint (im Hinblick auf die Transaktionskosten) somit weder in der derzeitigen noch in einer rein marktlichen Organisationsform zu bestehen. Das legt eine spezielle Organisationsform nahe, die sich in Form der hier favorisierten Sanierungsspezialbank anbietet.

Das Ziel dieses neuen Geschäftsmodells (im Vergleich zu den anderen bisher praktizierten Ansätzen im Bereich des Sanierungsmanagements durch Kreditinstitute) ist es, die existierenden Modelle obsolet zu machen. Die Gefahr für jene bisherigen Herangehensweisen liegt nicht in deren Ineffizienz, sondern darin, dass das Modell der Sanierungsspezialbank, zumindest in gewissen Segmenten (siehe Abb. 4), als strategi-

---

15 *Spezifität* beschreibt den Verlust, der entstünde, falls die getätigte Investition einer anderen als der vorgesehenen Verwendung zugeführt werden muss. Bei hoher Spezifität der Vorleistungen begeben sich sowohl der Auftraggeber als auch der Auftragnehmer in eine starke gegenseitige Abhängigkeit, die eine Partei zu ihrem Vorteil ausnutzen könnte. Aus Sicht der Transaktionskostentheorie ist die Eigenerstellung von Beratungsleistungen bei hoher Spezifität der Aufgabe dem Fremdbezug vorzuziehen. Dies trifft auf Beratungsleistungen im Sinn des NWOM zu.

16 Picot, A.; Dietl, H.; Franck, E. (1997), S. 68

sche Innovation derart überlegen ist, dass es die Branche verändert und Branchen-Orthodoxien überwindet.

Veränderungen im Sanierungsmanagement von Banken

Als Auslöser für das in den letzten Jahren einsetzende Umdenken der Banken im Rahmen des Sanierungsmanagements lassen sich u. a. nennen:

- verschärfte Renditeansprüche,
- grundlegende Neuausrichtung und Fokussierung,
- Entwertung von Sicherheiten,
- geschäftspolitische Rücksichtnahme: Imageprobleme beziehungsweise Dominoeffekt in der Kundschaft,
- staatspolitische und volkswirtschaftliche Aspekte,
- erwünschte Positionierung eines Hauses innerhalb der Bankenlandschaft.

Neben der Schlüsselrolle, die den Banken im Sanierungsfall im Rahmen der finanziellen Unterstützung zukommt, wird auch im Status quo der Sanierungsbetreuung durch Banken nach weiteren Möglichkeiten aktiver Unterstützung der Krisenbewältigung im nichtfinanziellen Bereich gesucht. Sie kann in Form von Beratung des Schuldnerunternehmens in der Krise, Überwachung der Sanierung (zum Beispiel in Lenkungsausschüssen und Gläubigerbeiräten), sowie mittels Koordination[17] und Moderation des Sanierungsprozesses geleistet werden. Banken sind aufgrund ihrer exponierten Stellung und der Häufung ähnlich gelagerter Sanierungsfälle und daraus resultierenden Erfahrungen prädestiniert, Moderatoren- beziehungsweise Koordinatorenfunktion zwischen den Interessen der Gläubigern und Unternehmen zu übernehmen.[18] Banken, insbesondere Hausbanken, besitzen schon heute Schrittmacherfunktionen bei der Sanierung krisenbehafteter Unternehmen.[19] Trägt man die Aufgaben, die Banken im Rahmen des Sanierungsmanagements erfüllen (siehe Abb. 2), zusammen, sind diese:

- die Koordination der Aktivitäten externer und interner Spezialisten,
- die Abstimmung mit anderen Banken und Gläubigern im Rahmen der Poolsitzungen,

17 vgl. Obermüller, M. (1982), S. 244 f.: Hiernach ist die Koordination der verschiedenen Interessen der beteiligten Sanierungspartner die zentrale Voraussetzung für erfolgreiche Sanierungshandlungen.

18 vgl. Lüthy, M. (1987), S. 302

19 vgl. Hennings, D.; Behrens, J.; Czaplinsky, E. (1998), S. 21

- Gesprächspartner/Sparringspartner für die Geschäftsleitung des Sanierungskunden,
- Mahner, der den hoffentlich rechtzeitigen Hinweis auf die notwendige Einleitung einer Restrukturierung und Sanierung gibt,
- Hilfestellung bei der Entwicklung von Sanierungsstrategien und –konzepten,
- Kontrolle des Sanierungsfortschritts.

Die Rolle der Bank stellt sich (oftmals ungewollt) als Spinne im Netz dar:

- Wenngleich erfahrenen Bankern seit jeher bewusst ist, dass es Situationen gibt, in denen ein engeres Heranrücken an und höheres Engagement für den Kunden unvermeidbar ist, scheuen sie meistens zunehmend das aktive Gestalten im Sanierungsfall.
- Die Bereitschaft von Banken, in der Grenzsituation einer Sanierung über das Normalmaß hinauszugehen und diese Situation als Herausforderung beziehungsweise als eigenständiges Betätigungsfeld anzusehen, fehlt häufig. Damit bleiben Ertragspotenziale unrealisiert.
- Vielmehr wird noch immer nach der Maßgabe gehandelt, dass es nicht Aufgabe der Banker ist, unternehmerisches Risiko zu tragen, da das die Aufgabe des Unternehmers beziehungsweise Kapitalgebers ist.

Wer unternehmerische Verantwortung fordert, klagt die stärkere Verantwortlichkeit der Banken im Sanierungsmanagement ein, wobei sich die Banken zunächst einmal in die Lage versetzen müssen, den komplexen Aufgaben dieses Geschäftes nachzukommen.

In der Bewältigung dieser Aufgabe liegen Innovation und Neuheit begründet. Das Zusammenspiel verschiedener typologischer Ausprägungen in der Person des Sanierungsbetreuers macht das Wesen eines neuen Ansatzes im Sanierungsmanagement aus. Angesichts der hohen Zahl der erfolgsnotwendig einzubringenden und harmonierenden persönlichen Eigenschaften und Qualitäten ist das Vorhandensein einer natürlichen Schnittmenge derartiger Erfolgskriterien als äußerst gering einzuschätzen.

Aus der Notwendigkeit der Gesamtheit solcher Fertigkeiten für eine optimale Sanierungsprozessbegleitung durch eine Bank ist zu schließen, dass:

- man pro Sanierungsfall ein Team braucht, in dem diese Fähigkeiten angemessen ausgeprägt sind,
- ein Lernen und Ansammeln von (Spezial-)Wissen nur durch Kontinuität und Beständigkeit für einen längeren Zeitraum möglich ist,
- eine Spezialisierung im Workout-Metier notwendig ist.

Optimal scheint sich derartiges Spezialwissen im Workout-Geschäft am ehesten durch Institutionalisierung und Spezialisierung in einer Sanierungsspezialbank sicherstellen zu lassen. Will eine Bank aktiv die Fäden des Sanierungsprozesses ziehen, so führt die notwendige Veränderung der Wertkette im Bereich des Sanierungsgeschäfts unweigerlich zu der Überlegung, eine Sanierungsspezialbank als aufbauorganisatorischen Lösungsansatz zu etablieren. Die engen Grenzen einer in Kreditinstituten üblichen Organisationsform sowie die über etliche Generationen gewachsene mentale Ausrichtung von Management und Bankmitarbeitern lassen den Instituten wenig Raum für die Entwicklung der im Sanierungsgeschäft erforderlichen Mitarbeiter.

Workout-Management als eigenständige Bankleistung

Das oben beschriebene Aufgabenbündel stellt den Kern der eigenständigen Bankdienstleistung einer fokussierten Spezialbank dar. Bezeichnend ist, dass:

- eine derartige Spezialbank nichts anderes darstellt als das konsequente Weiter- oder Zu-Ende-Denken innovativen Workout-Managements und
- die Veränderungen des Bankgeschäftes im Allgemeinen und die Rolle der Banken im Firmenkundengeschäft im Besonderen auch ihre veränderte Aufstellung im Sanierungsgeschäft nahelegen.

Wettbewerbsmodell für das Management von Sanierungskrediten

Grundsätzlich sind es derzeit drei Interessengruppen, die sich zunehmend für das Sanierungsgeschäft interessieren. Ihr Interesse geht über die bisher gesehenen reinen Beratungs- und Vermittlungsdienstleistungen hinaus und erstreckt sich auf konkrete eigene Beteiligungs- beziehungsweise Anlageinteressen. Zu den drei Gruppen gehören:

- Ableger großer Unternehmensberatungsgesellschaften beziehungsweise auf Insolvenzen spezialisierte Rechtsanwaltskanzleien,
- auf Anlage orientierte beziehungsweise sich spezialisierende Private-Equity-Häuser oder Hedgefonds und
- nach neuen Betätigungen suchende, sich auf den Kauf/Verkauf von Forderungen an Sanierungsunternehmen oder Derivaten fokussierende Investmentbanken.

Selbst wenn sich viele deutsche Marktteilnehmer aus dem Private-Equity (PE)-Geschäft[20] zurückgezogen haben, entwickelt sich der PE-Markt zunehmend als gebräuchliche Alternative zum (langfristigen) Fremdkapital, insbesondere bei eigentü-

---

20 vgl. zum Private Equity: Müller, J. (2001), S. 3 – 12; Vater, D. (2002); Groth, A.; Gottschlag, O. (2004), S. 26 – 29

mergeführten mittelständischen Unternehmen.[21] Gesunkene Renditen und die zeitweise schwierigen PE-Marktverhältnisse ließen die Akteure nach Möglichkeiten der Differenzierung im PE-Geschäft suchen, die sie gefunden haben in:

- Anlagen in Subinvestment-Grade-Unternehmen[22] beziehungsweise Kreditportfolien von Banken,
- der gleichzeitigen Möglichkeit, sich entsprechende Refinanzierungspotenziale über strukturierte Verbriefungstransaktionen oder die Einbindung in Dachfonds zu schaffen.

Wenn Investmentbanken wie Lazard, Rothschild oder Houlihan Lokey sich in Sanierungen ohne Nutzung der eigenen Bankbilanz engagieren und positionieren, geht es dabei im Wesentlichen um Schuldnerberatung und Schuldenmanagement in Richtung des Kapitalmarktes beziehungsweise über ihn.[23] Objekte der Beratung sind große oder kapitalmarktfähige Unternehmen, die ins Schlingern geraten sind, also Risikofaktoren von schlechter als „BB" gemäß der Skalierung von S&P aufweisen. Derartige kontinuierliche Schulden- und Schuldnerberatungen funktionieren auf Basis sogenannter Retainer für die Investmentbank, beispielsweise auf monatlicher Basis. „Dafür verhandeln die Schuldenberater mit den Gläubigern, sagen vor Gericht aus, fädeln Fusionen oder den Verkauf von Vermögenswerten ein."[24] Wenngleich sich immer mehr Investmentbanker Sanierungsfällen widmen, ist ihre Leistung eher auf das Metier der Weltkonzerne und Großkunden gerichtet. Auch bestehen ihre Beratungsleistungen im Umstrukturierungsmanagement am Kapitalmarkt (beispielsweise High Yields), in Kapitalerhöhungen, Wandel- und Optionsanleihen (Convertibles und Exchangeables). Außerdem geht es ihnen nicht darum, Umformung der Geschäftsmodelle zu begleiten oder die Wettbewerbsposition ihrer Klienten zu verbessern, sondern um das Ausweiden in finanzielle Schieflage geratener Firmen mit im Prinzip funktionierenden Geschäftsmodellen.[25]

Die zunehmenden Aktivitäten von Investmentbanken, Private-Equity-Häusern sowie großen Unternehmensberatungsgesellschaften und Anwaltskanzleien erzeugten einen zusätzlichen wettbewerblichen Druck auf die im Sanierungsgeschäft „zwangsweise" tätigen Geschäftsbanken, da die Konkurrenten sich primär auf die lukrativeren Aspekte des Sanierungsgeschäfts, beispielsweise monatliche Beratungsmandate, M&A-Mandate, Einwerbung und Weiterplatzierung von Equity- beziehungsweise Mezzanine-Kapital oder Beteiligungen konzentrieren. Den etablierten Banken dürfte der

---

21 vgl. Börsenzeitung (2.7.2003), S. 9

22 Unter Subinvestment Grade versteht man Risikoklassen von BB+ und schlechter (gemäß S&P).

23 vgl. Becker, W. (24.7.2002), S. 8

24 vgl. Börsenzeitung (10.8.2002), S. 15

25 vgl. Handelsblatt (30.10.2002), S. 5

uninteressante Teil des Geschäfts verbleiben, wenn sie sich nicht zu einer neuen, innovativen und in ein strategisches Gesamtkonzept eingebetteten schlüssigen Betrachtung und Behandlung ihres Sanierungsgeschäfts entschließen. Nur so kann es ihnen gelingen, überdurchschnittlich abzuschneiden, Wettbewerbsvorteile zu generieren und nicht der Konkurrenz lukrative Teile des Sanierungsgeschäfts zu überlassen. Sie sollten das im jeweiligen Konzern vorhandene Know-how in einer Sanierungspezialbank bündeln. Orientiert an Porters Wettbewerbskräfte-Schema werden in Abbildung 2 die fünf aus Sicht des Verfassers den Wettbewerb im Sanierungsgeschäft determinierenden Marktkräfte dargestellt.

Strategische Optionen für das Sanierungsmanagement durch Kreditinstitute

Synthetische Verbriefungen sind ein probates Instrument, um flexibel und präzise normale Portfolien zu mobilisieren. Deutsche Mittelstandsportfolien mit durchschnittlichen Ratingeinstufungen von BBB-/BB+ lassen sich dergestalt in am Markt gut unterzubringende Investment-Grade-Tranchen strukturieren. Diese machen gewöhnlich etwa 97 Prozent der Summe des Referenzportfolios aus. Unterstellt man, dass diese Investment-Grade-Tranchen im Wesentlichen von OECD-Banken erworben werden (20-prozentige Anrechnung), ergibt sich eine etwa 80-prozentige Entlastung von Risk Weighted Assets (RWAs). Da die verkaufende Bank jedoch das First Loss Piece von etwa drei Prozent der Summe des Referenzportfolios normalerweise selbst hält und insofern kein Risikotransfer stattfindet, ist die Entlastung im Hinblick auf das ökonomische Kapital minimal. Würde man Sanierungskreditportfolien mit deren durchschnittlich wesentlich schlechterem Rating (beispielsweise BB- bis B) tranchieren, ergäben sich vergleichsweise geringe Investment-Grade-Tranchen, der RWA-Effekt wäre geringer. Kann die verkaufende Bank den in diesem Fall relativ hohen Anteil des First Loss Piece nicht am Markt unterbringen, tritt nahezu kein Effekt ein. Das scheint die Ursache dafür zu sein, dass es im deutschen Markt bisher keine Verbriefungen für Sanierungsportfolien zu verzeichnen gibt. Gleichwohl scheinen sich auf Basis synthetischer Verbriefungs-Modellstrukturen bereits Innovationen zu etablieren, die das Verbriefungsgeschäft erneut in die Nähe einer sogenannten Bad Bank bringen könnten (siehe Abb. 2).

True-Sale-Verbriefungskonstruktionen: Die von Banken und der KfW getragene Initiative ist nicht gleichzusetzen mit einer Bad Bank, an die Not leidende Kredite, mit einer staatlichen Garantieerklärung versehen, in eine eigene Abwicklungsgesellschaft ausgegliedert werden. Die True-Sale-Gesellschaft soll ausschließlich Forderungen ankaufen und simultan verbriefen, dabei selbst allerdings keine Risiken übernehmen, somit insolvenzfern errichtet werden. „Schlechte Kredite dürfen und werden nie dabei sein."[26]

---

26 Hans Reich, KfW-Vorstandssprecher, abgedruckt in Börsenzeitung (24.4.2003), S. 17

Abbildung 2: *Die treibenden Kräfte des Strukturwandels*

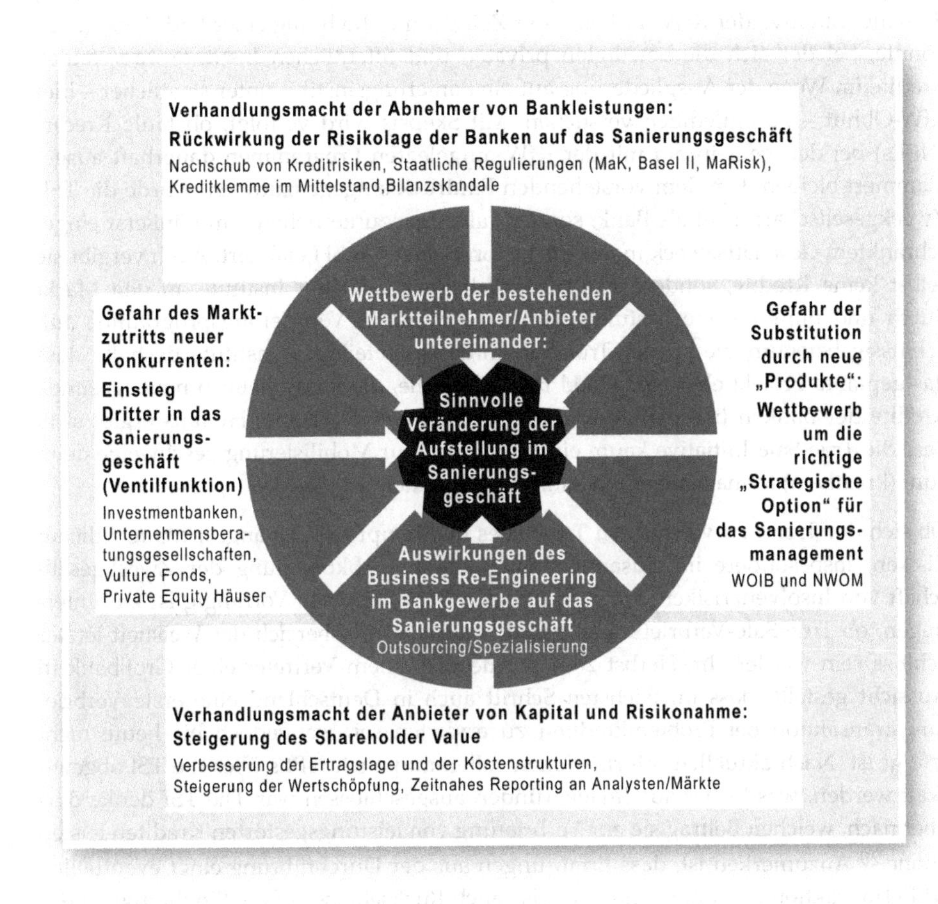

Die anfängliche Sorge, dass es sich bei der True-Sale-Initiative eher um eine Bad Bank handeln könne, hat unter anderem damit zu tun, dass die jetzige Initiative ein Joint Venture darstellt und die KfW als staatliche Bank die Federführung übernommen hat. Sie ist jedoch nicht, wie anfangs vermutet, eine Bad Bank, die „faule" Kredite aufkauft und sie mit staatlicher Hilfe entsorgt, vielmehr werden nur einwandfreie Kredite angekauft und simultan verbrieft. Eine staatliche Haftung für das Programm ist ausgeschlossen. Einzige Aufgabe des Staates ist die Schaffung rechtlicher und steuerlicher Rahmenbedingungen.[27] Ein Special Purpose Vehicle (SPV) behält die Risiken nicht, es

27 vgl. Wittkowski, B. (2003), S. 8; Wittkowski, B.; Frühauf, M. (28.4.2004), S. 5

leitet sie lediglich durch, um nicht insolvenzgefährdet zu sein.[28] Dennoch gab es in Bezug auf die True-Sale-Verbriefungsinitiative (TSI) Bedenken: Kritiker vermuteten, dass die Initiative der KfW im Laufe der Zeit doch in Richtung einer Bad Bank gehen könnte, bei der sich die beteiligten privaten und öffentlichen Institute ihrer faulen Kredite im Wege der Ausgliederung auf ein Sanierungsinstitut unter staatlicher – hier KfW-Obhut – zu entledigen versuchen. Mit Skepsis wird verfolgt, ob faule Kredite (NPLs) bei den gemeinsam mit der KfW aufgelegten Programmen dauerhaft ausgeklammert bleiben. Um dem vorstehenden Eindruck entgegenzutreten, wurde die TSI-Zweckgesellschaft nicht als Bank, sondern als Finanzunternehmen mit äußerst eingeschränktem Geschäftszweck in der Rechtsform einer GmbH etabliert. Auch vergibt sie selbst keine Kredite, sondern leitet lediglich Risiken dritter Institute an den Markt durch und nimmt keine leistungsgestörten Kredite in Verbriefungsprogramme auf. Schlüssig beteuern die an der True-Sale-Initiative beteiligten Institute deshalb, dass das geplante Projekt eher eine Good Bank darstelle, die ausschließlich neue, gesunde Kredite der Banken übernehme und am Kapitalmarkt verkaufe. Hieraus ergibt sich, dass die True-Sale-Initiative kaum ein Instrument zur Mobilisierung geschweige denn zum (kreativen) Management von Sanierungskrediten sein wird.

Ob sich der Trend zu verstärkten True Sales überhaupt hält, ist angesichts rechtlicher Risiken, insbesondere im Zusammenhang mit der Abkoppelung der Zweckgesellschaft von Insolvenzrisiken der verkaufenden Bank, fraglich. Vorrangig ist zu hinterfragen, ob True-Sale-Verbriefungen gerade im Sanierungsbereich der Weisheit letzter Schluss sein werden: Im Herbst 2004 wurde von einem Vertreter einer Großbank in Aussicht gestellt, dass im nächsten Schritt auch in Deutschland eine erste Verbriefungstransaktion bei Problemkrediten zu erwarten sei, was jedoch bis heute nicht erfolgt ist. Nach aktuellen Informationen sollen nun auch NPLs über die TSI abgewickelt werden, was bisher aus Imagegründen ausgeschlossen war. Die TSI denke darüber nach, welchen Beitrag sie zur Verbriefung von leistungsgestörten Krediten leisten könne.[29] Anzumerken ist, dass Erfahrungen aus der Durchführung einer eventuellen NLP-Transaktion nicht notwendigerweise auch Rückschluss auf die Sinnhaftigkeit des Instruments für Sanierungskredite wie Corporate Distressed Debt geben.

Physischer Handel von Krediten: „Nach der betriebswirtschaftlichen Grundlogik kann sich der Verkauf Not leidender Kredite zunächst eigentlich nicht für beide Seiten rechnen. Erstens stellen Investoren in Distressed Assets typischerweise recht hohe Ansprüche an ihre Eigenkapitalrendite. Da geht es um 25 Prozent und mehr (...). Zweitens kann der Investor unser Portfolio nicht so gut kennen wie wir selbst, er muss also aufgrund dieser Informationsasymmetrie einen Preis bieten, der unter unseren Vorstellungen liegt. Und drittens sollte einer Bank, die Distressed Assets in ihren Büchern hat, eine gewisse Erfahrung mit der Verwaltung solcher Portfolios unterstellt werden,

28 vgl. Gries, L. (2003), S. 29

29 vgl. Köhler, P. (2005), S. 19.

das heißt, sie müsste einem fremden Investor insoweit überlegen sein."[30] Angesichts der in der Praxis inzwischen vorgekommenen Portfolioveräußerungen bringen nachstehende Erläuterungen, warum es trotz der vorstehenden betriebswirtschaftlichen Logik zu diesen Transaktionen gekommen sein könnte[31], die Auflösung des scheinbaren Widerspruchs:

- Unterschiedliche Erwartungen an die (künftige) Marktentwicklung.
- Investoren in Distressed Assets stehen unter dem Druck ihrer Geldgeber, die ihr Geld möglichst bald und renditeträchtig angelegt wissen wollen.
- Überlegung, dass eine große Plattform für die Abwicklung von Distressed Loans Skaleneffekte ermöglichen kann, sodass sich die Kalkulation für die Investoren günstiger darstellt als für eine einzelne Bank.
- Aus Sicht der Bank kann es vernünftig sein, mit dem Verkauf von Distressed Loans ein Signal an den Kapitalmarkt zu senden, in der Hoffnung auf eine bessere Bewertung ihrer eigenen Aktie.
- Angesicht der für Investment-Grade-Kredite aufgrund der allgemein verbesserten Risikosituation der Deutschen Kreditinstitute wieder enger werdender Spreads (in 2004) sind die Investoren bullish; die Nachfrage nach deutschem Distressed Debt ist groß, das Angebot (noch) relativ gering.
- Wegen der nicht wertberichtigten Zinsforderungen auf Not leidende Kredite und der Kosten für die Workout-Betreuung dieser Engagements kann es aus Banksicht durch aus sinnvoll sein, diese Forderungen (im Einzelfall) auch unterhalb der (gebildeten) Wertberichtigungsquote (beispielsweise 70 Prozent) zu veräußern.

Verkäufe von NLP-Portfolien sind aber nicht allein unter dem Aspekt des Krisenmanagements, sondern vor allem unter dem Gesichtspunkt eines aktiven risiko- und ertragsorientierten Portfoliomanagements zu betrachten. Dies gilt nicht zuletzt auch mit Blick auf die neuen Anforderungen zur Eigenkapitalunterlegung von Krediten nach Basel II. So ist im Standardansatz vorgesehen, den unbesicherten Teil der Forderungen, die mehr als 90 Tage im Verzug sind, mit 150 Prozent zu gewichten. Nachdem die Banken in Deutschland lange gezögert haben, sich ihrer Not leidenden Kredite durch Verkauf zu entledigen, wollen sie nach Expertenmeinung vermehrt einen Schlussstrich unter die Vergangenheit setzen.

Aus Investorensicht erscheint der deutsche Markt vor allem deshalb interessant, weil anders als auf dem US-amerikanischen Markt, das Chancen-Risiken-Profil den Inves-

30 Wittkowski, B.; Frühauf, M. (24.8.2004), S. 5

31 vgl. Wittkowski, B.; Frühauf, M. (24.8.2004), S. 5

toren auf dem jungen deutschen Markt noch recht attraktiv erscheint. Demgegenüber sehen die US-Investoren die deutschen rechtlichen Vorschriften – insbesondere die strengen Vorschriften zum Datenschutz, die angeblich veraltete Insolvenzgesetzgebung, das zu komplizierte Steuersystem sowie die Zustimmung des Kreditnehmers zum Verkauf der Forderung – als äußerst geschäftshinderlich an. Der Handel[32] mit deutschen Krediten war demzufolge für lange Zeit vergleichsweise illiquide. Wenngleich Banken verstärkt überlegen, ihre Problemkreditportfolien an spezialisierte Investoren zu verkaufen, kommt das Geschäft in Deutschland aufgrund der engen Kundenbindung im Firmenkundengeschäft erst seit 2005 in Schwung. Das lag und liegt zum Teil auch heute noch an dem oftmals schlechten Ruf, den sogenannte Heuschrecken genießen:

- Ihnen wird kundenseitig vorgehalten, häufig zu unkonventionellen Schritten[33] bereit zu sein, um ihre Interessen als neue Kreditgeber nach dem Aufkauf durchzusetzen. Ihr gewöhnlich kurzer Investitionshorizont von zwei bis maximal fünf Jahren zwingt sie zu teils radikalen, kurzfristig erfolgreichen Sanierungs- und Restrukturierungsmaßnahmen, sodass sie im Rahmen der vorgegebenen Haltefrist eine risikoadäquate Rendite von 20 bis 25 Prozent pro Jahr vereinnahmen können. Des Weiteren besteht auf Unternehmens-/Unternehmerseite die Sorge, die meistens äußerst engen Kredit-Covenants könnten gebrochen werden und dadurch zum außerordentlichen Kündigungsrecht führen. Die neuen Gläubiger (Investoren) könnten daraufhin auf einem Umtausch der Schulden in Aktien oder andere EK-Instrumente bestehen und nach erfolgreicher Restrukturierung/Sanierung auf einen kräftigen Kursanstieg spekulieren.[34]

- *Imagesorge der verkaufenden Banken:* „Ein Kunde schließt eine Finanzierung nur ungern bei einem Institut ab, von dem er befürchtet, dass es den Kredit beim ersten Anzeichen einer Krise an einen unbekannten Erwerber verkauft. Darüber hinaus stehen diese auf Krisen spezialisierten PE-Fonds im Ruf, eine rücksichtslose Verwertungsstrategie zu verfolgen."[35] Allerdings haben derartige Transaktionen für Banken den positiven Nebeneffekt, dass sie aus der moralischen Verantwortung für die harten Sanierungsmaßnahmen entlassen werden und Dritten, den Kredit- oder Portfoliokäufern, aufgebürdet haben. Ein Allheilmittel bei der Bewältigung des Sanierungsproblems stellt der Problemkreditverkauf aus Banksicht nicht dar.

Dieser Kritik entgegnen Gesellschaften wie Lone Star mit dem Hinweis auf ihr professionelles Workout mittels der Schwesterfirma Hudson. In dem Fall legt man großen Wert darauf, dass mit den Kreditnehmern fair umgegangen wird, da ein rüder Umgang sich ohnehin schnell herumspräche und die Banken folglich nicht bereit wären,

---

32 vgl. Jobe, C. J. (2005)

33 vgl. Heuerding, H.; Knieling, H. (8.5.2004), S. 4

34 vgl. Balzli, B.; Kerbusk, K.-P.; Pauly, C. (2005), S. 78 – 79

35 Heuerding, H.; Knieling, H. (8.5.2004), S. 4

Lone Star weitere Portfolios anzudienen. Positiv ist allerdings, dass die Investoren ihr betriebswirtschaftliches Spezialwissen einbringen und mithilfe des vielfach vorgenommenen debt-equity Swap (häufig von Mezzanine-Kapital begleitet) für die Banken eine neue dauerhafte Kreditierungsgrundlage schaffen. Meistens ist das Verhältnis zwischen Kunde und bisheriger Kredit gebender Bank gestört, sodass Lone Star leichter, von der Vergangenheit unbelastet, agieren können. Im Hinblick auf die sanierischen und unternehmerischen Fähigkeiten von Hedgefonds-Managern war im Zusammenhang mit der Übernahme ganzer Unternehmen durch Hedgefonds kürzlich zu lesen: „KKR founder Kravis warns hedge funds that they lack experience to run companies. Hedge funds that acquire businesses are unlikely to manage them successfully because of their lack of experience."[36]

Echte und nachhaltige Sanierungen wurden in der Vergangenheit selten verfolgt, da sowohl die Betreuungsstrukturen als zuweilen auch die Banklizenz fehlten. Auch bedeutet der bankseitige Weiterverkauf von Krediten für die deutschen Mittelständler, „... dass die sichere Kontinuität in der Zusammenarbeit mit einer Hausbank fehlt."[37] Allerdings nutzen die vorgenannten Investmentbanken zunehmend auch die Dienste großer Restrukturierungsberater, um über eine Wertsteigerung in der erworbenen Eigenkapitalposition einen Sanierungsgewinn realisieren zu können und hinsichtlich der erworbenen Darlehen keine Bewertung unterhalb des Kaufpreises realisieren zu müssen. Gerade derartige Ideen greift das Konzept der Sanierungsspezialbank auf und perfektioniert sie.

Bad Banks für das Management von Sanierungskredit-Portfolien: Die als Bad Bank diskutierten Konzepte kommen einer Sanierungsspezialbank am nächsten, da sie:

- die Übernahme der Problemkredite und der Geschäftsbeziehungen implizieren,
- Komponenten von Erfolgsbeteiligungen über die Eigenkapitalgenerierung beinhalten,
- Finanzierungen über Junk Bonds wie auch über Risikokapitalinvestoren ermöglichen,
- Lösungen für einbringende Banken darstellen und Konsortiallösungen eröffnen,
- offen für revolvierende permanente, weitere Ankäufe Not leidender Kredite sind und
- die operative und strategische Sanierung des Unternehmens durch Sanierungsspezialisten unterstützen.

Ein weiterer Vorteil, der für einen Verkauf spricht, liegt in der Beendigung der debitorischen Geschäftsverbindung. Dadurch ist die Altbank weniger erpressbar, falls die

36 Politi, J. (23.9.2004), S. 1

37 Interview mit Michael Blatz im Handelsblatt (7.9.2005), S. 25

Sanierung stockt. Ansprüchen, beispielsweise auf Senkung der Zinssätze, Freigabe von Sicherheiten, Aufstockung der Kreditlinie, kann sie mit dem Argument begegnen, dass der Kredit sich nicht mehr in den eigenen Büchern befindet und man sich – wenn überhaupt – an den Erwerber des Kredites wenden könne.

Sämtliche bisher vorgestellten Optionen scheinen im Hinblick auf die Sanierung von Unternehmen sowie die bankmäßigen Zielsetzungen nur begrenzt geeignet zu sein. Sie können aus den folgenden Gründen allenfalls als Partial- oder Scheinlösungen bezeichnet werden:

- Sie bewirken nur teilweise das volkswirtschaftliche Ziel der gelösten Bankenkrise durch exzessive Einzelwertberichtigungen im Firmenkreditgeschäft.
- Sie bewirken nur in geringem Maß – wenn überhaupt – eine Sanierung der Firmenkunden. Im Regelfall stellen sie lediglich eine Optimierung der Refinanzierung dar, die selbstverständlich wiederum Spielräume für Aktivgeschäfte zulässt.
- In keinem Fall wird ein innovatives Sanierungsmanagement durch die Bank in den Mittelpunkt der Betrachtung gestellt.
- In betriebswirtschaftlicher Betrachtung greifen sie zu kurz. Die Entsorgung der Problemkredite ist eine suboptimale und kurzfristige Strategie.
- Sofern es im Rahmen von Bad Banks Ausgliederungslösungen am Markt gibt, sind sie meistens auf staatliches Handeln und staatliches Risikotragen zurückzuführen.
- Ein Zusammenbringen diverser Sanierungsportfolien verschiedener Kreditinstitute zur Reduzierung der individuellen Komplexität und zur Kosten- und Zeiteinsparung auf Einzelinstitutsebene durch ein spezialisiertes Gemeinschaftsinstitut wird bisher nicht verfolgt.
- Dort, wo es Modelle der Bad Banks gibt, sind sie in der Regel Zwangsgeburten, bei denen die bisherige Altbank weiterhin unfreiwillig eine Mehrheit halten muss. Eine klare Strategie liegt auch in den Fällen nicht vor, in denen die Einwerbung von Drittinvestoren zumindest angedacht ist.

Das Geschäftsmodell Sanierungsspezialbank

Nachdem vorstehend alternative Lösungsansätze beurteilt und als nicht adäquat verworfen wurden, wird nun das Modell *Sanierungsspezialbank* entwickelt und diskutiert. Eine Geschäftsmodelldiskussion könnte beginnen mit Fragen wie:

- Haben wir die make-or-buy-Frage im Sanierungsgeschäft gestellt?
- Warum hat sich bisher noch kein Spezialinstitut für das Sanierungsmanagement etabliert?

- Wie viel Duplizität gibt es in verschiedenen Banken bei ein und demselben Sanierungskunden aus dem Mittelstand? Und umgekehrt: Wie unterschiedlich sind die Herangehensweisen in den verschiedenen Banken bezogen auf ein und denselben Sanierungskunden?
- Wie viel Ineffizienz wird durch die aktuelle Handhabung des Sanierungsgeschäfts produziert und was sind die vermeintlichen Vorteile dieser Handhabung?
- Soll man als Bank den Distressed-Debt-Markt neuen Marktteilnehmern überlassen?
- Warum sollte es nicht einer Sanierungsspezialbank gelingen, die Mechanik des Unternehmenszusammenbruchs zu durchbrechen?
- Wie grenzt man sich im Mittelstandsgeschäft von der Konkurrenz ab, wo ist die Unique Selling Proposition (USP)?

Der Verfasser ist überzeugt, dass die Antwort auf die vorstehenden Fragen in der Einrichtung einer Sanierungsspezialbank liegt, die einen Paradigmenwechsel in der Organisation des Sanierungsgeschäfts durch Banken im deutschen Mittelstand ermöglicht. Man sollte dieses Experiment wagen, um letztlich mithilfe eines solchen Tests zu betonen, dass eine Bank aufgrund eines Bewusstseins- und Betrachtungswandels im Sanierungsgeschäft erfolgreich operieren kann. Allerdings ist es unmöglich, die vorgenannten Optionen in einem Versuch parallel zu testen. Welcher Ansatz der beste ist, kann kaum verlässlich simuliert werden, weil nicht gleichzeitig ein und dasselbe Objekt (einzelner Sanierungskunde beziehungsweise Gesamt-Sanierungsportfolio) unter den unterschiedlichen Optionen beobachtet werden kann.

Theoretische Fundierung zur Etablierung einer Sanierungsspezialbank

Das neue Geschäftsmodell einer Sanierungsspezialbank ruht auf mehreren Säulen. Um tragfähig zu sein, sollte das Konzept auf möglichst vielen Überlegungen aufbauen. Geschäftsmodelle dienen der „Aggregation wesentlicher, relevanter Aspekte aus den betriebswirtschaftlichen Teildisziplinen, um hierdurch zu einem einfachen, komprimierten Überblick der Geschäftsaktivitäten zu gelangen."[38] Die Frage nach dem Geschäftsmodell wird regelmäßig dann gestellt, wenn es darum geht, innovative Ideen und Konzepte zu finden, beziehungsweise zu bewerten, zu überprüfen und Dritten – Investoren wie Mitarbeitern – zu kommunizieren. Über die Produkt-Markt-Kombination wird festgelegt, auf welchem Markt und mit welchem/r Produkt/Dienstleistung man konkurrieren will und wie Transaktionsbeziehungen zum Kunden ausgestaltet werden sollen. „Ziel eines jeden Geschäftsmodells muss die Schaffung von Kundennutzen sein, um eine Existenzberechtigung und das Interesse von Investoren zu erhalten. (...) Neben der Erzielung eines Kundennutzens ist die Erlangung und Verteidi-

38 Wirtz, B. W. (2000), S. 21

gung von Wettbewerbsvorteilen für ein Geschäftsmodell essenziell, um sich gegenüber Imitatoren/Konkurrenten zu differenzieren und erreichte Marktanteile zu halten."[39] Das bedeutet das Vorhandensein einer Unique Selling beziehungsweise Value Proposition.

Folgt man Porter, ist in strategischer Betrachtung die Positionierung in der Mitte zu vermeiden, das heißt, man soll sich klar für eine der strategischen Optionen entscheiden: Ansonsten läuft man Gefahr, durch einen wenig prägnanten Marktauftritt zwischen die Stühle und unter die Räder zu geraten. Halbe Sachen sind aus strategischer Sicht nicht effektiv. Bei den Workout-Investmentbanking (WOIB)-Ansätzen dominiert der Realisierungsaspekt, wohingegen die Sanierung nur in wenigen Engagements angegangen und umgesetzt wird.

Geschäftsmodell: Eigenständige Sanierungsspezialbank

Das Geschäftsmodell *eigenständige Sanierungsspezialbank* gründet auf der Integration und Kombination von Methode, Markt, Multi-Bank-Ansatz, Eigenkapital und einer Differenzierung bekannter Bank-Geschäftsmodelle: Abkehr von den, beziehungsweise Umkehrung der bisherigen Denkansätze im Bank-Sanierungsgeschäft, Mehrwertschaffung für alle Partner durch Erbringung exzeptioneller Sanierungsdienstleistungen, Aufbrechen und Veränderung bestehender Wertschöpfungsstrukturen im Firmenkundengeschäft der Banken sowie Schaffung eines eigenen Marktes und Setzen von Marktstandards. Im Einzelnen sollten die Vorteile der Sanierungsspezialbank gegenüber anderen Gestaltungsalternativen sich in folgenden Punkten herauskristallisieren:

Optimierung des Marktauftritts:

Im Hinblick auf sanierungsnotwendige Branchenkenntnisse sollten durch Konzentration beträchtliche Lerneffekte eintreten. Wie andere Lösungsansätze aus dem Bereich des WOIB auch stellt die Sanierungsspezialbank eine Plattform zur Sanierung der Altbanken dar. Sie bietet den Altbanken durch Übertragung beziehungsweise Einbringung der jeweiligen Sanierungsportfolien die Möglichkeit, sich von der direkten Zuständigkeit für die Sanierungskunden und der Bilanzwirksamkeit der im Sanierungsportfolio ruhenden Risiken zu trennen, um sich künftig wieder auf ihr „Normal"geschäft zu konzentrieren und ihre Kernkompetenz dort zur Geltung zu bringen. Insofern gleicht der Sanierungsspezialbankansatz dem der oben genannten verkaufsrisikobehafteten Assets oder Portfolien. Eine den anderen Lösungsansätzen vergleichbare Optimierung der Kapitalallokation ist somit gegeben. Während der Portfolioverkauf jedoch lediglich eine Einbahnstraße darstellt, das heißt nur eine Abgabe von Kundenengagements an dritte Investoren (und damit Abgang von Kundenbeziehungen) möglich ist, stellt die Sanierungsspezialbank uno actu auch die Plattform für ein aktives Zukaufen von Kundenengagements und dadurch einen Zugang von Kundenbezie-

[39] Moldenhauer, R. (2004), S. 143 f.

hungen dar, an denen die Altbanken, die ihre Anfangsbeteiligung an der Sanierungsspezialbank nicht abstoßen, weiter partizipieren und sich dergestalt tendenziell ihre zukünftige Kundenbasis sichern.

Komplexitätsreduktion:

Durch (a) die Bündelung der bankseitigen Interessen in einer einzigen Sanierungsspezialbank und (b) das Vermeiden der sonst häufig zu suboptimalen Ergebnissen führenden Interessenkonflikte zwischen den Banken ist das in praxi erkennbare divide et impera des Sanierungskunden nicht mehr möglich. Die Sanierungsspezialbank kann aus einem klaren und starken Auftritt gegenüber dem Kunden ihre Position festigen. Da sie sich zudem, unabhängig von den Altbanken, ihre eigene Organisationsform gibt, wird sie mit anderen als den dort häufig verkrusteten Kreditorganisationsstrukturen arbeiten und im Hinblick auf ihre Entscheidungen somit voraussichtlich flexibler sein. Die während des Sanierungs- oder des sich eventuell anschließenden M&A-Prozesses oft typischen Interessenkonflikte zwischen den Sanierungspartnern können durch die Sanierungsspezialbank vermieden werden. Das weitverbreitete Misstrauen der Banken untereinander, ob die vorhandene geringe Liquidität durch das Unternehmen korrekt auf die verschiedenen Banken allokiert wird, entfällt. Erst recht fällt der für Sanierungspools charakteristische, extrem hohe gegenseitige Informations- und Koordinationsaufwand zwischen den Banken weg. Es gibt weniger Reibungsverluste zwischen den Partnern, da die sonst differierenden Meinungen der Sanierungspartner nicht mehr existent sind.

Ressourcenoptimierung:

Die Zusammenführung der verschiedenen Sachbearbeitungen zu einer einzigen Sanierungsspezialbank spart erheblichen Arbeits- und dadurch Personalaufwand. Es wird nicht nur die Kreditsachbearbeitung (Kreditanalyse, Berichterstattung, Monitoring) an einer einzigen Stelle durchgeführt, es entfallen auch Doppelarbeiten im Hinblick auf Sicherheitenmanagement, Kontrolle laufender Engagements (Liquiditätssteuerung) sowie Disposition. Insgesamt ist ein wesentlich geringerer Koordinationsaufwand zu konstatieren, da beispielsweise der Zwang zu extensiven Poolsitzungen oder sonstigen externen Abstimmungsprozeduren entfällt. Selbst im Vergleich zu einem Lösungsansatz, bei dem sich jede Altbank im internen Outsourcing ihres Sanierungsportfolios eine eigene Bad Bank leistet, generiert die Sanierungsspezialbank durch den inhärenten Kooperationsvorteil die vorgenannten Mehrwerte. Bedenkt man, dass zur korrekten Abarbeitung der Basisbankdienstleistungen (beispielsweise Kontenführung und Zahlungsverkehr) ein etablierter Apparat benötigt wird, kann er durch die Sanierungsspezialbank ebenfalls auf einen einzigen reduziert werden.

Professionalität:

Wie bei jeder Spezialisierung sollte es in der Sanierungsspezialbank zu erheblichen Lern- oder Erfahrungskurveneffekten hinsichtlich des optimalen Sanierungsmanagements und zur zielgerichteten Weiterentwicklung des Instrumentariums kommen. Das hat zur Folge, dass man anderen Instituten gegenüber, die sich nicht der Sanierungsspezialbank angeschlossen haben, Wettbewerbsvorteile generieren kann. Bei der Einrichtung einer Sanierungsspezialbank durch Einbringung von Portfolien von Altbanken tritt auch bei den Mitarbeitern nicht nur der gewünschte Durchmischungseffekt ein, bei dem möglicherweise kulturelle Schranken der Altbanken überwunden und die Kreativität gefördert werden. Unter Umständen stellt sich angesichts der oben beschriebenen höheren Personaleffizienz auch ein blending-of-the-best–Effekt ein. So lassen sich womöglich Know-how und Leistungsreserven durch die Zusammenarbeit heben.

Veränderte Rahmenbedingungen:

Die Sanierungsspezialbank passt in das Konzept der Entkonsolidierung von Nicht-Kerngeschäftsaktivitäten und erlaubt die Fokussierung der Altbank auf ihr „normales" Akquisitions- und Betreuungsgeschäft. Sie trägt den künftigen Differenzierungen gemäß Basel II Rechnung, indem Risikoaktiva und ökonomisches Kapital der Altbank gesenkt werden. Umgekehrt erlaubt die Konstruktion *Sanierungsspezialbank* den Altbanken – falls sie ihre Gesellschafterstellung an der Sanierungsspezialbank halten – am Sanierungserfolg zu partizipieren

- durch Realisierung von Sanierungsgewinnen aus den Engagements (also im Wege der Wertsteigerung ihrer Beteiligung an der Sanierungsbank) und
- über tendenziell höhere Sanierungskreditmargen sowie Strukturierungs- und sonstigen Honoraren (also im Wege von c.p. höheren Ausschüttungen resp. Dividenden).

Erweiterung der Investorenbasis:

Die Investorenneigung divergiert hinsichtlich der Ansprüche an die Qualität des Portfolios. Erfahrungen aus dem WOIB zeigen, dass eine bewusste Differenzierung bei der Investitionsentscheidung zugunsten höherer Rendite trotz höherem Eigen- und Fremdkapitalrisikos durchaus eingegangen wird. Das geschieht meistens, um sich eine bessere Portfoliodurchmischung (nach Regionen, Adressen, Branchen, etc.), ein Pick-up an Rendite gegenüber anderen alternativen Investitionsmöglichkeiten oder den Zugang zum Geschäft des Kunden zu sichern. Kommt die Sanierungsspezialbank bei entsprechendem eigenen Rating und adäquater Rendite den Investorenerwartungen nach, sollte ihr gelingen, entweder für ihre eigene Bilanz oder im Wege der Refinanzierung von Sanierungs-ABS/SPV hinreichend Fremd-, Nachrang- oder Eigenkapital einzuwerben. Durch die Kombination sämtlicher Instrumente, die im Rahmen des WOIB beschrieben wurden, ergibt sich für die Passivseite der Bilanz der Sanierungsspezialbank hinsichtlich Refinanzierung und Risiko(über)nahme eine hohe Optimierungs- und Diversifizierungschance.

Erweiterung der Vermarktungsmöglichkeiten:

Einer der wichtigsten Unterschiede der Sanierungsspezialbank zu den sonstigen Ansätzen bankmäßiger Lösungen des Sanierungsproblems besteht in deren hervorragender Möglichkeit, sich mithilfe des ungeliebten Sanierungsmetiers ein positives Image zu verschaffen. Während die anderen handelsorientierten Lösungsansätze lediglich an der Risikoposition der Bank ansetzen und insofern bestenfalls geringe positive Auswirkungen auf die Sanierungskunden haben, erreichen der klassische Workout-Ansatz und erst recht das New Workout Management (NWOM)[40] Nachhaltigkeit im Sinn einer bewusst wahrgenommenen industriepolitischen Verantwortung der Banken. Dieses Image resultiert aus der Möglichkeit:

- Reputation aufgrund von Leistung zu erzielen und sie als Leistung der Bank zu kennzeichnen,
- die Vermeidung eines Negativimages im Stammgeschäft der Altbanken werblich beziehungsweise darstellerisch zu nutzen,
- einen eigenständigen Markennamen zu entwickeln und am Markt zu positionieren,
- sich fachgerecht zu vermarkten, das heißt in der Bankfachpresse Eigenwerbung zu betreiben und beispielsweise in Sanierungs-League-Tables an prominenter Stelle zu erscheinen,
- infolge von Sanierungserfolgen Interesse und Faszination bei Mitarbeitern, Kunden und Investoren auszulösen.

Da die neue Produktlinie als erkennbar abgegrenzte(s) Dienstleistung(Produkt) erbracht (vertrieben) wird, sollte es der Sanierungsspezialbank möglich sein, als Market-Maker zu fungieren und dem Markt einen Preis für das Erstellen dieser Leistung zu kommunizieren. Ein solches Verhalten weckt Bedarf. Kommen Angebot und Nachfrage nach der Dienstleistung zusammen, hat sich die Sanierungsspezialbank einen eigenen Markt geschaffen und muss nicht andere Bankadressen umwerben. Das spezialisierte, abgegrenzte Angebot der Sanierungsdienstleistung kann darüber hinaus als Ansatzpunkt und Plattform für den Verkauf weiterer Produkte (Anlagemöglichkeiten, Services) für den gesamten Mittelstand genutzt und aktiv vermarktet werden.

Nischenstrategie Mittelstand:

Last but not least wird eine Sanierungsspezialbank im Wesentlichen eine Nischenstrategie für mittelständische Firmenkunden praktizieren müssen, um sich von anderen Anbietern abzuheben und erfolgreich zu sein.

Fazit und Ausblick

Die folgende Tabelle (siehe Abb. 3) stellt einen Vergleich der verschiedenen Handhabungsvarianten beziehungsweise Geschäftsmodelle für Distressed Debt dar.

---

40 vgl. Volk, R. (2007)

Abbildung 3: *Vergleich verschiedener Geschäftsmodelle*

	Distressed debt trading	Distressed debt restructuring	Restructuring consulting	Structured finance-DCM	Workout Management	NPL-Servicing	Sanierungs-spezialbank
Ausrichtung							
Large Caps	X	(X)	X	X	0	0	(X)
MidCaps	(X)	X	(X)	(X)	X	(X)	X
SME	0	0	0	0	X	X	X
Treiber							
Investorengetrieben	X	X	0	(X)	0	X	X
Kundengetrieben	0	(X)	X	X	(X)	0	X
Vom eigenen Buch getrieben	(X)	(X)	0*fee-getrieben	0*fee-getrieben	X	0	(X)
Finanzielles Engagement							
Position/Durchhandeln	X	(X)	0	0	0	X	(X)
Position/langfristig	0	(X)	0	X	(X)*un-freiwillig	0	X
Arrangement (Co-)Investoren	(X)	X	(X)	X	0	0	X
Restrukturierungsmgt.							
Kundenorientiert	0	(X)	X	X	(X)	0	X
Investorenorientiert	X	X	0	(X)	(X)*Eigen-interesse	0	X
Sanierungsmanagement							
NWOM	0	0	0	0	(X)	0	X
Servicing	0	0	0	(X)	X	X	X
Risikoklassen							
AAA bis BBB-	0	0	(X)	X	0	0	0
BB+ bis BB(-)	0	(X)	X	X	(X)	0	X
BB- bis CCC+	X	X	X	(X)*be-gleitend	X	X	X
CCC und schlechter	(X)	0	0	0	(X)	X	0

Die Sanierungsspezialbank ist als grundlegende aufbauorganisatorische Alternative zu den anderen Gestaltungsoptionen zur Durchführung von Sanierungsaktivitäten durch Banken konstruiert. Sie ermöglicht ein bewusstes Eingehen von Sanierungspositionen sowie deren aktives Management.

Die neue Wertschöpfungskette einer Sanierungsspezialbank könnte das in den Abbildungen 4 und 5 dargestellte Bild zeigen.

In Abbildung 5 wird der vorstehend noch weiße Kernbereich einer künftigen marktorientierten Sanierungsspezialbank präzisiert.

Abbildung 4: *Die Wertschöpfungskette einer Sanierungsspezialbank*

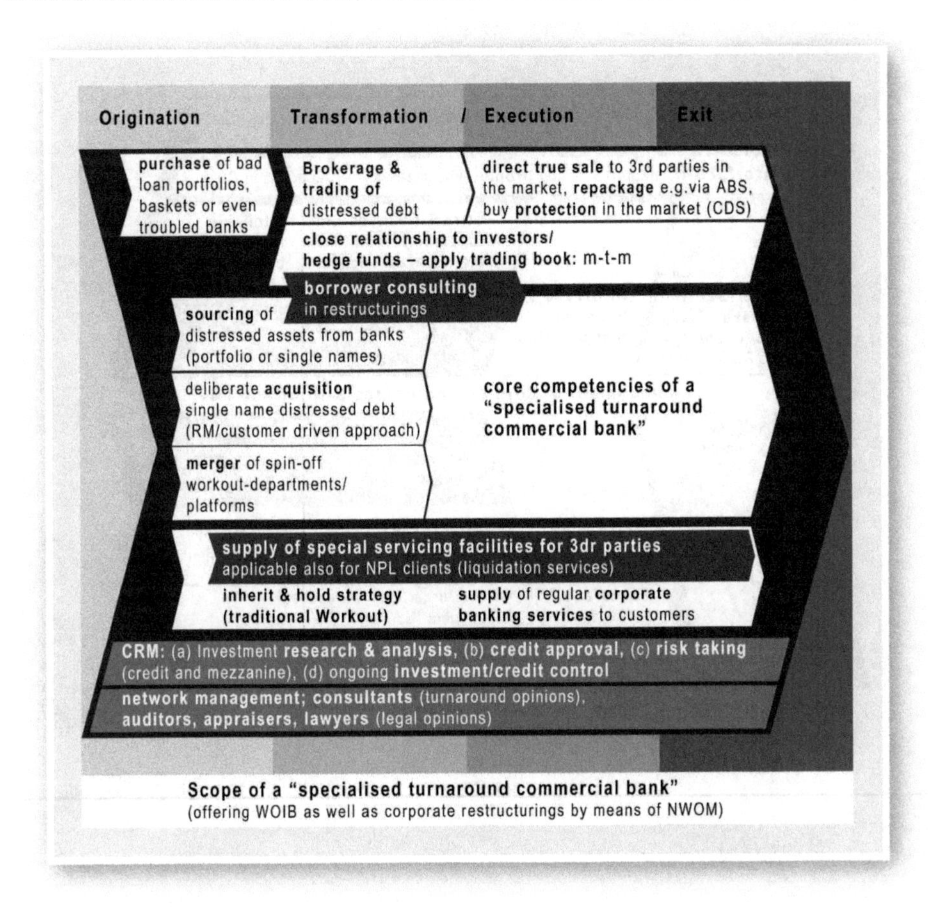

Abbildung 5: Kernkompetenzen einer Sanierungsspezialbank

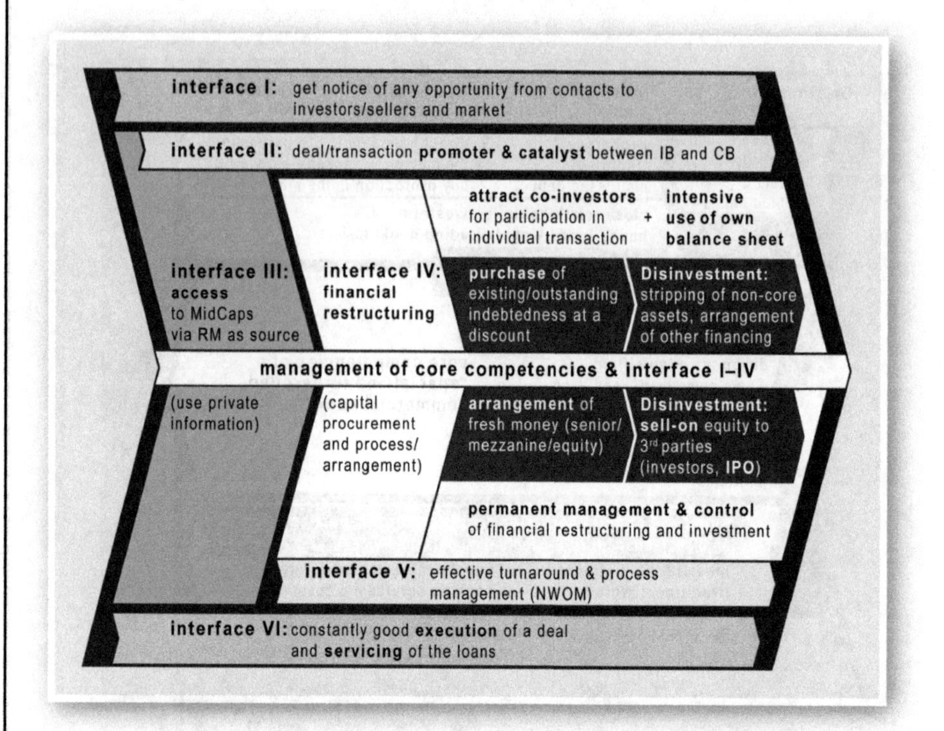

Mario Daberkow

Die Disaggregation der Wertschöpfungskette in Banken am Beispiel des Zahlungsverkehrs

Im Rahmen dieses Kapitels wird die Disaggregation von Banken im Hinblick auf die Abwicklungsprozesse analysiert. Es wird dargestellt, welche strategischen Alternativen eine Bank bei der Gestaltung der Abwicklung hat, welchen Weg die Deutsche Postbank AG gewählt hat und welche Erfolgsfaktoren beim Aufbau einer Bankfabrik entscheidend sind.

Die Banken im Allgemeinen

Als Ziel dieses ersten Abschnittes sollen die folgenden Aussagen herausgearbeitet werden:

- Das Leistungsspektrum der Abwicklung einer Bank ist im Wesentlichen kaum von Wettbewerbern unterscheidbar und
- die Abwicklung einer Bank kann sich langfristig nicht durch Kosten oder Qualität von Wettbewerbern differenzieren. Daher muss die Abwicklung einer einzelnen Bank die Unterstützung von Zulieferern suchen und sich auf die Integration von Leistungen konzentrieren.

Seit einigen Jahren sind die Banken stärker als je zuvor auf der Suche nach wirtschaftlicheren Strukturen. Um einen besseren Überblick über mögliche Zielstrukturen zu erhalten und die daraus folgenden Aufgaben anhand der Wertschöpfungskette besser abgrenzen zu können, erfolgt eine Strukturierung des Bankbegriffs in drei Aufgabenbereiche.

Die Produktbank oder der Wille zur Steuerung

In diesem Bereich sind die Kernfunktionen zusammengefasst. Hier werden die Produkte der Bank entwickelt, das Marketing definiert und die Steuerung der Bank vollzogen, wozu unter anderen die Funktionen der Treasury, des Rechnungswesens oder auch des Branding gehören. Um diesen Kern sind die beiden nachfolgenden Aufgabenbereiche angesiedelt.

Die Vertriebsbank oder die Suche nach Erträgen und Kunden

Dieser Teil beschäftigt sich ausschließlich mit dem Vertrieb der Produkte und dem direkten Kundenkontakt. Es werden keine Abwicklungsaufgaben wahrgenommen.

Die Abwicklungsbank oder die Kontrolle der Kosten und Qualität

Hier sind alle Aufgaben und Produktionsgüter zusammengefasst, die zur Abwicklung einer Bank notwendig sind. Dabei handelt es sich um Funktionen, die klassischerweise als IT und Operations beschrieben werden.

Mit diesem Bereich werden wir uns im Folgenden intensiver beschäftigen.

Im Rahmen der Disaggregation der Wertschöpfungskette einer Bank muss eine Organisation identifiziert werden, welche die drei oben beschriebenen Bereiche vernünftig voneinander abgrenzt und entsprechende Steuerungs- und Regelprozesse zwischen den Aufgabenbereichen etabliert. Aber dies stellt nur den ersten Schritt dar. Wichtig ist, dass auch innerhalb der einzelnen Bereiche sämtliche Aufgaben untersucht und so weit voneinander getrennt werden, dass sie einzeln erbracht werden können. Ziel der Aufgabentrennung ist die Identifikation von Funktionen anhand der Wertschöpfungskette, die einerseits eine Differenzierungschance im Wettbewerb darstellen und andererseits die Wettbewerbsfähigkeit – insbesondere im Hinblick auf Kosten und Qualität – sicherstellen.

Bei Banken setzt sich verstärkt die Einsicht durch, dass Abwicklungsbereiche in ihren Leistungsspektren nur sehr eingeschränkt eine Quelle der Differenzierung bilden; dazu sind die Leistungen, die diese Bereiche innerhalb der Banken erbringen, zu ähnlich. Dies macht ein Blick auf die verschiedensten Spar- und Giroprodukte, aber auch auf die Produkte im Konsumentenkreditbereich klar. Für Privatkunden ist der Preis entscheidend; andere Kriterien treten beim Produktvergleich zwischen den einzelnen Banken in den Hintergrund. Diese Erkenntnis zeigt sich in der Entwicklung des Outsourcing-Anteils am Gesamtvolumen über die verschiedenen Abwicklungsbereiche hinweg, wie die Abbildung 1 zeigt.

Da sich die Leistungen der Abwicklungsbereiche nicht oder nur eingeschränkt zur Differenzierung eignen, bleiben zum Erhalt der Wettbewerbsfähigkeit lediglich die beiden klassischen Ansatzpunkte; das heißt zum einen die Kosten und zum anderen die Qualität der Produktion. Insbesondere an dem ersten Ansatzpunkt wurde in den letzten Jahren in den Banken intensiv gearbeitet. Allerdings sind nur sehr große Banken in der Lage, nennenswerte Skaleneffekte zu erzielen. Die geringe Konzentration im deutschen Bankenmarkt – mit Ausnahme des Sparkassen- und Genossenschaftssektors – ermöglicht es keiner deutschen privaten Bank derartige Skaleneffekte allein zu realisieren. Die Konsequenzen sollen anhand von zwei Beispielen beleuchtet werden.

Abbildung 1: *Der deutsche Outsourcing-Markt entwickelt sich positiv*

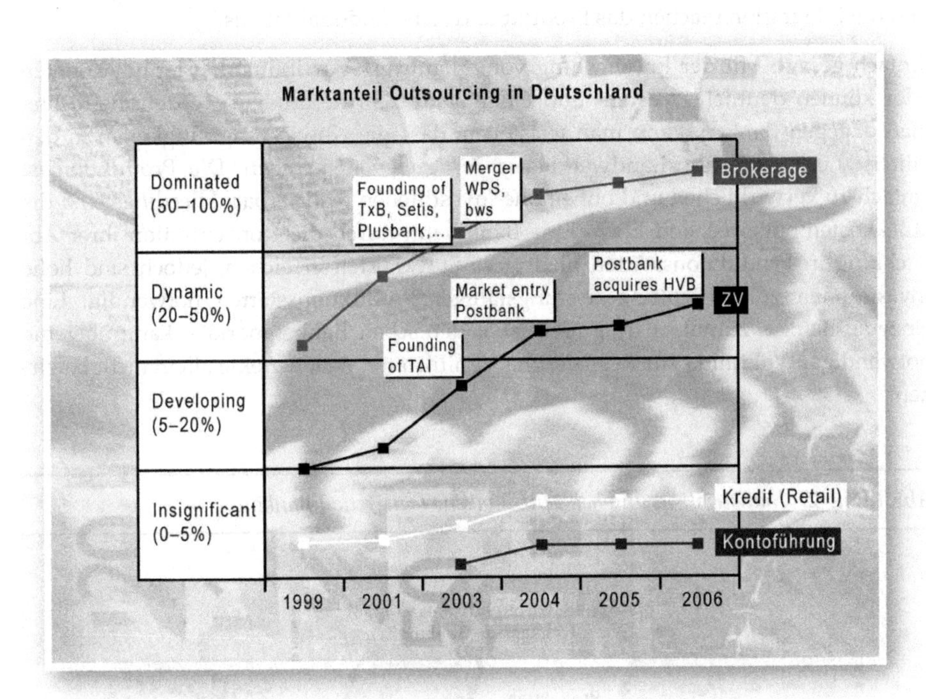

Was haben andere Industrien getan?

Die Antwort ist recht einfach. Bisher konnte kein Unternehmen in irgendeiner Industrie in Bezug auf die Kosten einen dauerhaften Wettbewerbsvorteil erzielen oder auch verteidigen; nicht dann jedenfalls, wenn er sich vollständig oder weitestgehend auf eine interne Produktion konzentriert hat. Deutlich wird das in der Automobil- oder der Unterhaltungselektronikindustrie. Ein interessantes Beispiel ist die letztgenannte Industrie, in der es bereits kurz nach der Marktreife eines neuen Produktes nur noch wenige Hersteller gibt, welche die Branche als Zulieferer mit den erforderlichen Komponenten versorgen – so geschehen bei VHS-Videorekordern (Matsushita) oder im Bereich der Flachbildschirme. Unternehmen in der Unterhaltungselektronikindustrie legen schon sehr früh im Lebenszyklus eines Produktes industrielle Maßstäbe an, um eine kostengünstige und qualitativ hochwertige Produktion gewährleisten zu können. Hersteller einzelner Komponenten treten bewusst als Zulieferer für die gesamte Branche auf, um auch für die Produkte des eigenen Hauses wettbewerbsfähige Stückpreise gewährleisten zu können. Aufgabe der Produktion in den einzelnen Unternehmen ist die Zusammenfügung der verschiedenen Komponenten. In dieser Aufgabe liegt die wettbewerbsseitige Differenzierung, denn die Auswahl der einzelnen Komponenten und die Integration machen das Produkt und seine Endqualität aus.

Einfach gesagt: Mit der Entwicklung vom Handwerk zur Industrialisierung konnten oder können deutliche Kosten- und Qualitätsfortschritte erreicht werden. Betrachtet man dagegen Banken, kann man feststellen, dass die Abwicklungstätigkeiten in den Filialen noch der Stufe handwerklicher Fertigung entsprechen. Die Produktion ist einfach zu verwirklichen und ohne hohe Investitionen realisierbar. Allerdings sind die Stückkosten entsprechend hoch. Eine Bank kann durch die Konzentration ihrer Abwicklung in Produktionsstätten niedrigere Stückkosten erreichen, jedoch sind hohe Investitionen zur Errichtung leistungsfähiger Produktionsstätten notwendig. Eine einzelne Bank – zumal im fragmentierten deutschen Bankenmarkt – kann aber die notwendigen Volumina zur Realisierung signifikanter Skaleneffekte allein nicht bewirken.

Abbildung 2: *Industrialisierung heißt für Banken: Transaction Banking*

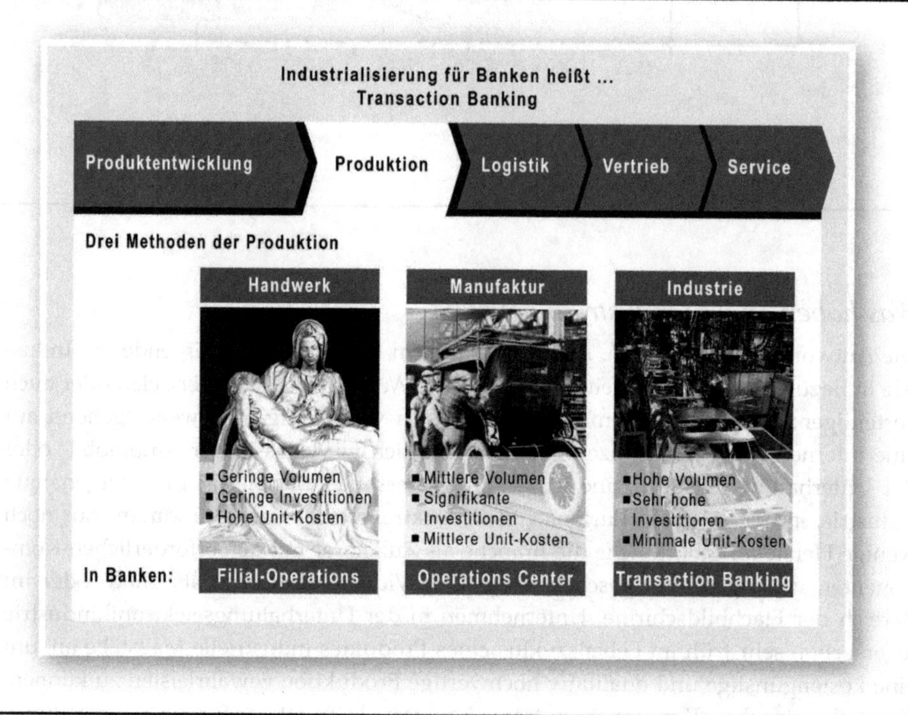

Wie haben es andere Industrien gemacht?

Bei der Frage des Wie kann man drei wesentliche Ansatzpunkte unterscheiden, die allerdings von Banken in unterschiedlichem Maße genutzt werden.

Abbildung 3: *Industrialisierung nutzt neue Wege zur Optimierung*

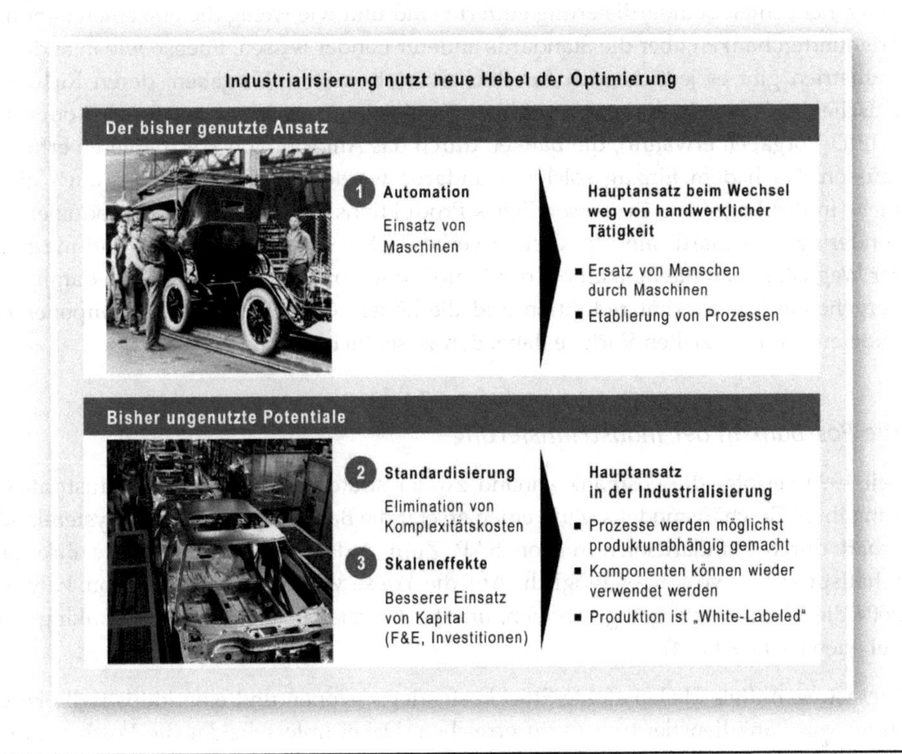

Im Bereich der Automatisierung von Prozessen sind Banken sicherlich führend. Banken haben durch den frühen Einsatz von Computern einen äußerst hohen Automatisierungsgrad erreicht. Während dies unter Effizienzgesichtspunkten positiv ist, bleibt die Frage, ob im Hinblick auf den daraus resultierenden rückläufigen Kundenkontakt über das Ziel hinausgegangen wurde.

Dagegen werden in stärker produktionsorientierten Industrien die beiden anderen Ansatzpunkte – die Standardisierung und die Skaleneffekte – intensiv genutzt. Banken haben diese Ansatzpunkte dagegen bislang weitgehend ungenutzt gelassen. Gerade hier liegt künftig eine wesentliche Herausforderung der Banken auf dem Weg zur Industrialisierung.

Die Unternehmen der Unterhaltungselektronik kämpfen und ringen um Standards – eine Überlegung, die Banken bisher kaum verfolgt haben, da jede Bank im Wesentlichen über eine eigene Produktion und eigene Standards verfügt. Der Ruf nach Standards ist in der Bankenindustrie erst in der Entstehung begriffen. Die Diskussion um die Single Euro Payments Area (SEPA) und um die Konsolidierung der Börsen zeigt, dass hier eine neue Art von Wettbewerb vor der Tür steht. SEPA macht deutlich, wie unterschiedlich der Zahlungsverkehr der Länder in Europa ist, wie weit die Banken von einer echten Standardisierung entfernt sind und wie wenig die einzelnen national orientierten Banken über die Standards anderer Länder wissen. Ebenso wie in anderen Industrien gibt es jedoch auch für Banken noch weitere Vorgaben, deren Richtung entscheidend ist; wie die regulatorischen (beispielhaft seien hier nur Basel II oder die MIFID-Vorgaben erwähnt), die Banken durch das Angebot von Wertpapieren erfüllen müssen. Nach dem Einzug solcher Standards werden die Banken dann auch nicht mehr in der Lage sein, ihr wesentliches Produktionsmittel IT selbst zu produzieren[1], sondern als Standards am Markt zu erwerben. Dass dies ein sinnvoller und machbarer Weg ist, haben die Banken bei der Einführung von IAS 39 erkannt. Die damit einhergehende Komplexitätsreduktion und die höhere Qualität der Einzelkomponenten bildeten für die erzielten Vorteile dabei den wesentlichen Grundstock.

Die Postbank in der Industrialisierung

Seit 1999 verfolgt die Postbank anhand zweier strategischer Wege die Industrialisierung ihres Geschäftsmodells. Zum einen ersetzt die Bank konsequent ihre Systemlandschaft durch Standardsoftware von SAP. Zum anderen standardisiert sie ihre Geschäftsprozesse wo immer möglich. Auf die Weise wurden in der Zeit von 1999 bis 2004 die Voraussetzungen geschaffen, um das Geschäftsfeld Transaction Banking aufzubauen (siehe Abb. 4).

Ziel ist es, mittels Skaleneffekte Stückkostendegressionen und eine industrielle Fertigung von Bankdienstleistungen zu erreichen. Dabei unterscheidet die Postbank drei wesentliche Bereiche in ihren Backofficetätigkeiten, die aufgrund ihrer spezifischen Ausrichtung nur bedingt übergreifende Synergien bieten. Diese drei Bereiche sind:

- Leistungen rund um das Konto (inkl. Zahlungsverkehr),
- Leistungen rund um das Depot,
- Leistungen rund um den Kredit.

1 Weit über 80 Prozent aller Software in Banken ist eigenentwickelt.

Abbildung 4: Die Postbank hat auf dem Geschäftsfeld Transaction Banking aufgebaut

Die drei Bereiche zeichnen sich jeweils durch ein spezifisches Fähigkeitsprofil aus, nach dem die Abwicklung ausgerichtet ist und gesteuert wird. Im Bereich Konto und Zahlungsverkehr (ZV) ist ein ausgeprägtes Kapazitätsmanagement wichtig, da sehr hohe Schwankungen der zu bearbeitenden Volumina mit äußerst strengen Service-Level-Anforderungen einhergehen, die im Allgemeinen bedeuten, dass sämtliche Aufgaben taggleich zu bearbeiten sind. Im Bereich des Depots sind die zeitlichen Anforderungen nicht so hoch. Dafür ist die Produkt- und Sonderkonditionenvielfalt extrem hoch, so dass die Herausforderung bei der Abwicklung in der Beherrschung der Komplexität liegt. Betrachtet man den Bereich der Kreditabwicklung, so stellt sich heraus, dass die zeitlichen Anforderungen im Vergleich zu den anderen Bereichen besonders eng sind. Allerdings zeichnet sich das Kreditgeschäft trotz aller Automatisierung und Unterstützung der Mitarbeiter im Entscheidungsprozess durch eine hohe Abhängigkeit von der Erfahrung der Mitarbeiter aus. Deshalb liegt die Herausforderung insbesondere hier in der optimalen Ausbildung und laufenden Weiterbildung der Mitarbeiter.

Abbildung 5: Drei Abwicklungsbereiche sind zu unterscheiden

Die Postbank hat sehr früh beschlossen, die Aufgaben um Depot und Brokerage an externe Dienstleiter abzugeben. Dagegen wurde die dominante Wettbewerbsposition im Zahlungsverkehr genutzt, um diese Leistungen auch Dritten anzubieten. Um die notwendigen Skaleneffekte zu erreichen und gleichzeitig die notwendige Vertraulichkeit zu wahren, wurde die Betriebs-Center für Banken Deutschland GmbH & Co. KG (BCB) gegründet, die Zahlungsverkehrsdienstleistungen für Banken anbietet. Zu den Mandanten gehören im Moment die Deutsche Bank, die Dresdner Bank und die HypoVereinsbank. Durch diese Konstruktion kann die BCB den Mandanten ein Höchstmaß an Vertraulichkeit bieten und die Leistung in einem White-Label-Ansatz anbieten. Im Bereich Abwicklung Zahlungsverkehr kann die BCB dadurch über 20 Prozent des deutschen Marktes auf sich vereinen. Die outsourcenden Banken können so gemeinsam Skaleneffekte verwirklichen, die durch eine interne Produktion nicht erreichbar wären.

Die BCB liefert ein sehr gutes Beispiel dafür, dass die Wertschöpfungskette einer Bank aufgetrennt werden kann und Teilleistungen abgekapselt werden können. Die BCB kann sämtliche Dienstleistungen rund um den Zahlungsverkehr erbringen und unterscheidet sich dadurch eindeutig von Wettbewerbern, die sich auf einzelne Bereiche der Wertschöpfungskette beschränken. Als Alternative zu diesem Modell bietet sich eine weitere Ausdifferenzierung der Aufgaben auf einzelne Dienstleister an, wobei die Schnittstellen zwischen diesen Anbietern aktiv betreut werden müssen. Im Markt findet man zurzeit Anbieter, die in den Teilbereichen Clearing und Vorverarbeitung von Belegmaterial tätig sind.

Es stellt sich die Frage, welches Geschäftsmodell überlegen ist. Für den Erfolg eines Clearing-Anbieters wird entscheidend sein, ob er gegenüber dem Modell des bilateralen Clearings einen Mehrwert insbesondere für die großen Marktteilnehmer bieten kann oder nicht. Als klassischer Intermediär ist der Clearing-Anbieter einem starken Substitutionsdruck ausgeliefert. Der Vorteil eines solchen Geschäftsmodells liegt in der raschen Ausdehnbarkeit des Marktes – das Angebot ist insbesondere unter SEPA schnell auf andere Länder übertragbar. Demgegenüber liegt die Stärke eines Anbieters der gesamten Wertschöpfungskette darin, dass er Kernaufgaben im Zahlungsverkehr ausführt und durch sein breites Leistungsspektrum echte Produktionsaufgaben übernimmt. Dieses Geschäftsmodell ist an eine Vielzahl von Assets gebunden, die eine schnelle Übertragung des Angebotes in andere Länder erschweren.

Die Entwicklung insbesondere in Europa – ausgelöst durch SEPA – wird zeigen, ob eine breite Wertschöpfungskette oder die Fokussierung auf einzelne Tätigkeiten vorteilhaft ist und in den nächsten Jahren einen spannenden Wettbewerb ergeben.

Aufbau einer Bankfabrik im Zahlungsverkehr

Wesentliches Merkmal einer Bankfabrik ist zum einen die Beherrschung von Skaleneffekten – also die Fähigkeit hohe Volumina abzuwickeln – und zum anderen die Beherrschung von Komplexitätskosten – also die Fähigkeit diese hohen Volumina auch über einheitliche Prozesse und Systeme zu bedienen.

Insbesondere dem zweiten Aspekt schenkt die Postbank mit der BCB eine hohe Aufmerksamkeit. Im Folgenden werden die Erfolgsfaktoren beschrieben, die bei der Integration der Abwicklung des Zahlungsverkehrs von Deutscher Bank und Dresdner Bank von Bedeutung waren und bei der Integration der Abwicklung des Zahlungsverkehrs der HypoVereinsbank von Bedeutung sind. Um die Integration von Großbanken in eine einheitliche Abwicklung mit der Postbank zu gewährleisten, hat die BCB zur Integration von Mandanten im Zahlungsverkehr ein spezielles Vorgehen entwickelt.

Insgesamt werden zur Integration eines neuen Mandanten drei Phasen durchlaufen, wovon die ersten beiden Phasen für den kurz- und mittelfristigen Erfolg, die letzte Phase für den langfristigen Erfolg des Geschäftsmodells entscheidend sind.

Phase 1: Organisation und Prozessbereinigung

Unmittelbar nach der Übernahme der operativen Verantwortung für die Abwicklung eines Mandanten wird die Organisation, die diese Abwicklung betreut, in die bestehende Organisation der Postbank integriert. Ferner werden Führungsstrukturen angepasst und Aufgabenbereiche entsprechend verändert. Allein dadurch werden mögliche Komplexitäten durch unterschiedliche Prozesse bewältigt und können, auch kurzfristig, notwendige Anpassungen erfolgen. Es werden Prozessbereinigungen durchgeführt und die Mandantenprozesse in die bestehenden Operational-Risk-Prozesse integriert. Zusätzlich werden die vorhandenen Finanz- und Qualitäts-Controlling-Verfahren ausgerollt. Schließlich werden die vorhandenen und für den Mandanten wesentlichen Sonderkonditionen und Sonderleistungen im Detail erfasst und das bestehende Prozessmodell so ergänzt, dass diese Sonderleistungen auch im Rahmen allgemeingültiger Prozesse und Systeme erbracht werden können.

Insgesamt nimmt diese Phase typischerweise – einige Aufgaben können im Rahmen der Due Diligence erledigt werden – drei bis vier Monate in Anspruch.

Phase 2: Personalintensive Prozesse

Ziel der zweiten Phase ist die Etablierung der vorhandenen einheitlichen Prozesse in den personalintensiven Bereichen. Dadurch können die theoretisch realisierbaren Skaleneffekte auch tatsächlich gehoben werden, und gleichzeitig kann die Komplexität, die eine solche Abwicklung potenziell aufwendig macht, beherrschbar gehalten werden.

Mit der Einführung einheitlicher Prozesse verbunden sind die Einführung von Standardsystemen und eine Überprüfung der vorhandenen Standortstruktur. Kritisch sind Standortstrukturen, die sich aus zu kleinen Standorten zusammensetzen. Die Postbank verfolgt die Strategie, stets eine hohe Konzentration von Mitarbeitern und Prozessen zu erreichen. Dadurch wird auch die Möglichkeit, Prozesse für alle Mandaten und Einheiten zu überwachen, wenn erforderlich anzupassen und die Komplexität der Abwicklung gering zu halten, entsprechend hoch. Im Bereich der Systeme erfolgt eine Anpassung solcher Systeme, die eine hohe Interaktion mit Mitarbeitern haben. Im Zahlungsverkehr handelt es sich dabei vorrangig um die Zugangs- und Freigabesysteme für elektronische und papierhafte Transaktionen sowie die damit verbundenen Archivsysteme. In beiden Bereichen werden die Standardlösungen, welche die Post anbietet, für alle Mandanten eingeführt. Insgesamt dauert diese Phase – einschließlich der Stabilisierung des Betriebs – bis zu zwölf Monate. Dies ist von der Anzahl der Standortveränderungen und der Anzahl der Sonderkonditionen und Sonderleistungen, die abgebildet werden müssen, abhängig.

Phase 3: IT-intensive Prozesse

Mit der Integration der IT-Systeme im Bereich Clearing und Settlement schließt der Integrationsweg ab. Dies ist, aufgrund der Vielzahl von Schnittstellen und Systemen, der komplexeste Schritt der Integration und wirkt sich nicht unmittelbar in einer Kostensenkung aus, da abgeschriebene Altsysteme im Allgemeinen durch moderne Systeme ausgetauscht werden. Zur dauerhaften Sicherstellung eines stabilen Betriebes und zur Eröffnung neuer Marktchancen ist ein solcher Schritt jedoch erforderlich. Die Postbank bietet auch hier eine Lösung auf Basis einer SAP-Standardsoftware an. Die Postbank selbst wird ihren Zahlungsverkehr ab 2007 auf diese Plattform migrieren.

Insgesamt erreicht die Postbank mit der Durchführung der beschriebenen drei Phasen, dass mögliche Skaleneffekte aus einer integrierten Bearbeitung erreicht werden können, die Komplexitätskosten der Bearbeitung jedoch beherrschbar bleiben. Schließlich ist mit der gewählten Prozessorganisation die Möglichkeit der strikten Kontrolle der Qualität der Abwicklung gegeben.

Götz Möller

Europäisierung des Zahlungsverkehrs – Auf dem Weg zu effizienten Märkten

Das Thema *Transaction Banking* und die damit zusammenhängende Industrialisierung der Bank – das heißt das Aufbrechen der integrierten Wertschöpfungskette, um die Effizienz zu steigern und Kosten zu senken – ist ein Thema, das Vorstände, Manager und Berater seit geraumer Zeit beschäftigt. Dabei wird vorrangig die Verlagerung von Back-Office-Aktivitäten wie Wertpapier- und Zahlungsverkehrsabwicklung auf spezialisierte Dienstleister diskutiert.

Während kleinere Banken bereits seit geraumer Zeit das Outsourcing insbesondere der Zahlungsverkehrs- und Wertpapierabwicklung praktizieren, verlagerten größere Banken die Zahlungsverkehrsabwicklung trotz intensiver Diskussionen oftmals nicht. Sie wurde von einigen Großbanken in eine eigenständige Gesellschaft ausgegliedert. Aufgrund einer solch verbesserten Transparenz konnten bereits dadurch Effizienz und Kosten deutlich verbessert werden – trotz zusätzlichen Steuerungsaufwands.

Die Economies of Scale und Einsparungen für das auslagernde Unternehmen (Outsourcer) können jedoch nur dann erfüllt werden, wenn skalierbare Prozesse und Systeme vorhanden sind und durch die Gewinnung weiterer Mandanten entsprechende Kostendegressionen erzielt werden. Die nachhaltige Aufrechterhaltung solcher Effizienzen war aufgrund der mit einem Wechsel des Transaktionsdienstleisters verbundenen Switching costs und beschränkten Alternativen zur Auslagerung eines Prozesses wie der Zahlungsverkehrsabwicklung auf einen Dritten häufig eine wesentliche Hemmschwelle. Der langfristige Erfolg der Effizienzgewinnung und Kostensenkungen hängt daher stark von der Existenz eines effizienten Marktes für die fremd vergebene Dienstleistung ab, da maximale Qualität bei geringen Preisen in der Regel nur in effizienten Märkten zu erreichen ist.

Während in den letzten Jahren durch die Entstehung professioneller Zahlungsverkehrsanbieter deutliche Fortschritte in Richtung eines effizienten Marktes insbesondere auf *nationaler* Ebene gemacht wurden, soll dieses Kapitel aufzeigen, dass sich die Zahlungsverkehrsabwicklung aufgrund des aktuellen Trends zur europäischen Harmonisierung und Standardisierung – insbesondere im Zuge der Entwicklung einer Single Euro Payments Area (SEPA) – klar in Richtung einer Commodity entwickelt, die auf einem effizienten *europäischen* Markt bezogen wird. Die Entstehung erster unabhängiger europäischer Full-Service-Zahlungsverkehrsabwickler wie der Equens N.V.[1], die zunehmende Konsolidierung in weniger konsolidierten nationalen Märkten[2], aber auch die erhebliche Bewegung auf europäischer Ebene lassen darauf schließen, dass – trotz noch offener rechtlicher Themen – die Konsolidierung deutlich schneller vor sich gehen wird, als noch vor Kurzem erwartet. Auch die Entscheidung erster Länder, wie der belgischen banking community, zeitnah die nationalen Formate durch SEPA-Formate und -Standards zu ersetzen, gibt ein klares Signal in die Unaufhaltsamkeit der Europäisierung.

Über welchen Zeitraum das geschieht und inwieweit Banken diesen Trend zur Kostensenkung nutzen, hängt von einer Vielzahl von Faktoren ab, auf die wir in diesem Zusammenhang ebenso eingehen werden wie auf den aktuellen Stand der Entwicklungen im Transaction Banking für die Zahlungsverkehrsabwicklung.

Begriffsbestimmung I: Vom Outsourcing des Zahlungsverkehrs-Back-Office

Zunächst soll der Begriff „Zahlungsverkehrsabwicklung", wie er von klassischen Transaktionsbanken, das heißt Dienstleistern für die Abwicklung von Back-Office-Prozessen der Bank (zumeist ohne Banklizenz), erbracht wird, erklärt werden.

Abbildung 1: *Zahlungsverkehrsprozess bei Nutzung Full-Service-Dienstleister*

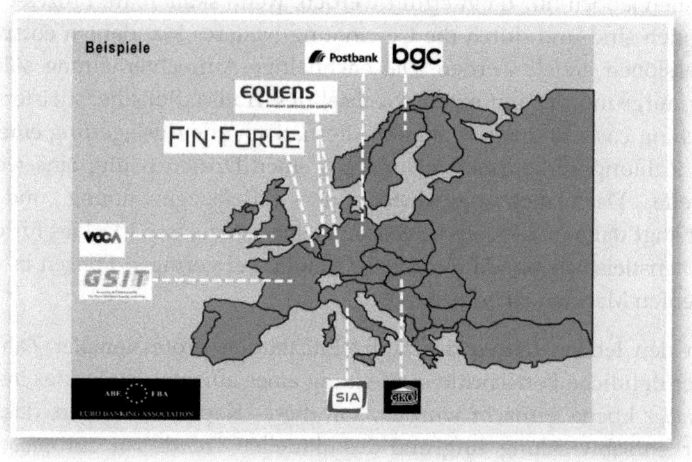

1 Merger zwischen der deutschen Transaktionsinstitut für Zahlungsverkehrsdienstleistungen AG und der niederländischen Interpay Nederland B.V.

2 Akquisitionen durch Postbank in Deutschland, Merger von SSB und SIA in Italien

Um Kunden und Mandanten maximale Synergien zu ermöglichen und die Anzahl verbleibender Schnittstellen zu minimieren, umfasst der von einer als Full-Service-Provider in der Zahlungsverkehrsabwicklung agierenden Transaktionsbank angebotene Prozess in der Regel die gesamte Wertschöpfungskette:

- Auftragsannahme der Zahlungsaufträge als Beleg, Diskette oder elektronischer Datei in verschiedenen Formaten, etc.,
- Umwandlung beziehungsweise Konvertierung des Mediums in einen elektronisch verarbeitbaren und standardisierten Datensatz,
- Prüfung des Datensatzes und gegebenenfalls dessen Bearbeitung nach verschiedenen Kriterien, verbunden mit der Disposition durch die Bank, die in der Regel über abgestimmte Schnittstellen erfolgt,
- Clearing der Datensätze, welches das Sortieren der Datensätze auf die verschiedenen Leitwege (Empfänger), das Erstellen der für die Verbuchung erforderlichen Datensätze und die – bei Dienstleistern, die für mehrere Mandanten tätig sind beziehungsweise deren Mandanten ihrerseits für eine Vielzahl von Banken die Zahlungsverkehrsabwicklung übernehmen – gegebenenfalls auch das Verrechnen (Netting) zwischen Mandanten beinhaltet und schließlich
- Archivierung der Daten für Revisions- und gegebenenfalls Nachforschungszwecke.

Gewöhnlich werden über diesen Kernprozess hinaus eine Vielzahl ergänzender Dienstleistungen und Services angeboten, beispielsweise die Bereitstellung von Systemen für die elektronische Datenanlieferung[3], die im Rahmen der Abwicklung erforderlichen Zusatzfunktionen[4]. Die klassischen Bankdienstleistungen, Disposition und der eigentliche Wertausgleich auf den Konten, das sogenannte Settlement, erfordern eine Banklizenz und sind daher der auslagernden Bank vorbehalten; der Dienstleister integriert die hierfür erforderlichen Systeme der Bank im Rahmen des Prozesses über Schnittstellen. Oft in der Diskussion – in der Praxis jedoch bislang ohne Relevanz – ist auch die Übernahme von Services, die primär die Kontoführung betreffen, wie Kontoantragsbearbeitung oder Unterschriftenprüfung, aber auch Nachforschungen. Während diese von einzelnen, in der Regel kleineren Dienstleistern übernommen werden, bleibt abzuwarten, ob sich durch ihre Fremdvergabe nachhaltige Kostensenkungen erzielen lassen. Im Vergleich zur Zahlungsverkehrsabwicklung sind Standardisierung und Skaleneffekte dabei tendenziell gering, dafür jedoch durch hohen manuellen Aufwand charakterisiert. Zudem sind solche Services normalerweise kundennah und zum Teil näher am Bankgeschäft, als das bei der Zahlungsverkehrsabwicklung der Fall ist, was eine zusätzliche Hemmschwelle bei der Auslagerung bedeutet.

---

3 in Deutschland Multicom, Multicash etc.

4 Kontentausch nach Bankenfusionen, Nachforschungen, Data Mining Services etc.

Es ist zu betonen, dass, wenn über eine Fremdvergabe des Zahlungsverkehrs gesprochen wird, allein die Abwicklung des Zahlungsverkehrs und die damit verbundenen Nebenleistungen im Fokus stehen, in keiner Weise jedoch die fachliche Steuerung damit verbundener Liquiditätsströme. Die Verantwortung darüber ist alleinige Aufgabe der auslagernden Bank.

An dieser Stelle ist auch zu erwähnen, dass der Prozessschritt der Belegkonversion, der Umwandlung eines Schecks, eines Überweisungs- oder eines Lastschriftformulars in einen elektronisch verarbeitbaren Datensatz, bereits seit der Mitte der neunziger Jahre[5] an industrielle Dienstleister ausgelagert wurde. In Teilen wird die Fremdvergabe der Belegverarbeitung noch heute als „Outsourcing des Zahlungsverkehrs" bezeichnet, obgleich es sich hierbei nur um einen Teilschritt des Prozesses handelt und Transaktionsbanken gewöhnlich den Gesamtprozess anbieten.

Begriffsbestimmung II: Zum Interbanken-Clearing

Im europäischen Kontext muss – neben dem beschriebenen und für ein Outsourcing geeigneten Zahlungsverkehrs-Back-Office-Prozess, den Banken in der Regel eigenständig verantworten – auch der in vielen Ländern über ein zentrales Clearinghaus abgewickelte Prozess des Interbanken-Clearings betrachtet werden, der dem Back-Office-Prozess nachgelagert ist.

Während dieser strukturell vergleichbar ist, ist er aufgrund standardisierter Schnittstellen und von den Banken für die Standard-Verarbeitung im Rahmen des Straight-Through-Processing aufbereiteter und disponierter Datensätze in der Regel technisch einfacher. Er kann jedoch durch die gleichen Systeme, die auch den Back-Office-Prozess abwickeln, verarbeitet werden, wenn diese entsprechend ausgerichtet sind.

Dank der Europäisierung des Zahlungsverkehrs und Entstehung von Abwicklern wie der Equens, die sowohl auf ein Insourcing der Back-Office-Abwicklung spezialisiert sind als auch das Interbanken-Clearing verantworten, können zwischen beiden Prozessen erhebliche Synergien entstehen.

SEPA – Vom Inlandszahlungsverkehr zu Euro-Domestic

Der oben beschriebene Abwicklungsprozess wird traditionell nach den zugrunde liegenden Formaten, Leitwegen und Settlement-Verfahren und damit auch Systemen unterschieden. Hierzu gehören:

- Massenzahlungsverkehr (MZV): Abwicklung von in der Regel nationalen Formaten (in Deutschland im Format DTAUS) entweder direkt zwischen den Banken

---

5 Das erste Belegverarbeitungszentrum als rein industrieller Dienstleister außerhalb einer Bank wurde 1995 gegründet.

(dem in Deutschland üblichen sogenannten Garagenclearing) oder über die Bundesbank, in anderen europäischen Ländern oftmals über ein zentrales Clearinghaus,

- Individual- und Großbetragszahlungsverkehr (IGZV): In der Regel unter Nutzung von S.W.I.F.T.-Message Types und dem RTGS^{plus}-System der Bundesbank, bei grenzüberschreitenden Zahlungen den Systemen STEP1/EURO1, RTGS^{plus} im TARGET Verbund (künftig: Target II),
- Auslandszahlungsverkehr (AZV): Nutzung von S.W.I.F.T.-Message Types und Korrespondenzbankenbeziehungen, dem System STEP2 oder banksektorinternen Clublösungen wie TIPANET oder Eurogiro.

Aufgrund unterschiedlicher Formate, Leitwege, manueller Eingriffe und eventueller Zusatzanforderungen, wie zum Beispiel den bei Zahlungen über 12.500[6] Euro erforderlichen Meldepflichten gegenüber der Bundesbank, werden für MZV, IGZV und AZV in der Regel jeweils unterschiedliche Systeme eingesetzt. Diese Einzelsysteme treiben bei geringen Volumina wie im IGZV und AZV, die unter 1 Prozent der Volumina des Massenzahlungsverkehrs darstellen, die Stückkosten in die Höhe und können einen Anstieg der Systemkosten pro Transaktion auf das Hundert- bis Fünfhundertfache verursachen. Hinzu kommen oftmals zusätzliche Kosten für manuelle Eingriffe, da Prozesse häufig nicht als STP (Straight-Through-Processing) vollständig automatisch ablaufen.

Wesentliche Bewegung in diese Systematik ist durch die im Kontext des Financial Services Action Plan (FSAP)[7] der Europäischen Kommission vom 11. Mai 1999 stehende EU-Verordnung 2560/2001 entstanden. Danach muss ein Institut seit 1. Juli 2003 für grenzüberschreitende Überweisungen bis zu einem Betrag von 12.500 Euro beziehungsweise seit 1. Januar 2006 bis zu einem Betrag von 50.000 Euro die gleichen Gebühren erheben, die es für entsprechende Überweisungen innerhalb des Mitgliedstaates, in dem es niedergelassen ist, fordert – soweit die Zahlung unter Nutzung von BIC (Bank Identifier Code) und IBAN (International Bank Account Number) erfolgt.

Eine deutliche Senkung der Abwicklungskosten für Banken auf das Kostenniveau von Inlandszahlungen (insbesondere in Deutschland, wo im Gegensatz zu anderen Län-

---

6 Meldepflicht gemäß §§ 59 ff. Außenwirtschaftsverordnung unter Nutzung von Z1-Formaten für Zahlungen ab 12.500 Euro; vereinfachtes Verfahren unter Nutzung von Z4-Formaten ermöglicht Nutzung von EU-Standardüberweisungen für Zahlungen zwischen 12.500 Euro und 50.000 EUR

7 „Entscheidend ist, dass der Binnenmarkt für Finanzdienstleistungen sein volles Potenzial entfaltet, und zwar zugunsten der Verbraucher – in Form einer breiten Palette sicherer und wettbewerbsfähiger Produkte – wie auch zugunsten der Unternehmen – insbesondere in Form eines leichteren Zugangs zu tiefen und liquiden Investitionskapitalmärkten – und zugunsten der Anbieter von Finanzdienstleistungen selbst.", Mario Monti, Pressemitteilung vom 11. Mai 1999, IP/99/327

dern Überweisungen für den Endkunden im Wesentlichen kostenlos sind) ist nur dann möglich, wenn Zahlungen gemäß EU-Verordnung trotz der bei diesen genutzten S.W.I.F.T. -Message Types[8] mit geringem Anpassungsaufwand über die gleichen Systeme abgewickelt werden, die aktuell für den inländischen Massenzahlungsverkehr genutzt werden. Nur dann kommen die Skaleneffekte des Massenzahlungsverkehrs auch für grenzüberschreitende Standardzahlungen zur Geltung. Solche Euro-Domestic-Plattformen, die flexibel und kostengünstig unterschiedlichste Formate verarbeiten, sind in der Regel neue und moderne Zahlungsverkehrsapplikationen, die modular, objektorientiert (zum Beispiel JAVA-basiert) und datenbankorientiert arbeiten. In Deutschland verfügt gegenwärtig nur die Equens über eine solche Plattform. Andere Banken arbeiten meistens nach wie vor auf hochintegrierten, Host-basierten Anwendungen, die oftmals ihren Ursprung in den siebziger oder achtziger Jahren des letzten Jahrhunderts haben und in denen die Zahlungsverkehrsabwicklung eng mit anderen Anwendungen verknüpft ist – was Anpassungen entsprechend kostspielig macht. Bereits durch die EU-Verordnung stehen daher die meisten Banken unter erheblichem Druck, existierende Abwicklungssysteme zu modernisieren, um dadurch Kosten zu senken und bei grenzüberschreitenden Standardzahlungen aus der Verlustzone zu gelangen.

Nicht zuletzt, um weiteren Regulierungen aus Brüssel zu entgehen, haben sich im Jahr 2002 42 bedeutende Kreditinstitute, die drei europäischen Spitzenverbände, die European Banking Association (EBA) sowie nationale Bankenverbände im European Payments Council (EPC), der inzwischen 64 Mitglieder aus 27 Ländern hat, zusammengeschlossen, um durch Selbst-Regulierung einen vollständig einheitlichen europäischen Zahlungsraum, die SEPA, zu schaffen. Das in der EPC-Charter[9] formulierte Ziel ist, dass alle Zahlungen des Euroraumes *nationale* Zahlungen sind.

Neben den ersten Ergebnissen in 2003, dem Schema CredEuro als einheitlichem Standard für Zahlungen gemäß EU-Verordnung 2650/2001 und der Vereinbarung der ICP (Interbank Charging Practice), die die Kostenverrechnung zwischen an einer CredEuro-Zahlung beteiligten Banken regelt, wurde in 2002 eine in 2004 nochmals überarbeitete Roadmap mit klaren Meilensteinen zur Realisierung der SEPA verabschiedet. Gemäß dieser sollen bis 2008 die einheitlichen SEPA-Schemes für Überweisungen (SEPA Credit Transfer (SCT)) und Lastschriften (SEPA Direct Debit (SDD)) eingeführt sein. Bis Ende 2010 sollen in einer Koexistenzphase nationale Standards neben den SEPA-Schemes existieren, ab 2011 nationale Standards durch SEPA-Standards abgelöst sein, um dadurch eine vollständige Harmonisierung des europäischen Zahlungsverkehrs zu erreichen. Plangemäß wurden im März 2006 die SEPA-Scheme-Rulebooks für SCT

---

8 Standardformate der Society for Worldwide Interbank Financial Telecommunications für den Nachrichtenaustausch zwischen Finanzinstituten, in der Regel unter Nutzung des S.W.I.F.T.-Netzes

9 White Paper (05/2002)

und SDD zusammen mit dem auf offenen ISO-Standards basierenden Datenmodell verabschiedet.

Für die Debitkarten-Abwicklung wurde vom EPC das sogenannte SEPA-Cards-Framework verabschiedet. Im Gegensatz zum Vorgehen bei der Abwicklung von Überweisungen und Lastschriften, wo eine vollumfängliche Ablösung der existierenden Standards durch die neuen Schemes SCT und SDD angestrebt wird, ist bei der Debitkarten-Abwicklung aufgrund der erheblichen Komplexität eine Anpassung der existierenden Schemes an die Regeln und Standards des SEPA-Cards-Framework vorgesehen.

Die Entwicklung der SEPA wird – neben dem EPC – von den Banken des Eurosystems, insbesondere der Europäischen Zentralbank, EZB, sowie von der Europäischen Kommission, hinsichtlich der Umsetzung und Erreichung der gesetzten Ziele im vorgesehenen Zeitrahmen unterstützt. Das erklärte Ziel der EZB ist identisch mit dem des EPC: „Der einheitliche Euro-Zahlungsverkehrsraum soll es den Bürgern Europas ermöglichen, im gesamten Eurogebiet Zahlungen von einem einzigen Bankkonto aus vorzunehmen, und zwar unter Verwendung einheitlicher Zahlungsverkehrsinstrumente; dadurch sollen Zahlungen genauso einfach und sicher wie derzeit auf nationaler Ebene abgewickelt werden. Für den Kunden sollte es keinen Unterschied machen, wo oder bei welcher Bank im Euroraum das Konto geführt wird. Folglich bedeutet ‚einheitlicher Euro-Zahlungsverkehrsraum' aus Sicht des Eurosystems, dass alle im Euroraum getätigten Zahlungen inländischen Charakter bekommen."[10] Von der Europäischen Kommission wird der Fortschritt ebenfalls unterstützt und intensiv überwacht. So kritisierte EU-Kommissar McCreevy im März 2005 im Rahmen einer Konferenz in Luxemburg, dass der gegenwärtige Fortschritt zu langsam ist und warnte, dass „wenn nötig, die Kommission gängige Industriestandards zur Pflicht machen würde und die Roadmap für SEPA in den Gesetzesentwurf mit aufnehmen würde."[11] In einem Konsultationsdokument über die SEPA-Initiative vom 13. Februar 2006[12] kritisiert die Kommission die bisherigen Aktivitäten erneut als nicht ausreichend und warnt vor einer Mini-SEPA, in der nationale Märkte fragmentiert bleiben.

Gleichzeitig wird dort an einer europäischen Vereinheitlichung der Rechtsgrundlagen zur Abwicklung des Zahlungsverkehrs, der sogenannten Payment Services Directive (PSD), vormals New Legal Framework, gearbeitet, die am 1. Dezember 2005 als Entwurf vorgelegt wurde.[13]

---

10 Auf dem Weg zu einem einheitlichen Euro-Zahlungsverkehrsraum – Dritter Fortschrittsbericht. In: Pressemitteilung der EZB (2004)

11 EurArchiv.com (14.5.2005)

12 European Commission (13.2.2006)

13 Commission of the European Communities COM (2005) 603 final

Vor dem Hintergrund der Entwicklungen in EPC, EZB und Europäischer Kommission ist zu erwarten, dass die SEPA mittelfristig zur Realität wird und dadurch sowohl die Unterscheidung zwischen den (bislang länderspezifischen) Massenzahlungsverkehrsformaten und -standards als auch zwischen Massenzahlungsverkehr und grenzüberschreitendem Euro-Zahlungsverkehr hinfällig wird. Auch wenn es bei der PSD noch zu keiner finalen Einigung gekommen ist, ist davon auszugehen, dass sie 2007 verabschiedet und 2008 in nationales Recht umgesetzt wird. Hierdurch kann es zwar zu Verzögerungen bei der umfassenden Umsetzung des SDD kommen, Überweisungen gemäß SCT oder Zahlungen gemäß SEPA-Cards-Framework sind hiervon jedoch unberührt.

Diese Entwicklung zu einer europaweiten Standardisierung wird dazu führen, dass die Zahlungsverkehrsabwicklung für europäische Standardzahlungen in SEPA-Formaten absehbar zu einer vollständigen Commodity wird, die bei wenigen großen Transaktionsbanken bezogen wird. Durch deren hohe Volumina werden allein sie die notwendigen Skaleneffekte erzielen, um die Dienstleistung günstig anzubieten. Durch den gegenseitigen Wettbewerb zwischen den verschiedenen Transaktionsbanken und dem aufgrund der Standardisierung leichteren Wechsel zwischen ihnen sowie der Möglichkeit Preise zu vergleichen, stellt der Marktmechanismus sicher, dass die Produktion dieser Dienstleistung zum niedrigsten möglichen Preis erfolgt.

Es ist zu erwähnen, dass die Entwicklung der SEPA für Banken neben den Auswirkungen für die Zahlungsverkehrsabwicklung viel weiterreichende Konsequenzen hat: Sie ermöglicht es vorrangig großen Firmenkunden, ihre Bankverbindungen international zu konsolidieren und dadurch auf internationaler Ebene zu optimieren – dies erhöht den Wettbewerbsdruck bei Banken nachhaltig. Neben günstigeren Preisen im Zahlungsverkehr können Endkunden daher nach vollständiger Implementierung der SEPA ihre Zahlungsverkehrsverbindungen auf europäischer Ebene konsolidieren und dadurch neben Kostenvorteilen erhebliche interne Prozessoptimierungen umsetzen.

Bei der Abwicklung von klassischem Auslandszahlungsverkehr in Fremdwährung oder über 50.000 Euro ist zu erwarten – hier aufgrund des Zwangs zu weiterer Kostensenkung –, dass sich spezialisierte Anbieter formieren, die allein oder in Kooperationen mit Full-Service-Anbietern die ohnehin geringen Volumina bündeln. Die belgische Fin-Force, Partner der Equens, ist ein gutes Beispiel. Darüber hinaus werden große, multinationale Banken diesen Bereich als Anbieter von Dienstleistungen (Insourcer) aktiv bearbeiten.

Jede Diskussion über die Sinnhaftigkeit einer Auslagerung der Zahlungsverkehrsabwicklung muss daher vor dem Hintergrund dieser Entwicklungen und der persönlichen Einschätzung der Entscheidungsträger, wie schnell dieser Prozess vonstattengehen wird, geführt werden.

Ein kurzer Überblick über den Zahlungsverkehrsmarkt

Nach dieser Übersicht über die aktuellen Entwicklungen zu einer Single Euro Payments Area soll nunmehr auf die – aktuell noch von dem dargelegten Zielszenario entfernte – Ist-Situation im europäischen und deutschen Zahlungsverkehr eingegangen werden. Es versteht sich von selbst, dass eine Übersicht über den Markt aufgrund der aktuell erheblichen Dynamik lediglich eine Momentaufnahme sein kann.

Einige Fakten zur Einleitung: Europaweit werden gegenwärtig von 460 Millionen Einwohnern[14] über ca. 7.000 Banken etwa 230 Millionen Zahlungsverkehrstransaktionen täglich – entsprechend 65 Milliarden Transaktionen pro Jahr – abgewickelt. Der europäische Markt ist nach wie vor von nationalen Standards und Akteuren bestimmt; von grenzüberschreitenden Zahlungen unter 50.000 Euro im CredEuro-Standard abgesehen, die jedoch unter 1 Prozent aller Zahlungen, allerdings mit stark steigender Tendenz, ausmachen.

Abbildung 2: *Zahlungsverkehrsmärkte Europa und Deutschland*

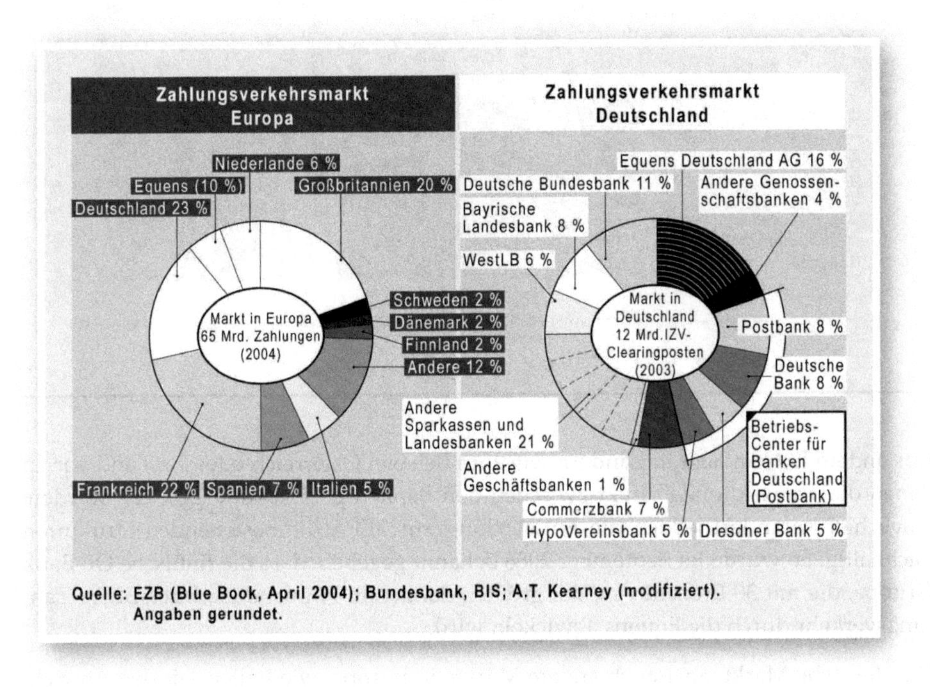

Quelle: EZB (Blue Book, April 2004); Bundesbank, BIS; A.T. Kearney (modifiziert). Angaben gerundet.

14 davon etwa 312 Millionen in Euro-Ländern

In zahlreichen europäischen Märkten werden die inländischen elektronischen Interbank-Transaktionen nahezu vollumfänglich von den Automated-Clearing-Houses (ACHs) abgewickelt, an die sämtliche lokale Banken direkt oder mittelbar angeschlossen sind. Hierzu gehören zum Beispiel das britische Clearinghaus voca (ca. 4,5 Milliarden Transaktionen in 2004), die französische GSIT[15] (11,7 Milliarden Transaktionen in 2004), aber auch kleinere Anbieter wie die belgische CEC (UCV) oder die schwedische BGC. Während diese zum Teil einen Full-Service-Ansatz verfolgen, decken sie in der Regel allein den inländischen Massenzahlungsverkehr ab und beginnen erst langsam und zum Teil sich europäisch auszurichten.

Abbildung 3: *Zahlungsverkehrsabwickler Europa*

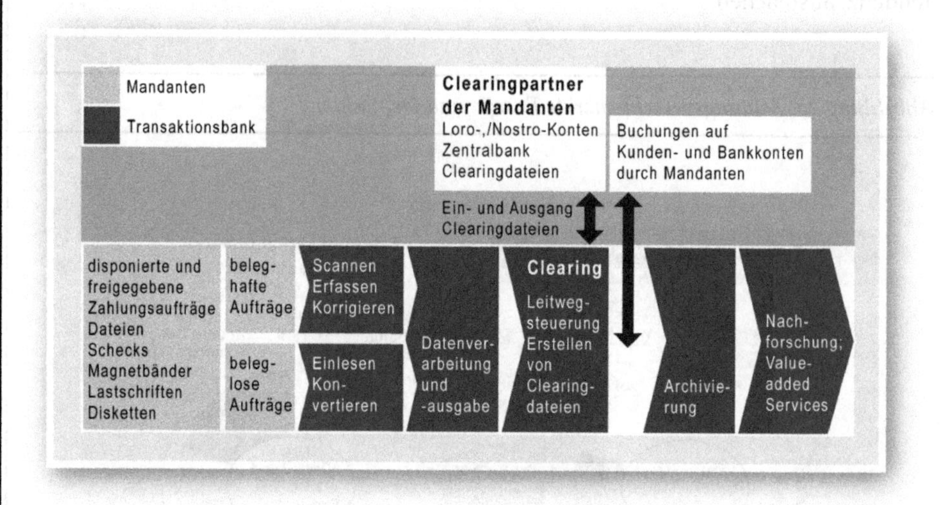

Das andere Extrem liegt in Ländern wie zum Beispiel Österreich oder Finnland vor, in denen die Transaktionen direkt zwischen den Banken gecleart und gesettelt werden. Auch hier verändert jedoch die Entwicklung zur SEPA die bestehenden Strukturen nachhaltig. So wurde im September 2006 bekannt gegeben, dass die finnische OP Bank Gruppe, die mit 30 Prozent eine der größten Banken in Finnland ist, ihren SEPA-Zahlungsverkehr durch die Equens abwickeln wird.

Der deutsche Markt, aber auch andere Märkte in Europa, wie Italien mit den Abwicklern SSB, SECETI und ICCREA, ist deutlich fragmentierter und nimmt eine Zwischen-

15 aktuelle Systemneuentwicklung über die Gesellschaft STET

stellung ein. Ein wesentlicher Anteil des Clearings wird in Deutschland zwischen den Banken bilateral im Rahmen des sogenannten Garagenclearings oder sektorintern innerhalb des genossenschaftlichen Verbundes oder dem Gironetz der Sparkassen vorgenommen. Mit in 2006 3,4 Milliarden abgewickelten Transaktionen in Deutschland ist auch hier die Equens[16], die mit ihrer zentralen State-of-the-Art-Plattform ZVS® nicht nur die gesamte Wertschöpfungskette im Inlands- und grenzüberschreitenden Eurozahlungsverkehr, einschließlich der Belegkonversion über das Tochterunternehmen DZ-Service abdeckt, sondern auch IGZV und Auslandszahlungsverkehr – letzteres ab 2006 gemeinsam mit der belgischen Fin-Force[17]. Auch die Postbank hat sich mit Übernahme der Zahlungsverkehrsgesellschaften von Deutscher Bank (nur inländischer Massenzahlungsverkehr), Dresdner Bank und der zum Unicredit Konzern gehörenden HVB als großer Transaktionsabwickler positioniert, jedoch die Abwicklung des beleglosen Zahlungsverkehrs bislang nicht auf einem System konsolidiert.[18] Im Übrigen ist der Markt (siehe Abb. 2) weiterhin nach Banksektoren und auch innerhalb der Banksektoren fragmentiert. Im Sparkassenumfeld wird die Zahlungsverkehrsabwicklung weiterhin je nach Region insbesondere von den Landesbanken[19] getrennt durchgeführt. Eine Konsolidierung wurde in der Vergangenheit mehrfach angestrebt, hat bislang jedoch nicht stattgefunden. Im Gegensatz zu anderen europäischen Zentralbanken positioniert sich auch die Bundesbank als Zahlungsverkehrsabwickler; inwieweit dies vor dem Hintergrund ihrer eigentlichen Rolle angemessen ist, soll an dieser Stelle nicht weiter ausgeführt werden.

Durch die Fusion zwischen dem deutschen Transaktionsinstitut für Zahlungsverkehrsdienstleistungen und des niederländischen zentralen Clearinghauses Interpay zur Equens in 2006 ist erstmals ein vollumfänglich europäischer Full-Service-Abwickler entstanden, der sowohl Kompetenzen als ACH und Back-Office-Insourcer vereint und mit in Summe fast 7 Milliarden abgewickelten Zahlungen wesentliche Skaleneffekte erzielen kann.

Internationale Akteure im Transaktionsgeschäft gibt es neben der Equens bislang nur wenige. Dazu gehören im Besonderen die belgische Fin-Force, ein Partner der Equens, die den Auslandszahlungsverkehr für die belgische KBC-Gruppe[20], die DZ-BANK und die holländische Rabobank abwickelt, beziehungsweise die Abwicklung vorbereitet; ebenso wie die EBA-Clearing-Company, die mit ihrem italienischen Partner SIA als erstes Pan-European Automated-Clearing-House (PE-ACH) am Markt agiert und seit 2003 über das Clearing System STEP2 grenzüberschreitende Euro-Zahlungen gemäß EU-Verordnung abwickelt, die über EURO1/STEP1 gesettelt werden. Neben Equens ist

---

16 in Deutschland vormals operierend als Transaktionsinstitut für Zahlungsverkehrsdienstleistungen AG

17 mit einem Full-Service-Ansatz der größte unabhängige Anbieter

18 geplant ist die Nutzung einer Neuentwicklung von SAP

19 wie Bayern LB, Helaba oder WestLB

20 einschließlich ihrer Töchter in England und Osteuropa

die EBA ebenfalls SEPA-ready, mit durchschnittlich 260.000 Zahlungen pro Tag in 2006[21] ist das abgewickelte Volumen bislang jedoch relativ gering.

Vor dem Hintergrund der zuvor dargelegten Entwicklungen kann als gesichert angenommen werden, dass sich die Akteure in der Zahlungsverkehrsabwicklung – seien es bislang national agierende Automated-Clearing-Houses oder Banken, die weiterhin die Zahlungsverkehrsabwicklung aus verschiedenen Gründen selbst betreiben – auf die absehbare europaweite Standardisierung der Zahlungsverkehrsabwicklung einstellen müssen. Die Konsequenzen und Auswirkungen sind für alle Beteiligten in Europa erheblich:

- Signifikante Investitionen zur Anpassung der vorhandenen Systeme an neue Formate und Standards, die in vielen Fällen eine vollständige Neuentwicklung bedeutet erheblicher Preisdruck für die bislang monopolistisch agierenden nationalen ACHs sowie
- weiterer Kostendruck durch erhöhte Preistransparenz.

Vor diesem Hintergrund sind die Marktteilnehmer gezwungen, ihre bisherigen Strategien nachhaltig zu überdenken. Banken müssen eine Auslagerung der Zahlungsverkehrsabwicklung als valide Alternative zu Investitionen in mehrfacher Millionenhöhe untersuchen – oder selbst zum Insourcer werden. Nationale ACHs müssen darüber hinaus zusehen, wie sie sich vor dem Hintergrund absehbarer europäischer Konkurrenz internationalisieren und ihre Kostenstrukturen anpassen.

Argumente gegen ein Outsourcing revisited

Die Diskussion über eine Fremdvergabe des Zahlungsverkehrs an Dienstleister wurde und wird in der Regel anhand weniger – eigentlich in jeder Outsourcing-Diskussion verwendeten – Kriterien und Fragen geführt.

- Ist die Zahlungsverkehrsabwicklung ein strategischer Prozess einer Bank, durch den man sich im Markt gegenüber seinen Kunden differenzieren kann?
- Macht eine Fremdvergabe des Prozesses bei einer Gesamtkostenbetrachtung ökonomisch Sinn, das heißt, kann man durch die Fremdvergabe deutlich Kosten senken?
- Kann ein Dienstleister die für die kritischen Anforderungen des Prozesses erforderliche Qualität – auch vor dem Hintergrund zusätzlicher Schnittstellen liefern? Besteht das Risiko des Kontrollverlustes über einen wesentlichen Geschäftsprozess?

---

21 entsprechend ca. 70 Millionen Zahlungen pro Jahr

- Begebe ich mich durch Outsourcing in ein Abhängigkeitsverhältnis zu meinem neuen Partner?

Sämtliche Argumente müssen vor dem Hintergrund der aktuellen Marktsituation reflektiert werden. Wie im Folgenden gezeigt werden soll, ergibt eine kritische Betrachtung, dass die Europäisierung und Commoditization der Zahlungsverkehrsabwicklung die Argumente der Outsourcing-Befürworter tendenziell weiterhin stärkt, Argumente der Outsourcing-Gegner hingegen weiterhin schwächt – zumindest dann, wenn man einen längeren Betrachtungshorizont zugrunde legt.

Anmerkungen zur strategischen Bedeutung des Zahlungsverkehrs

Als strategische Erfolgsfaktoren werden solche angesehen, die den Unternehmenserfolg oder -misserfolg direkt beeinflussen. Das heißt im Besonderen, dass in der Regel diejenigen Aktivitäten strategische Bedeutung haben, durch deren Erbringung man sich gegenüber Endkunden am Markt hinsichtlich Preis, Leistung oder Qualität unmittelbar oder mittelbar differenzieren kann oder die einem interne Kostenvorteile beziehungsweise nachhaltige Wettbewerbsvorteile verschaffen.

Es besteht keinerlei Diskussion, dass die Steuerung von Zahlungsströmen im Hinblick auf die damit verbundene Liquidität strategische Kernaufgabe einer Bank ist, die schon allein aus rechtlichen Gründen[22] nicht fremd vergeben werden kann. Hierzu gehört unter anderem die Kontendisposition. Die reine Abwicklungsleistung hingegen, die von einem Transaktionsdienstleister im Zahlungsverkehr erbracht wird – das heißt die Vorverarbeitung von Zahlungsaufträgen[23] und das Clearing[24] –, ist in der Regel keine Leistung, die mittelfristig gegenüber dem Endkunden zu einer Differenzierung führt. Die Formate sind Standardformate, Terminvorgaben sind weitgehend rechtlich eingegrenzt und werden von den Banken vorgegeben.

Die Frage, ob es sich bei der Zahlungsverkehrsabwicklung dennoch um einen strategischen Prozess handelt, muss vor dem Hintergrund der Fragen entschieden werden:

- ob man durch Eigenverarbeitung nachhaltig Kostenvorteile generieren kann, die man – gleiche Qualität und Leistung vorausgesetzt – bei Nutzung externer Anbieter nicht hätte (die indes Profitabilität oder Wettbewerbsfähigkeit verbessern)
- oder ob man gegenüber dem Endkunden weitere qualitative und marktrelevante Unterschiede zum Wettbewerb aufzuweisen hätte, beispielsweise verbesserte Informationstransparenz durch hochintegrierte Systeme, die ein Dienstleister nicht erbringen kann.

---

22 § 25a Abs. 2 Kreditwesengesetz

23 Diskettenkonvertierung, Belegverarbeitung, elektronische Annahme etc.

24 nicht jedoch das sogenannte Settlement, dem damit verbundenen Zahlungsausgleich zwischen Konten

Für den Prozessschritt *Belegkonversion* lassen sich die Fragen eindeutig beantworten: Die Belegverarbeitung ist aus Endkundensicht nicht differenzierend. Durch verbesserte Prozesse kann man sich vom Markt nicht qualitativ differenzieren und oftmals diskutierte wirtschaftliche Vorteile sind – unter Vernachlässigung eventueller politischer Rahmenbedingungen, Remanenzkosten oder Restrukturierungsaufwände – bei einer Vollkostenbetrachtung in der Regel nicht stichhaltig.

Bei den weiteren Prozessschritten im Zahlungsverkehr wird die Diskussion oftmals kontroverser geführt. Aufgrund der bei Equens im Rahmen von Mandantenprojekten gemachten Erfahrungen lässt sich betonen, dass die klassischen Prozessschritte aktueller Anbieter nicht klar differenzierend sind und sich im Kernprozess von Bank zu Bank kaum unterscheiden. Einzelne Funktionalitäten in der Zahlungsverkehrsabwicklung, die bei Häusern mit hochintegrierten Systemlandschaften aufgrund der Integration vorhanden sind, sind in der Regel nicht wettbewerbsdifferenzierend und lassen sich ebenfalls von einem Dienstleister mit einer entsprechend modernen Plattform erbringen. Dies gilt auch für die spezifischen sogenannten Additional-Optional-Services, die auch im Rahmen der SEPA existieren werden.

Die absehbare europäische Standardisierung der Zahlungsverkehrsabwicklung wird die Abwesenheit von Differenzierungspotenzial bei der reinen Abwicklung eher verstärken. Die Abwicklung der Formate gemäß den SEPA-Rulebooks wird zur Pflicht, die kaum eine Differenzierung ermöglicht. Die Preise hierfür werden durch konkurrierende Transaktionsbanken, die eine Standardleistung anbieten, vergleichbar und aufgrund des Wettbewerbs eher sinken – eine differenzierende, kostengünstige Inhouse-Abwicklung sollte daher nur schwer erzielbar sein. Ähnliches wird für denjenigen Auslandszahlungsverkehr gelten, den in absehbarer Zeit ebenfalls mehrere Wettbewerber erbringen.

Das dadurch – ohnehin nur sporadisch und wenn, dann kurzfristig gültige – Argument der Wettbewerbsdifferenzierung muss, insbesondere vor den aktuellen Entwicklungen, als kaum haltbar gesehen werden.

Bietet ein Outsourcing des Zahlungverkehrs wirtschaftliche Vorteile?

Die Beantwortung der Frage, ob ein Outsourcing wirtschaftlich Sinn macht, ist ausschließlich von Einzelfall und Zeithorizont abhängig – und natürlich davon, ob man „richtige" Vergleichsrechnungen anstellt.

Noch immer ist die Zahlungsverkehrsabwicklung ein Prozess, den die meisten Banken eigenständig abwickeln, auf eigenen Systemen und mit eigenen Mitarbeitern.

Die Kostensenkungspotenziale bei Verlagerung auf einen Insourcer ergeben sich in der Regel aus mehreren Faktoren:

- Die Kosten der verlagerten Prozesse haben einen hohen Systemkostenanteil, der normalerweise mit hohen Skaleneffekten verbunden ist[25] und mit zunehmenden Volumina zu stark sinkenden Stückkosten führt. Investitionen können bei Mehrmandantendienstleistern grundsätzlich auf mehrere Mandanten verteilt werden. Durch moderne, objekt- und Workflow-orientierte Anwendungen und Architekturen, wie sie beim System ZVS® der Equens eingesetzt werden, können Investitionen gegenüber Altsystemen deutlich gesenkt werden. Anbieter wie Equens, die sowohl Back-Office-Prozesse als auch Interbanken-Clearing auf einer Plattform anbieten können, werden aufgrund ihrer Aufstellung in Technik und am Markt besondere Skalenvorteile erzielen.

- Durch Verlagerung in eine eigenständige Gesellschaft kann das Unternehmen als unabhängiger Dienstleister für andere tätig werden. Darüber hinaus wird die Kostentransparenz drastisch erhöht. Durch voll verantwortliches Management und eine geringere Personalstärke wächst die Verantwortung eines jeden für die Gesellschaft.

- Hinsichtlich der manuellen Prozessanteile können Insourcer außerhalb des Bankentarifs agieren, zum Beispiel mit einem flexibleren und auf die Unternehmensanforderungen angepassten Haustarif, und dadurch direkte Lohnkostenvorteile erzielen. (Im Extrembeispiel Belegkonversion kann diese in industriell organisierten Zentren mit gering qualifizierten Arbeitskräften abgewickelt werden.)

- Durch Verlagerung an günstigere Standorte und Reduzierung der Sachkosten können die Nebenkosten verringert werden.

- Durch Fokussierung auf ein Standard-Produktangebot und konsequente Prozessorientierung, wie zum Beispiel bei Equens, können Komplexitätskosten reduziert und gezielt Prozessoptimierungen vorgenommen werden.

Erfahrungen aus Projekten haben gezeigt, dass die erreichbaren Einsparungen, auch unter Berücksichtigung zusätzlicher Steuerungsaufwände aufseiten des Outsourcers zur Steuerung des Dienstleisters, bei korrekter Berücksichtigung erforderlicher Investitionen im eingeschwungenen Zustand Einsparungen im Bereich von 16 bis 40 Prozent ergeben. Dabei wird davon ausgegangen, dass die Leistungen, die der Insourcer erbringt, von den Mandanten Umsatzsteuer befreit bezogen werden. Dies ist dann der Fall, wenn der Insourcer durch die Erbringung von Zahlungsverkehrsdienstleistungen einer entsprechenden Befreiung unterliegt.[26] Die Equens hat im Zug einer verbindlichen Anfrage bei der Finanzdirektion hierzu einen positiven Bescheid erhalten. Eine

---

25 insbesondere bei Abschreibungen, Projektaufwendungen, Wartungsaufwendungen und sonstigen Nebenkosten

26 für eine kritische Würdigung des komplexen Themas vgl. Artikel von Menner S., (2003): S. 357 – 373

Befreiung ist daher auch für Nicht-Banken erreichbar und nicht an das Vorliegen einer Banklizenz geknüpft.

Die klassischen Gegenargumente, dass oftmals Einmalaufwände für Personalabbau, Systemanpassungen und Sonderabschreibungen anfallen, sind differenziert zu betrachten:

Hinsichtlich des Personalabbaus werden beim Outsourcing häufig Strukturierungen gewählt, in denen zumindest ein Teil der Mitarbeiter auf den Insourcer übergehen. Die Optimierung des Personalübergangs gehört zu den Kernaufgaben des Insourcers. Aufgrund vorhandener Erfahrungen kann ein Personalabbau von dem Insourcer oftmals besser erbracht werden. Bei Restrukturierungsaufwendungen im Personalbereich ist (selbst)kritisch zu überprüfen, ob diese im Rahmen des Outsourcings als Einmalaufwand entstehen, oder ob sie – gegebenenfalls in der Zukunft – nicht ohnehin bei einem allgemeinen Personalabbau anfielen. Im letzteren Falle würde man – rechnet man sie dem Outsourcing zu – den Business Case der Auslagerung schlecht rechnen.

Aufwände für Systemanpassungen hängen von mehreren Komponenten ab: der Flexibilität des Systems des Insourcers, den definierten (Sonder-) Anforderungen und dem Integrationsgrad des Systems des auslagernden Instituts. Bei einem Insourcer mit einem modularen, vollmandantenfähigen, Workflow-orientierten System sollte der erste Kostenblock keinen wesentlichen Anteil darstellen – es sei denn, die Sonderanforderungen des neuen Mandanten sind derart umfassend, dass sie zu erheblichen Mehraufwendungen führen. In dem Fall sollte es im Outsourcing zur Überprüfung der Anforderungen kommen, um entsprechende Prozessoptimierungen vornehmen zu können. Bei zunehmender Standardisierung im Rahmen der SEPA sollten beide Kostenblöcke deutlich geringer werden. Hat der Outsourcer ein hochintegriertes System, das auch den Zahlungsverkehr abwickelt, sind die kurzfristigen Anpassungsaufwände meistens erheblich und können Kostensynergien vernichten. Insbesondere vor dem Hintergrund der SEPA-Entwicklungen muss in dem Fall jedoch kritisch gefragt werden, wie hoch Anpassungs- und Wartungsaufwände an diesem System im Vergleich zur Nutzung eines Insourcers sind? Grundsätzlich gilt, dass vor dem Hintergrund des allgemeinen Wettbewerbs klare, modulare Strukturen mit wohldefinierten Schnittstellen zunehmend kritische Erfolgsfaktoren sind. Eventuelle Sonderabschreibungen sind vor diesem Hintergrund ebenfalls kritisch zu betrachten.

Weitere Probleme, die bei Vergleichsrechnungen kritisch sein können, sind Overhead-Aufwendungen sowie bereits abgeschriebene Systeme. Gegen Erstere ist in der Regel nur schwer zu argumentieren, außer dass bei der Auslagerung eines Bereichs auch die entsprechenden Synergieeffekte in den Overhead-Bereichen (Personal, Finanzbuchhaltung, Controlling, Revision, etc.) umzusetzen und bei den Synergien zu berücksichtigen sind. Es gibt zu denken, dass dies in Outsourcing-Prozessen noch immer nicht zum Standard gehört. In Bezug auf abgeschriebene Systeme ist es gleichermaßen erforderlich, realistische Investitionsaufwendungen zu schätzen, um das beim Outsourcer vorhandene Alt-System auf den aktuellen Stand zu bringen. Da die Mitarbeiter, die von einem Outsourcing unter Umständen nicht profitieren, die Schätzung vornehmen, ist es nicht verwunderlich, dass Letztere nicht zwingend für ein Outsourcing sprechen muss. Häufig wird argumentiert, dass das genutzte System eigentlich noch für eine Weile funktionsfähig ist (Investitionsbedarfe wurden in der Regel unterschätzt), was beinahe ausnahmslos zu erheblichen Nachteilen des mit einem neuen System arbeitenden Insourcers führte obgleich die laufenden Kosten und Weiterentwicklungsaufwände bei diesem meistens geringer sind. Die Argumentation ist vor dem Hintergrund der anstehenden SEPA-Entwicklungen zunehmend schwieriger beizubehalten, da die Anpassungsaufwände kaum ignoriert werden können. Nutzt eine Bank den Zwang zu Neuinvestitionen im Rahmen der SEPA-Einführung daher zur Neuevaluierung des Outsourcing, sollte das zu einem deutlichen rechnerischen Vorteil eines Outsourcings führen.

Kann Qualität aufrechterhalten und Kontrollverlust vermieden werden?

Die Argumente Qualität und Kontrollverlust waren bereits in der Vergangenheit eher schwache Argumente gegen ein Outsourcing. SEPA ändert an dieser Argumentation nichts. Die rechtlichen Standard-Instrumente eines guten Geschäftsbesorgungsvertrages mit klar definierten Service-Level-Agreements sowie die umfangreichen Regelungen des Kreditwesengesetzes (KWG), im Besonderen der § 25a sowie das Rundschreiben 11/2001 der BaFin, liefern umfassende und erprobte Instrumentarien zur Absicherung des auslagernden Instituts. Beide sichern den auslagernden Banken umfassende Kontrollrechte zu, die durch ein Outsourcing in keiner Weise eingeschränkt sind, und schreiben ebensolche umfassenden Revisions- und Prüfungsanforderungen vor. Durch den bei Mehrmandantendienstleistern vorhandenen Druck (seitens der Mandanten mit zum Teil unterschiedlichen Schwerpunkten) kann davon ausgegangen werden, dass die Kontrolle des Dienstleisters eher besser als diejenige der Eigenverarbeitung ist. Durch die internationale Aufstellung der Equens, sowie die wechselseitige Auslagerung von Aktivitäten zwischen der belgischen Fin-Force und der Equens, liegen umfassende Erfahrungen mit grenzüberschreitenden Auslagerungen vor. Aufgrund der sukzessiven Harmonisierung im europäischen Aufsichtrecht kann gewöhnlich davon ausgegangen werden, dass im SEPA-Raum vergleichbare Anforderungen, Standards und Prozesse vorliegen, so dass sogar einer grenzüberschreitenden Auslagerung von Prozessen nichts im Wege steht. Bei internationalen Anbietern wie der Equens kommen oftmals zusätzlich internationale Standards, wie die sogenannten 10 Core Principles der Bank of International Settlements (BIS) oder dem Statement of Auditing Standards 70 (SAS 70) des American Institute of Certified Public Accountants zusätzlich zur Anwendung, so dass bei diesen die Aufsicht in der Regel deutlich stärker ist.

Neben den formaljuristischen Einflussmöglichkeiten besteht grundsätzlich – in Abhängigkeit der Partnerschaft und des Geschäftsmodells des Insourcers – auch die Möglichkeit über entsprechende Gremienvertretungen wie einen Aufsichtsratssitz bei einer entsprechenden gesellschaftsrechtlichen Beteiligung am Insourcer oder einem Kundenbeirat angemessenen Einfluss zu nehmen. Eine gesellschaftsrechtliche Beteiligung ist jedoch nur bei unabhängig aufgestellten Insourcern möglich, nicht hingegen bei Großbanken mit extern anbietenden Transaction-Banking-Bereichen.

Begebe ich mich durch Outsourcing in ein Abhängigkeitsverhältnis zum Insourcer?

Das Argument der Abhängigkeit war in der Vergangenheit sicherlich ein zentrales, da die Möglichkeit die Zahlungsverkehrsabwicklung wieder vollumfänglich selbst zu übernehmen, wenn man sie einmal ausgelagert hat, sicherlich begrenzt ist. Solange die Anzahl der Dienstleister am Markt beschränkt ist und die Switching-Costs hoch sind, ist die Möglichkeit eines Anbieterwechsels sicherlich auch geringer. Um Abhängigkeiten – insbesondere auch wirtschaftlichen Abhängigkeiten – entgegenzuwirken, waren saubere vertragliche Regelungen und Gremienvertretungen von entscheidender Bedeutung.[27] Bei den vertraglichen Regelungen war im Besonderen eine klare Regelung der Beendigungsunterstützung von zentraler Bedeutung. Zudem auch gibt es Antritte, ein regelmäßiges Preisbenchmarking vertraglich zu fixieren, was jedoch, wenn richtig gemacht, eventuelle Preisvorteile gewöhnlich durch die Kosten des Benchmarkings wieder neutralisiert.

Die Entwicklungen im Rahmen der SEPA reduzieren das Risiko einer Abhängigkeit deutlich. Aufgrund der Standardisierung werden die mit einem Wechsel verbundenen Aufwände geringer, Preise werden vergleichbar und sinken tendenziell, da die wachsende Zahl der konkurrierenden Abwickler einem Marktmechanismus unterliegt, der für entsprechenden Wettbewerb sorgt.

Outsourcing als strategische Entscheidung

Es gibt noch eine Reihe oft zitierter Gründe, die für eine Auslagerung – auch des Zahlungsverkehrs – sprechen: Man erhält neben Kostensenkungen eine deutlich verbesserte Kostentransparenz, man kann den im Rahmen des Outsourcings anfallenden Personalabbau zu Strukturoptimierungen nutzen, mittels klarer Schnittstellen können existierende Systemlandschaften bereinigt und Kosten können variabilisiert werden. Auch können Innovationen des Transaktionsdienstleisters entsprechend genutzt und dadurch weitere Vorteile auf Prozess- oder Kundenseite generiert werden (Economies of Scope). Letztere gibt es insbesondere bei der Nutzung von internationalen Anbietern, die über Best-Practice-Know-how aus verschiedenen Märkten verfügen.

---

27 Falls man nicht ohnehin aus einer Position des Vertrauens ein gemeinsames Joint Venture aufbauen wollte, um gemeinsam den Markt zu gestalten.

Bei allen guten Argumenten, die für eine Auslagerung sprechen – vor dem Hintergrund der aktuellen Entwicklung zur SEPA umso mehr –, muss jedoch ein weiteres Argument berücksichtigt werden, das bisher nicht zur Geltung gekommen ist: Eine Auslagerung erfordert in erster Linie eine strategische Positionierung des auslagernden Unternehmens, die bestimmt, was seine Kernkompetenzen sind. Kernkompetenzen sind sicherlich von Strömungen, Technologien und ebenso Gewohnheiten abhängig. Die Auslagerung von Rechenzentrumsleistungen, Netzwerk oder Desktop-Services war vor nicht allzu langer Zeit nicht selbstverständlich, in manchen Branchen ist es das noch immer nicht. Im Bankenumfeld sind diese Bereiche inzwischen Commodities, die in effizienten Märkten bezogen werden können.

Falls der Vorstand des auslagernden Unternehmens der Überzeugung ist, die Abwicklungsprozesse, die man am freien Markt erwerben kann, besser In-house erbringen zu können, so werden ihn auch die besten Argumente nicht vom Gegenteil überzeugen, denn Alliierte, Argumente und Rechenmethoden, die seine Ansicht belegen, wird man bei kurzen Betrachtungshorizonten gewiss finden.[28]

Wenn das auslagernde Unternehmen jedoch der Überzeugung ist, die Fokussierung auf Kernkompetenzen, mit denen es sich differenziert, sei von strategischer Bedeutung und sich mangels vorhandener Voraussetzungen[29] nicht als Insourcer positionieren möchte, wird es den Schritt in Richtung Auslagerung vollziehen.

Ausblick

Es besteht kein Zweifel, dass der Markt zur Abwicklung von Zahlungsverkehrstransaktionen[30] erheblich in Bewegung geraten ist. Während es bereits in der Vergangenheit Bemühungen in Richtung einer Standardisierung gab[31], sind sowohl der wirtschaftliche als auch der Druck aus Brüssel gegenwärtig so stark, dass es als sicher gelten kann, die SEPA und dadurch auch einheitliche Standards und Formate im Zahlungsverkehr werden Realität. Ob dabei die ambitionierte Roadmap, bis 2010 alle nationalen Standards obsolet zu machen, eingehalten wird oder die Ablösung eher einem Marktmechanismus folgt und ein wenig länger dauert, wie inzwischen diskutiert wird, ist in diesem Zusammenhang eher sekundär. Die Klärung einiger rechtlicher Fragen auf europäischer Ebene, wie das Umsatzsteuerrecht für Zahlungsverkehrsdienstleistungen, sind hingegen von erheblicher Bedeutung – obgleich selbst hier die existierenden Regelungen keinerlei Hemmnis darstellen. Zur Harmonisierung

28 Das System S ist noch nicht abgeschrieben, der Mitarbeiter M geht erst in zwei Jahren in Rente ...

29 Transaktionsvolumen, Systeme, Marktzugang

30 getrieben durch rechtliche Vorgaben der EU-Kommission, Selbstregulierung und Druck der nationalen und europäischen Zentralbanken

31 vgl. beispielsweise die Initiativen des European Committee for Banking Standards (ECBS)

des rechtlichen Rahmens bei der Zahlungsverkehrsabwicklung ist der vorliegende Entwurf für das Zahlungsverkehrsrecht, die Payment-Services-Directive, trotz einzelner Schwächen grundsätzlich ein Schritt in die richtige Richtung.

Während etliche Banken sich noch in einer Warteposition befinden, ist der Prozess der Vereinheitlichung unausweichlich in Bewegung geraten. Insbesondere Transaktionsdienstleister positionieren sich bereits für Europa und auf europäischer Ebene. Die Fusion zwischen Interpay und Transaktionsinstitut zur Equens, die mit fast 7 Milliarden Transaktionen pro Jahr etwa 10 Prozent des europäischen Zahlungsvolumens verarbeitet, ist ein wesentlicher Schritt in Richtung der Konsolidierung des europäischen Marktes. Durch die Positionierung der Equens als Full-Service-Back-Office-Insourcer und Clearinghaus im Zahlungsverkehr bietet sie erhebliche Kundenvorteile und Skaleneffekte. Die zusätzlich erhebliche Kompetenz und das mit über 1,5 Millarden POS-Transaktionen hohe Volumen im Bereich Debitkarten-Abwicklung sowie die aktive Beteiligung an der Entwicklung der sogenannten Berlin Group zur Umsetzung des SEPA-Card-Frameworks führt zu einer Bündelung aller relevanten Produkte und Dienstleistungen der SEPA unter einem Dach und kann für Kunden bislang einzigartige Vorteile erbringen.

Die Entwicklung zur SEPA bietet für alle Banken die einmalige Gelegenheit zu hinterfragen, ob die Zahlungsverkehrsabwicklung zu ihren Kernkompetenzen gehört oder ausgelagert werden kann. Solange die Banken gut verdienen, können die mit einer In-House-Lösung verbundenen Investitionen und Kosten sicherlich noch in vorhandenen Projekt- und IT-Budgets untergebracht werden. Es ist ebenso wenig auszuschließen, dass einzelne Banken die Zahlungsverkehrsabwicklung – wie heute bereits zum Teil die Belegkonversion – quersubventionieren und als Anbieter agieren. Hierdurch kann es zu lokalen Marktverzerrungen kommen. Ob dies langfristig im strategischen Interesse einer Bank ist, die Kosten optimiert und kritische Ressourcen richtig fokussiert, muss jeder für sich entscheiden. Die Wahrscheinlichkeit, dass die Zahlungsverkehrsabwicklung zu einer an effizienten Märkten bezogenen Commodity wird, ist jedoch hoch.

Bernd Sperber

Transaction Banking – Wertpapierabwicklung

Am 19. Dezember 2004 war in der Sonntagsausgabe der Schweizer Tageszeitung *Blick* unter der Überschrift „Finanzdienstleistungen" zu lesen, dass die Finanzdienstleistungen den Bankkunden nahezu doppelt so viel kosteten wie im Jahr 1990. Das bedeutete Mehrkosten von etwa 30 Milliarden Franken. Die Frage ist, ob sich daran in der Schweiz inzwischen irgendetwas wesentlich geändert hat. „Wir haben bei der Kostenkontrolle gewisse Standards der Finanzindustrie noch nicht erreicht", erklärte Oswald Grübel (CEO, Credit Suisse) im September 2006 der Genfer Zeitung *Le Temps*. Beispielsweise könnten Volumen- und Kostenvorteile realisiert werden, falls die gesamte Gruppe auf bestimmte Dienstleistungen, etwa in der IT, zurückgreife. „Bis 2008 wollen wir in diesem Bereich ehrgeizige Ziele erreichen." Insbesondere aus den weltweit höchst unterschiedlichen Arbeitsplatzkosten plant die Credit Suisse Nutzen zu ziehen und prüft die Möglichkeiten, Arbeitsplätze in kostengünstige Regionen zu verlagern. Als Beispiel erwähnt Grübel die USA. Dort hat die Bank in den vergangenen zwei Jahren 800 Arbeitsplätze vom Bundesstaat New York nach North Carolina verlegt und somit die Kosten halbiert. Bill Gates wiederum geht in seiner viel zitierten These „banking is essential, banks are not" davon aus, dass die Technologie die Banken weitgehend ersetzen kann und die Bank als Institution anschließend keine Zukunft mehr hat. Die Entwicklung der vergangenen zehn Jahre hat gezeigt, dass die Technologie die Struktur des Bankwesens und der einzelnen Banken zwar tatsächlich stark beeinflusst, die Bank als Organisation und unternehmerische Einheit jedoch erfolgreicher ist als je zuvor in ihrer Geschichte. Dennoch haben die Entwicklungen im Bereich der Informations- und Kommunikationstechnologie eine Phase erreicht, die die Bankenlandschaft in den kommenden Jahren erneut beeinflussen wird. Genauer ausgedrückt, werden Technologie und Deregulierung – nach dem Reengineering der Prozesse in den vergangenen Jahren – in absehbarer Zukunft zur Evolution der Markt- und Transaktionssysteme, etwa im Bereich der Börsen, des Zahlungsverkehrs oder des Kreditmarktes, führen, wobei Letzterer für die meisten inlandorientierten Banken von besonderer Bedeutung ist. Die Bank der Zukunft, so viel lässt sich an dieser Stelle bereits sagen, wird nicht mehr durch Transformationsfunktionen, sondern Kommunikationsorientierung, nicht mehr durch Produkte, sondern Beratung, nicht mehr durch Transaktions-, sondern Integrationsfähigkeiten und weniger durch Sourcing als Netzwerkmanagement gekennzeichnet sein.

Globales Umfeld

Das Privatkundengeschäft der Banken in Europa wird noch immer von lokalen Größen dominiert und ist – im Vergleich zu USA – äußerst fragmentiert. Die Deutsche Bank berichtete im letzten Jahr ein ROE (Return on Equity) von 25 Prozent (16 Prozent in 2004), was in hohem Maß durch das Investment-Banking-Geschäft bedingt war. Für 2006 hat die amerikanische Investmentbank Merrill Lynch den großen, an den Börsen notierten europäischen Banken im Durchschnitt ein ROE von 18 Prozent vorhergesagt. Für kleinere und mittlere Banken liegen die Wachstumschancen dagegen im einstelligen Prozentbereich; die im Retail- und Private-Banking lebenswichtigen Economies of Scale (Skaleneffekte) erreichen sie nicht. Die 94 deutschen Häuser unter den Top 1000 kommen durchschnittlich auf 6,8 Prozent (Return on Tier 1 Capital).

***Abbildung 1:** Konzentration im Privatkundengeschäft auf dem europäischen Bankenmarkt*

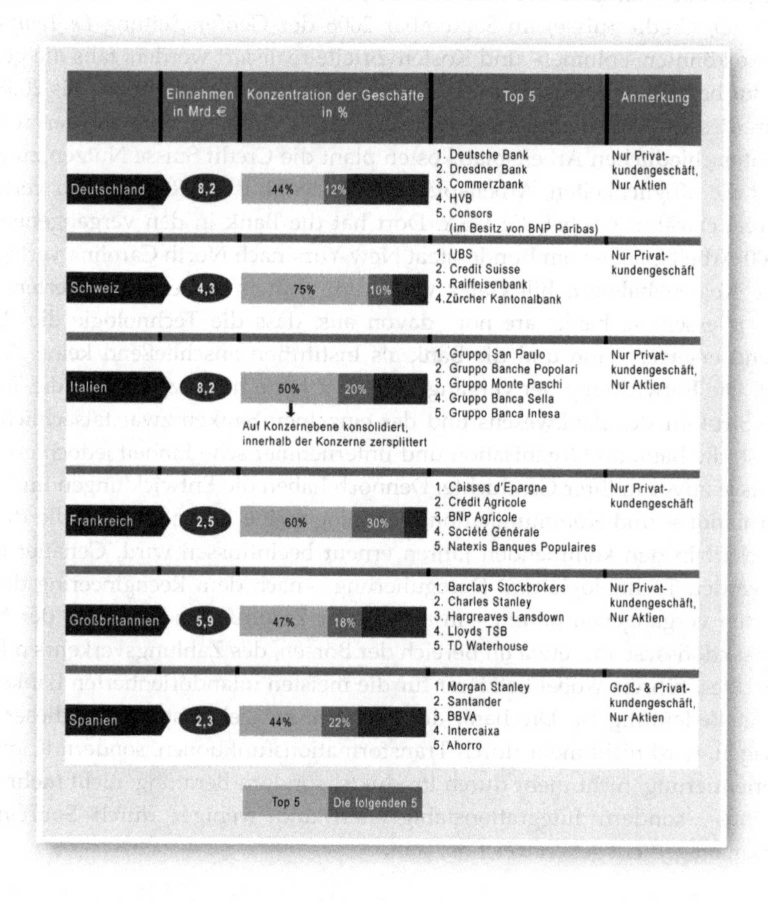

Weltweit haben sich die Gewinne der Banken innerhalb zweier Jahre verdoppelt. Die Top Fünf (Citigroup, JP Morgan, HSBC, Bank of America, Crédit Agricole) erreichen derzeit 10 Prozent der Bilanzsumme der TOP-1000-Banken. Dabei erwirtschaften die 25 größten Banken 40 Prozent des aggregierten Vorsteuergewinns sämtlicher 1000 Institute. Die Rentabilität der 1000 größten Banken der Welt beträgt 19,9 Prozent. Auch der Megatrend der Konsolidierung hält an. Mit einem Deal Value von 16,8 Mrd. Dollar wurde in 2004 zwischen der Abbey National und der Banco Santander der erste große Cross-Border-Merger erfolgreich abgeschlossen, gefolgt von der HVB Gruppe und Unicredit in 2005 in einer Höhe von 22,3 Mrd. Dollar. Grow or die, behauptet AT Kearney in dem Zusammenhang und prognostiziert, dass sich die etwa 20.000 europäischen Banken einem rasch voranschreitenden Mergertrend unterziehen und die Anzahl der Banken bis 2014 auf die Weise um zwei Drittel reduzieren.

Marktumfeld Deutschland

Im Rahmen einer repräsentativen Umfrage des Marktforschungsinstituts Psephos im Zeitraum vom 8.bis 21. September 2006, fand die Mehrheit der deutschen Topmanager, das Potenzial an Kostensenkung sei keineswegs ausgeschöpft. 74 Prozent halten die Notwendigkeit einer weiteren Fokussierung auf das Kerngeschäft für erforderlich. 64 Prozent der Befragten sind davon überzeugt, das Auslagern werde eine gleichbleibende oder zunehmend wichtige Rolle spielen. Drei Viertel der Spitzenmanager nannten Kostendruck als Hauptmotiv für Outsourcing. Auf die Frage: Was können Unternehmen selbst machen, was sollten sie von Externen erledigen lassen?, wurden Transport/Logistik (79 Prozent), gefolgt von IT (57 Prozent), Personaldienstleistungen (46 Prozent) und Finanzdienstleistungen (43 Prozent) angegeben. Die Auslagerung ganzer Geschäftsprozesse gilt als junges Wachstumssegment von zunehmend strategischer Bedeutung. Auf ein weiteres Problem innerhalb der Bankenzukunft verweist eine Prognose der Unternehmensberatung Booz Allen Hamilton, die besagt, dass die Überalterung in Deutschland zu drastischen Ertragseinbußen führt. Demzufolge dürften die Umsätze der Banken im Privatkundengeschäft bis 2050 um ein Viertel auf 31,5 Mrd. Euro sinken. Insofern sei ein Paradigmenwechsel notwendig, um auch bei schrumpfenden Vermögensanlagen Geld zu verdienen. Als Beispiel könnte das amerikanische Modell dienen, nach dem Banken das Eigenheim eines Kunden gegen eine Leibrente (Reverse Mortgage) übernehmen.

Regulatorisches Umfeld

Die EU-Kommission hat zahlreiche Arbeitsgruppen eingesetzt, um im Clearing and Settlement die grenzüberschreitende Harmonisierung der Rahmenbedingungen zu erreichen. Als Beispiel dafür stehen:

- CESR (Committee of European Securities Regulators): Umsetzung von 19 Standards zum Clearing and Settlement, deren Ziel in der erhöhten Sicherheit, Zuverlässigkeit und Effizienz von Wertpapierclearing- und Abwicklungssystemen in der EU besteht,

- FISCO (Fiscal Compliance Experts Working Group): Identifikation von steuerlichen Barrieren (Giovannini-Barrieren 11 und 12),
- CESAME (Clearing and Settlement Advisory and Monitoring Experts Group): Förderung der Integration und Arbeiten zur Eliminierung der Giovannini-Barrieren),
- EU Legal Certainty Group: Identifikation von Gebieten der Legal Uncertainty in Bezug auf die Integration des EU Securities Clearing and Settlement Systems (Giovannini-Barrieren 13 – 15).

Abbildung 2: *Europäische Initiative zur Harmonisierung im Wertpapiergeschäft*

Reform des deutschen Depotrechts/UNIDROIT
International kompatible Änderungen, insbesondere in Bezug auf auslandsverwahrte Wertpapiere; Depotbuchung soll konstitutive Wirkung besitzen;
UNIDROIT hat das Ziel, Methoden und Entwürfe zur Modernisierung, Harmonisierung und Koordinierung vom Zivilrecht, insbesondere des internationalen Handelsrechts, zu entwickeln.

Markets in Financial Instruments Directive (MiFID)
Regelt die Geschäfte mit Finanzinstrumenten und die Anlageberatung zur Stärkung des Anlegerschutzes, der Markttransparenz, Integrität und Gesamteffizienz des Finanzsystems

Ziel: Harmonisierung der Rahmenbedingungen im Bereich C&S

Standards for Clearing and Settlement
19 Standards, die darauf abzielen, die Sicherheit, Zuverlässigkeit und Effizienz von Wertpapierclearing und -abwicklungssystemen in der Europäischen Union zu verbessern

Clearing and Settlement Advisory and Monitoring Experts' Group (CESAME)
Fördert die Integration und die Arbeiten zur Eliminierung der Giovannini Group Barrieren

EU Legal Certainty Group
Identifikation von Gebieten der legal uncertainty bzgl. Integration des EU Securities Clearing and Settlement Systems
(Giovannini Barriers 13-15)

Fiscal Compliance Experts Working Group (FISCO)
Identifikation von steuerlichen Barrieren
(Giovannini Barriers 11-12)

Von der Europäischen Kommission eingesetzte Gruppen zur Harmonisierung der Rahmenbedingungen

Regulatorische Großprojekte in Europa, wie die Einführung der EU-Zinsrichtlinie 2005, Basel II und MiFID in 2007, erfordern massive Investitionen der Finanzinstitute ins Änderungsmanagement (IT, Abwicklung, Prozesse, Training). Dies trifft vor allem auf kleinere Häuser zu, die für ihr Backoffice nach wie vor am Do-it-yourself-Verfahren festhalten.

Mit dem Investmentmodernisierungsgesetz wurde 2003 erstmals die Möglichkeit des Outsourcings für Kapitalanlagegesellschaften (KAG) geschaffen. Einige Unternehmen haben seitdem Bereiche der Investmentkontoführung sowie weitere Dienstleistungen und Prozesse ausgelagert. Wie wir dank einer neueren Studie von BearingPoint[1] wissen, ist die Investmentkontoführung, bis auf wenige Ausnahmen, defizitär. Die Retailkunden-Erträge aus Kontoführungsgebühren reichen zur Kostendeckung nicht aus. Dazu kommt, dass rund 90 Prozent aller Investmentkonten auf eigenentwickelten Systemen geführt werden, obwohl die regulatorischen Änderungen Anpassungen erfordern, die sämtliche Marktteilnehmer gleichermaßen treffen. Über 80 Prozent der Teilnehmer der Studie halten die Investmentkontoführung für auslagerungsfähig; tatsächlich hat jedoch lediglich knapp die Hälfte der Banken ihre Investmentkontoführung outgesourct. (Die Teilnehmer an der Studie von BearingPoint repräsentierten in 2005 rund 90 Prozent der Assets under Management des deutschen Fondsmarktes. Die betrachtete Grundmenge belief sich auf 148,8 Milliarden Euro Assets under Management sowie 25,65 Millionen Investmentkonten und 13,98 Millionen Kunden.)

Wettbewerbsumfeld

Zu Anfang des Jahres 2004 existierten in Deutschland etwa 34 Millionen Depots (siehe Abb. 3). Über 12 Millionen Wertpapier-Kundendepots wurden von Kapitalanlagegesellschaften geführt, die pro Anlagekonto ein Depot eröffnen. Im Hinblick auf den gesamten Transaktionsbankenmarkt ergibt sich dadurch die in Abbildung 3 aufgeführte Einordnung.

Bei der Wertpapierabwicklung ist die dwp Bank mit bald mehr als acht Millionen Depots führend. Das liegt vorrangig daran, dass die genossenschaftliche dwp Bank einen Großteil der Sparkassen als Kunden hat, ebenso wie die Dresdner Bank, die sich entschieden hat, ihr Wertpapiergeschäft an die dwp Bank auszulagern. Der Markt beobachtet nun mit großem Interesse, inwieweit es der dwp Bank gelingen wird, diese Großbank auf eine einheitliche Systemplattform zu migrieren. Auf Platz zwei folgt die Xchanging Transaction Bank. Die HypoVereinsbank will ihre Abwicklung an den französischen Finanzdienstleister Caceis übertragen. Die Commerzbank plant, die Abwicklung im eigenen Haus zu behalten.

Es ist unschwer zu erkennen, dass der deutsche Markt für Wertpapierabwicklung einer Konsolidierung zögerlich begegnet und nach wie vor fragmentiert ist. Als Folge

1 BearingPoint Benchmarking Studie, (2005)

müssen sämtliche Marktteilnehmer – Transaktionsbanken wie auch bankeigene Wertpapierabwicklungseinheiten – auf Größenvorteile verzichten. Im Grunde ist man seitens der Banken auf einem Stand, den andere Branchen vor 15 Jahre erreicht haben. Mögliche Nutzeneffekte einer Lean Production und eines Aufbrechens der Wertschöpfungskette bleiben daher unausgeschöpft.

Abbildung 3: *Marktteilnehmer und Abwicklungsvolumen im deutschen Wertpapiergeschäft*

Bank	2004 Anzahl Mio Depots*	2004 Anzahl Mio Transaktionen*
dwp Bank AG (RSGV, WLSGV, DZ Bank, WGZ Bank)	8,0	33,1
Xchanging Transaction Bank (vormals etb)	3,0	30,0
Commerzbank TransAction Banking	1,9	19,1
TxB GmbH (Helaba, Bayern LB, HSH Nordbank)	1,8	5,1
LBBW	0,9	2,4
Fimaseba (Hypo- und Vereinsbank (HVB AG)	0,8	15,5
CCB Bank/Setis	0,5	5,9
International Transaction Services (ITS) (HSBC Trinkaus & Burkhardt KGaA/T-Systems International GmbH)	0,6	23,0
Sonstige	4,2	32,3
Alle oben aufgeführten	21,7	166,4
Kapitalanlagegesellschaften	12,1	n.a.

* Veranstaltung des International Bankers Forums (IBF) Frankfurt im Oktober 2006

Unter dem Strich entgehen den Banken und Wertpapierabwicklern jährlich Kostenvorteile von 590 Millionen Euro; das sind fast 50 Prozent der Gesamtkostenbasis in der Retail-Wertpapierabwicklung (derzeit ca. 1,2 Milliarden Euro).[2] Könnte man die möglichen Kostensenkungen realisieren, entspräche das im Fall der Retailbanken einer Ergebnisverbesserung um 25 Prozent.

Do-it-yourself-Verfahren (DIY)

Wo liegt die Lösung? Zwar kann jede Retailbank für sich allein ihre Kostenposition verbessern, doch dadurch lassen sich keine Wertbeiträge in erheblicher Größenordnung schaffen. Aufgrund der erforderlichen hohen Abwicklungsqualität ist eine nur

2 McKinsey basierend auf etb-Daten

kostengünstige Wertpapierabwicklung für Retailbanken kein zentrales Anliegen – und wird es wohl auch nie sein (siehe Abb. 4).

Abbildung 4: *Herausforderung im Privatkundengeschäft der Banken im DIY-Verfahren*

Herausforderungen im Privatkundengeschäft der Banken

- Ständige Verbesserungen und Vereinfachungen der Prozesse im Backoffice-Bereich
- Orderaggregation/PIP*-Fähigkeit
- Investitionen in eigene Plattformen
- Implementierung von Standards (z.B. ISO 15022, ISO 20022) zur Automatisierung der Kommunikation
- „Management Location Network“ zur Erfüllung der technischen und wirtschaftlichen Anforderungen
- Verhandlungen über Vertriebsvereinbarungen (Fonds)
- Verringerung von Implementierungs- und operativen Risiken
- Abhängigkeit von externen Beratern

*** Price Improvement Plattform (PIP)**
PIP-Fähigkeit ist das Betreiben einer außerbörslichen Handelsplattform

Outsourcing-Strategien

Will man also das Backoffice tatsächlich industrialisieren, bei gleichzeitiger Sicherstellung einer hohen Abwicklungsqualität, führt an der operativen Zusammenführung und Zusammenarbeit kein Weg vorbei. In zahlreichen Branchen hat das Aufbrechen der Wertschöpfungskette die Produktivität bereits in die Höhe schnellen lassen – vom Hightechsektor über Automobilhersteller bis zu Logistikfirmen. Bisher ging man dabei meistens Schritt für Schritt vor. Als Erstes kam die Konsolidierung, gefolgt von Kostensenkungen mittels Lean-Prinzipien, danach folgte das Outsourcing von Teilen der Wertschöpfungskette auf eine gemeinsame Produktionsplattform, meistens im Rahmen von Kooperationen. Unserer Ansicht nach braucht die Wertpapierabwicklung in Deutschland jedoch einen gänzlich neuen Ansatz, um den Vorsprung anderer Branchen einzuholen. Es gilt, an allen Fronten gleichzeitig Fortschritte zu machen, und zwar durch Hinzuziehung externer Spezialisten. Ein solch spezialisierter Dienstleister müsste in der Lage sein, den Prozess der operativen Zusammenführung effektiv voranzutreiben, indem er Konsolidierung, Lean Manufacturing und Outsourcing gleichzeitig realisiert. Darüber hinaus muss er aus der Erfahrung mit anderen Branchen eine breite Expertise und unorthodoxe Denkansätze einbringen können. Warum Spezialisten dieser Art so sehr im Vorteil sind und wie drastisch diese Lösung den heute noch engen Horizont der Wertpapierabwicklung erweitern würde, verdeutlicht Xchangings innovatives Geschäftsmodell.

Das Xchanging-Enterprise-Partnership-Modell (EP)

Das Xchanging-EP-Modell basiert auf einem einfachen Vertragsmechanismus und sieht Folgendes vor: garantierte Serviceverbesserungen; 50/50-Gewinnteilung; vereinbarte Xchanging-Marge und Kosteneinsparungen.

Abbildung 5: *Das Xchanging-Enterprise-Partnership-Modell*

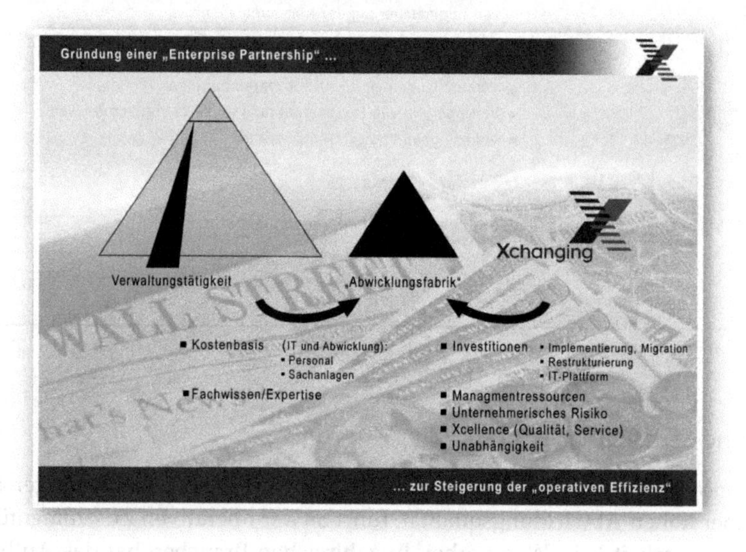

Derzeit betreibt Xchanging fünf Partnerschaften mit den entsprechenden Plattformen. Partner sind Lloyd's of London und die International Underwriting Association (IUA), BAE Systems, die Deutsche Bank AG sowie AON. Diese Plattformen werden wiederum von über 200 Kunden genutzt.

Die Xchanging Transaction Bank

Ein EP-Beispiel: Am 1. Juni 2004 besaß Xchanging sämtliche Stimmrechte sowie 51 Prozent der Anteile und hatte dadurch die unternehmerische Führung der ehemaligen

Deutsche Bank Tochter european transaction bank (etb) übernommen. Mittlerweile wurde die etb in Xchanging Transaction Bank umbenannt, um auf die Art sowohl die Unabhängigkeit als auch die Neutralität dieser Abwicklungsbank zu verdeutlichen und nicht zuletzt auch die Single-Brand-Strategie von Xchanging umzusetzen.

Abbildung 6: *Vorteile der Plattformkonsolidierung*

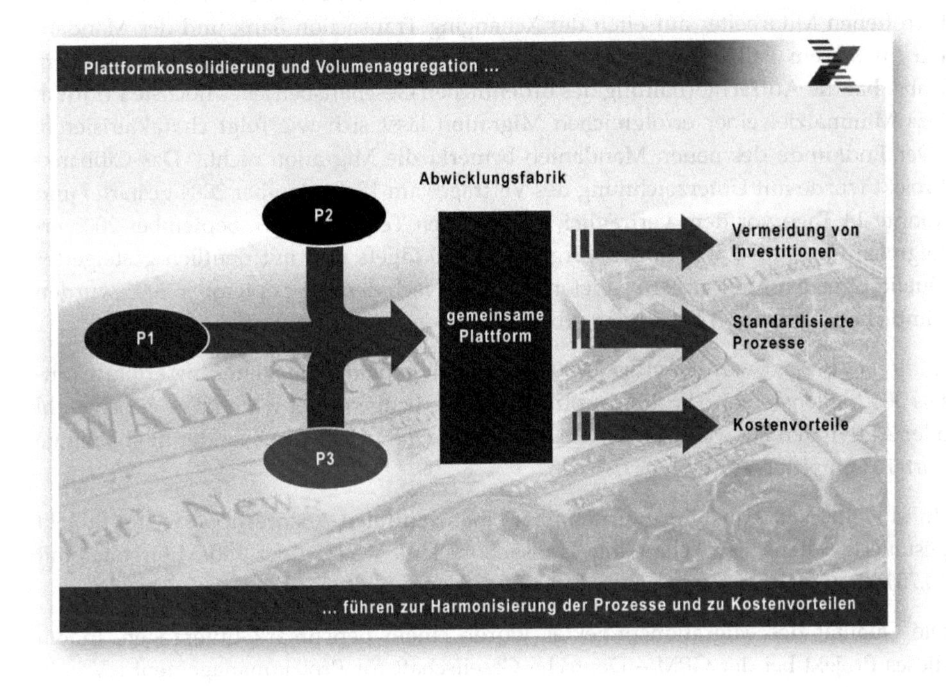

Die technischen Plattformen wurden modularisiert und neue strategische Partnerschaften mit IT-Dienstleistern geschlossen (z. B. mit CAD IT, Italien). Als erste und einzige Transaktionsbank in Europa hat sich die Xchanging Transaction Bank nach der ISO 9001:2000 zertifizieren lassen.

Lift and Drop (Beispiel Citibank-Xchanging)

Die Citibank hatte sich 2004 entschieden, die Wertpapierabwicklung für das deutsche Privatkundengeschäft auf den britischen Outsourcing-Spezialisten Xchanging zu übertragen. Dadurch haben sich die täglichen Transaktionen auf der Abwicklungsplattform von Xchanging in der Spitze von 2,1 Millionen auf 2,4 Millionen erhöht, bei einem Werteumsatz von 2,5 Milliarden Euro. Die Herausforderung bei einem neuen Geschäft – wie dem, die Wertpapierabwicklung für eine andere Bank zu übernehmen – besteht für die Xchanging Transaction Bank GmbH darin, sich mit neuen Produkten und Services zu identifizieren. Dem voraus gehen die Ermittlung der Mandantenanforderungen, die Ausgliederung der Prozesse aus dem Mandantenbetrieb und deren anschließende Integration in die Prozesse und Technologien der Xchanging Transaction Bank.

Im Lauf einer solchen Migration werden beträchtliche Datenmengen ausgetauscht, die betroffenen Mitarbeiter aufseiten der Xchanging Transaction Bank und des Mandanten (in diesem Fall der Citibank) trainiert und das Geschäft nahtlos übernommen. Dabei hat die Aufrechterhaltung des ordentlichen Geschäftsbetriebes höchste Priorität. Das Minimalziel einer erfolgreichen Migration lässt sich wie folgt charakterisieren: „Der Endkunde des neuen Mandanten bemerkt die Migration nicht." Das Citibank-Projekt wurde mit Unterzeichnung des Vertrages am 17. September 2004 gestartet und konnte 14 Tage vor dem vertraglich vereinbarten Termin am 19. September 2005 erfolgreich (d. h. im Rahmen des vorgesehenen Budgets und mit deutlich gesteigerter Qualität für den Endkunden) geliefert werden. Nach dem 20. September 2005 wurden sämtliche Services von Xchanging erbracht.

In diesem Projekt wurden etwa 3.900 Aktivitäten geplant. Die Steuerung erfolgte mittels 300 Meilensteinen, die 40 Hauptmeilensteinen zugeordnet waren. Die Gesamtzahl aller Aktivitäten lag weit über 20.000. Insgesamt waren acht voneinander unabhängige Parteien unmittelbar involviert.

Rund weitere 60 Zulieferer wurden über einen zentralen Ansprechpartner im Projekt gesteuert. Seitens der Xchanging Transaction Bank waren über 100 Mitarbeiter mit 10.701 Manntagen beteiligt.

Die Qualität des Migrationsprojektes wurde einem Benchmark unterzogen, indem dieses Projekt bei der GPM – Deutsche Gesellschaft für Projektmanagement e.V. – in Kooperation mit der IPMA – International Project Management Association – zum Wettbewerb für den Gewinn des Deutschen Projektmanagement Awards 2006 ausgeschrieben wurde. Am 19. September 2006 veröffentlichte die GPM auf S. 121 aufgeführte Mitteilung (siehe Abb. 7).

Diese Vorgänge verdeutlichen den Wandel in den Geschäftsmodellen der beiden Großbanken und deren Bereitschaft, sich *eine* Backoffice Plattform zu teilen, um dadurch die erwünschten Skaleneffekte und Qualitätsvorteile zu erzielen.

Globale Märkte

Inzwischen agiert die Xchanging Transaction Bank für ihre Kunden weltweit in über 60 Finanzmärkten. Durch den Einsatz modernster Telekommunikationstechnologien, standardisierter Datenformate und aufgrund von Schnittstellen wird die globale

Kommunikation in hohem Maße automatisiert. Dabei wurde sichergestellt, dass die Integrität und der Marktauftritt der Kunden der Xchanging Transaction Bank weltweit unbeschadet blieben. Die auch im globalen Umfeld erzeugte Volumenbündelung ermöglicht sowohl den EP-Partnern von Xchanging (z. B. die Deutsche Bank) als auch den Kunden (z. B. Sal. Oppenheim) substanzielle Kosten- und Qualitätsvorteile.

Abbildung 7: *Pressemitteilung zum Deutschen Projektmanagement Award 2006*

Nachrichten

PM Award 2006 **19.09.2006**

Die deutsche Meisterschaft im Projektmanagement ist entschieden:
Die Xchanging transaction bank hat den „Deutschen Projektmanagment Award 2006" gewonnen. Ein Projektteam des Frankfurter Unternehmens hat mit einem IT-Projekt die begehrte Trophäe errungen. Den über hundert Spezialisten des Teams war der „Daten-Umzug" (Migration) des Wertpapiergeschäfts einer deutschen Bank gelungen. Im September 2005 hatte das Dienstleistungsunternehmen die technische Abwicklung der Wertpapier-Transaktion von der Bank übernommen. Die 1999 gegründete Xchanging transaction bank ist als Dienstleistungsunternehmen für eine Reihe deutscher Finanzinstitute tätig, unter anderem für die Deutsche Bank, Citibank Privatkunden, die Sparda-Bankengruppe sowie Sal.Oppenheimer.

Das Ergebnis der diesjährigen Projektmanagement-Meisterschaft gab der Fachverband GPM Deutsche Gesellschaft für Projektmanagement e.V. am 19.September 2006 in Hannover bekannt. Die GPM verlieh zum zehnten Mal ihren Award für Spitzenleistungen im Projektmanagement. Zwei weitere Unternehmen gingen erfolgreich aus dem Wettbewerb hervor: Die Zürcher Kantonalbank (Zürich) belegte den zweiten Platz. Das Finanzinstitut aus der Schweiz hatte in einem IT-Projekt seine Wertpapierabwicklung vereinheitlicht. Den dritten Platz errang T-Systems Enterprise-Services, ein Unternehmen der Telekom-Tochter T-Systems. Das Team hatte in seinem Projekt binnen kürzester Zeit innerhalb des Unternehmens neue Arbeits- und Tarifverträge eingeführt.

Die rund 3.500 Projektmanagement-Fachleute, die in der GPM vereinigt sind, wollen mit Ihrem Wettbewerb die Wirtschaft zu Projekt-Spitzenleistungen anspornen. Der diesjährige Award wurde auf einer Gala anlässlich des „23. Internationalen Deutschen Projektmanagement Forums 2006" übergeben. Vor rund 400 Managern und Wissenschaflern würdigte die GPM die Leistungen der drei diesjährigen Gewinner.

Innovative Produkte

In Deutschland bearbeitet Xchanging den Finanzdienstleistungsmarkt, um sich hier als einer der führenden Wertpapierabwickler und Referenzdatenzulieferer für internationale Organisationen zu etablieren. Mit seinem Central-Price-Service (CPS) bietet Xchanging seinen Kunden dabei ein interessantes Produkt. Der Central-Price-Service ist ein *Value-added*-Kursversorgungsservice, der auf die spezifischen Bedürfnisse von Kapitalanlagegesellschaften, Depotbanken, Fund Administratoren und Global Custodians zugeschnitten ist. Die von Xchanging gelieferten Kurse sind validiert, ungeachtet dessen, ob es sich um börsennotierte oder um illiquide, strukturierte Finanzprodukte handelt, die lediglich von einer geringen Anzahl von Marktteilnehmern gehandelt werden. Die Validierungs- und Plausibilisierungsregeln werden zudem offengelegt und, je nach Anforderung, mit den Kunden abgestimmt. Know-how, Experten und der Einsatz einer weltweit führenden Technologie garantieren die Qualität der gelieferten Daten, die zeitaufwendige Kontrollen und Nachbesserungen im Backoffice der Xchanging-Kunden überflüssig macht. Unterschieden wird zwischen zwei Ausprägungen des Central-Price-Service, nämlich Standard Pricing und Financial Engineering.

Treiber der Xchanging Wertschöpfungskette

Xchanging strebt messbare Verbesserungen der finanziellen Ergebnisse von 100 Prozent gegenüber der ursprünglichen Kostenbasis an. Die Nutzenvorteile bestehen aus Kosteneinsparungen, Serviceverbesserungen und Wertzuwachs (siehe Abb. 8).

Service Simplification (bedarfsgerechter Service)

Im DIY-Verfahren werden über Jahre gewachsene Service-Bedürfnisse oftmals mit hohem Aufwand realisiert. Kostentransparenz und Servicequalität bleiben dabei auf der Strecke. Mithilfe der Xchangings Service Delivery Methodology wird dagegen zunächst eine Synchronität zwischen den Servicenehmern (in der Regel Geschäftsbereiche) und den Serviceerbringern (z. B. der Xchanging Transaction Bank) hergestellt, und zwar in Bezug auf Anforderungen, Servicelücken, nicht mehr benötigten Leistungen. In einem nächsten Schritt wird die Servicequalität vereinbart und die Schließung von Servicelücken priorisiert. Die zwischen Kunde und Xchanging Transaction Bank geschlossenen Servicevereinbarungen werden transparent gemacht, indem vereinbarte Messpunkte (Key Performance Indicators (KPI)) sowohl empirisch als auch als Kundenwahrnehmung monatlich gemessen werden. Diese Bewertung ist anschließend die Grundlage für einen kontinuierlichen Verbesserungsprozess (KVP).

Prozessoptimierung

Im ersten Jahr stehen die Konsolidierung und Restrukturierung der Prozesse sowie die Implementierung entsprechender Maßnahmen im Vordergrund. Im zweiten Jahr liegt der Schwerpunkt auf der Vereinfachung und Automatisierung der Prozesse unter Einsatz moderner Technologien. Durch Standortkonsolidierung wird im dritten Jahr eine Reduzierung der Investitionskosten angestrebt. Ab dem vierten Jahr sind sämtliche Aktivitäten auf die Erreichung des angestrebten Idealzustands (could-be) ausgerichtet. Die Prozessoptimierungen resultieren nun aus den automatisierten Services, bei denen lediglich minimale manuelle Eingriffe nötig sind. Dazu sind zielgerichtete, rentable Investitionen in die Technologie erforderlich (z. B. die Reduzierung von 22 auf drei Kernprozesse in der Prämienbearbeitung auf dem Londoner Versicherungsmarkt).

Abbildung 8: *Durch Xchanging realisierte Nutzenvorteile über einen Zeitraum von zehn Jahren*

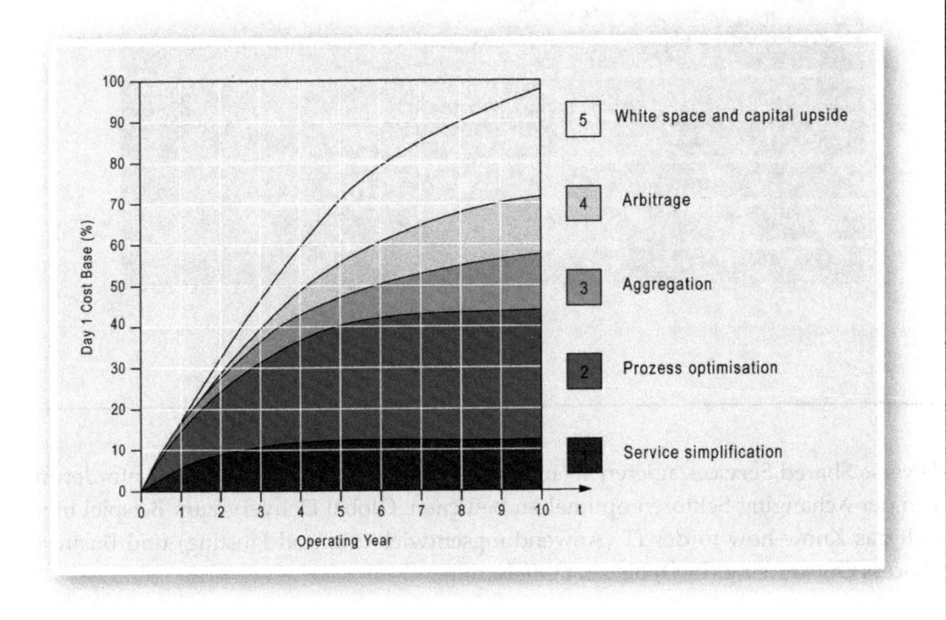

Aggregation

Sobald die Prozesse standardisiert und vereinfacht wurden, gilt es, mittels Aggregation in Form von Skaleneffekten und der Auslastung ungenutzter Kapazitäten Vorteile zu erzielen. Dabei stützt sich Xchanging auf vier verschiedene Komponenten: webbasierte Systeme, mobile Mitarbeiter, Servicecenter und Transaktionssysteme. Die Aggregationsvorteile werden dank eines wirksamen Zusammenspiels der vier Komponenten erreicht (z. B. die Reduzierung von 37 auf zwei zentrale Standorte in der Abwicklung von HR-Services).

Abbildung 9: Branchenübergreifende Servicefunktionen bei Outsourcing-Dienstleistungen

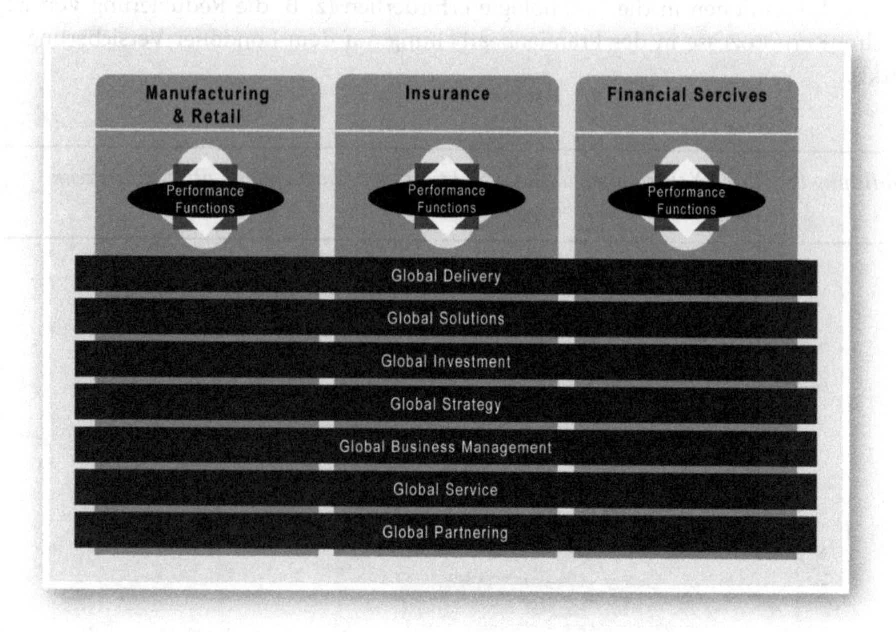

Diverse Shared Services agieren als interne Dienstleister, um gleichartige Anforderungen der Xchanging-Sektoren optimal zu bedienen. Global Delivery zum Beispiel bündelt das Know-how in der IT (Anwendungsentwicklung und Hosting) und Business Process Outsourcing (BPO) bis zum Offshoring.

Arbitrage

Die Automatisierung von Prozessen und Institutionalisierung von Wissen ermöglichen es, langjährige und somit teure Arbeitskräfte durch jüngere Mitarbeiter zu ersetzen. Aufgrund der standardisierten Prozesse können Aktivitäten in Gebiete mit niedrigeren Arbeitskosten verlagert werden (z. B. XHRS in Fulwood Park, wo jüngere Mitarbeiter die Services aufgrund des regionalen Lohngefälles zu geringeren Kosten abwickeln).

White Space and Capital Upside

Xchanging sucht aktiv zusätzliche und neue Möglichkeiten der Wertschöpfung (z. B. Auflösung von Rückstellungen durch erweiterte Prüfung der einzelnen Schadensfälle). Darüber hinaus ist Xchanging an der Gewinnung von Drittgeschäften interessiert. Das erlaubt, die Basiskosten niedrig zu halten und den Ertrag zu steigern – eine wesentliche Voraussetzung für neue Geschäftsansätze. Anstelle eines anhaltenden Schrumpfungsprozesses im Sinn der Kostensenkung setzt Xchanging auf die Erweiterung der Servicekapazität für weitere Kunden. Xchanging ermöglicht es seinen Partnern zudem, größere Investitionen zu umgehen, denn es nutzt die bereits vorhandenen Technologien und optimiert kontinuierlich die eigene Service-Delivery-Plattform, die von allen Kunden genutzt werden kann.

Zukunftstrends – Den Wandel vollziehen

Nach unserer Überzeugung kann in der deutschen Wertpapierabwicklung nur ein echter *Value Shaper* die beschriebenen Hürden überwinden und Leistungssteigerungen auf den drei Ebenen sicherstellen. Dabei ist zügiges Handeln gefragt, schließlich haben wir es mit einem First-Mover-Markt zu tun; das heißt, wer als Erster durchs Ziel läuft, kann den Markt erobern. Die Rolle kann allerdings nur dasjenige Unternehmen ausfüllen, das den Anforderungen entspricht: Es muss unabhängig und serviceorientiert sein, im operativen Geschäft Höchstleistung erbringen und sich auf eine Geschäftsführung stützen, die Qualität und Kosten managt.

Die drei verbreitetsten Abwicklungsoptionen

Im heutigen Markt wird die Wertpapierabwicklung meistens von einem bankeigenen Dienstleister übernommen oder alternativ durch einen externen Anbieter in Form einer *Captive-plus* oder gemeinsam betriebenen Einheit. Diese Rollen unterscheiden sich vorrangig dadurch, ob die Abwicklung in einer separaten Einheit oder innerhalb der Bank durchgeführt wird, ob der Retail-Broker die Kontrolle behält oder teilweise abgegeben hat, und ob die Einheit von einem spezialisierten Betreiber geführt wird oder nicht. Abbildung 10 veranschaulicht die Unterscheidungsmerkmale.

Konzerneigene Einheiten (Captives)

Konzerneigene Abwicklungseinheiten üben die Kontrolle über die Plattform aus, können aber von Natur aus keine Skalenvorteile realisieren. Darüber hinaus weisen sie unter Umständen nicht das gesamte Spektrum der Fähigkeiten aus, das vonnöten ist, um effiziente Prozesse sicherzustellen. So sind zum Beispiel die Personalkosten an die HBV-Tarife gebunden. Das Outsourcing der IT mag Kostensenkungen ermöglichen, wird die Prozess-Effizienz indessen dann nicht nennenswert beeinflussen, wenn die Abwicklung im Haus erledigt wird. Zuweilen fehlt es der IT auch an Servicequalität; denn ohne eine klare Trennung zwischen Kunden und Anbieter wird möglicherweise zu wenig Gewicht auf die Definition des Service, die Festlegung und Messung des Serviceniveaus und die kontinuierliche Serviceverbesserung gelegt.

Abbildung 10: *Verschiedene Geschäftsmodelle in der Wertpapierabwicklung*

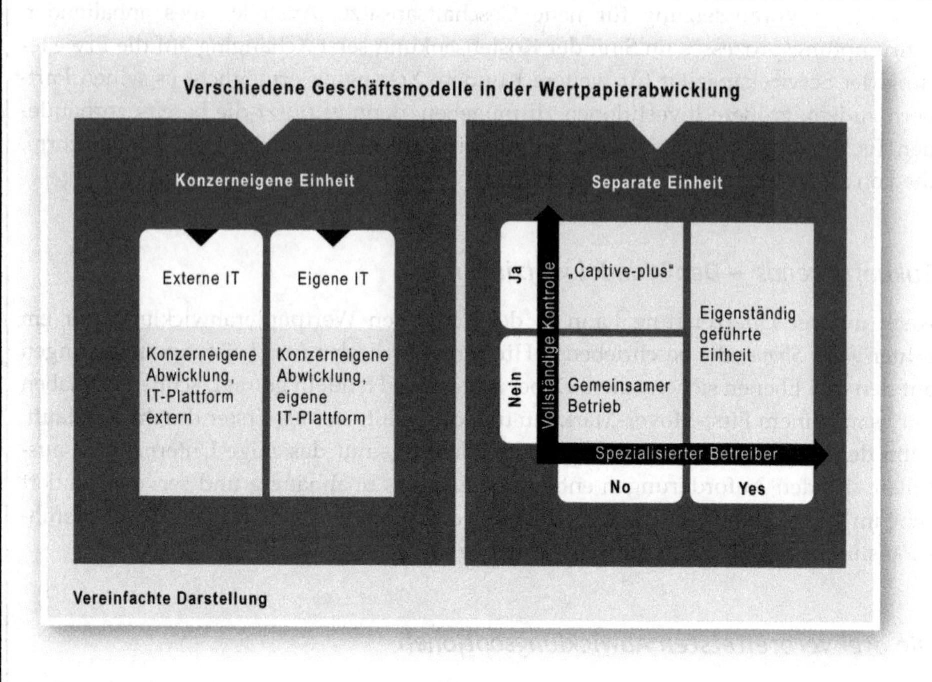

Interne Einheiten mit externem Geschäft (Captive-plus)

Ein interner Abwickler kann zwar durch Übernahme zusätzlicher Volumina kurzfristig das Größenproblem lösen, doch die Bewältigung einer Migration erfordert spezielle Fähigkeiten. Darüber hinaus besteht das Risiko, dass mit Blick auf die Amortisierung der Investitionen zu kurzfristig gedacht wird, da diese nach den üblichen Amortisationskriterien der Bank bemessen, ja vielleicht sogar konkurrierenden Initiativen anderer Unternehmensbereiche gegenübergestellt werden. Eine solche Prioritätensetzung kann zulasten der Kundenorientierung und der Nachhaltigkeit im Service gehen. Vereinfacht gesagt, es gibt keine klare, langfristige oder strategische Zielsetzung – und darunter leidet unter Umständen auch die Glaubwürdigkeit im Markt.

Gemeinsam betriebene Einheit

Ein gemeinsam betriebener Abwickler kann Skalenvorteile leichter realisieren und dank seiner Größe auch fähiges und erfahrenes Personal vorhalten. Allerdings führen bei gemeinsamen Beteiligungen Führungskonflikte häufig zu einem Mangel an Flexibilität: Der jeweilige Einfluss hängt von der Größe des Anteils ab, und die Realisierung der Bedürfnisse und Vorschläge kleinerer Anteilseigner wird zuweilen hinausgezögert oder rundweg abgelehnt.

Ausblick – Die Schlüsselrolle eines Value Shapers

Ein eigenständig geführter Dienstleister hat keinen der oben beschriebenen Nachteile, er kann die Vorteile sämtlicher Lösungen auf sich vereinen. Als unabhängiger Anbieter ist er unternehmerisch orientiert, objektiv gegenüber seinen Kunden und zudem auf längere Amortisierungszeiten eingestellt, da er langfristige Kundenverträge abschließt. Ein solcher Anbieter wird natürlich seinen Betrieb weitestgehend industrialisieren und dadurch ein höheres Effizienzniveau erreichen. Angleichung der Interessen zwischen Kunden und Betreiber kann durch Kapitalbeteiligungen sichergestellt werden. Zwischen Kunden und Betreiber gibt es eine klare Trennung, mit klar definiertem Servicelevel und Messung des Serviceniveaus. Serviceverbesserungen können vereinbart, geplant und projektiert werden. Der Anbieter bleibt zudem dem Druck des Marktes ausgeliefert, da er weitere Kunden akquiriert; damit müssen seine Angebote in puncto Qualität und Preis wettbewerbsfähig bleiben (siehe Abb. 11).

Der Übergang zu einer günstigeren Branchenstruktur könnte in vier bis fünf Jahren vollzogen sein. Allerdings erfordert er Anbieter mit effizienten Migrationsprozessen und gestaffelter Vorgehensweise zur Bewältigung mehrerer Migrationen gleichzeitig. Wir sehen eine Landschaft, in der wenige hocheffiziente, eigenständig geführte Servicebetriebe die Retail-Wertpapierabwicklung übernehmen und sich auf stabile Prozesse, hohe Abwicklungsqualität und kontinuierliche Kostensenkungen konzentrieren. Die einzelnen Betriebe werden kurzfristig sicherlich nicht nur eine einzige operative Plattform nutzen; die System- und Prozesslandschaft eines Anbieters wird aus Gründen der Wirtschaftlichkeit und des Risikomanagements nur zum Teil konsolidiert sein und Synergien werden, wo immer sinnvoll, durch Größenvorteile realisiert. Während der Übergangsphase mag es für Anbieter ratsam sein, sich auf spezifische Sektoren des Bankgeschäftes zu fokussieren, knappe Ressourcen durch Effizienz zu ersetzen und Größenvorteile durch die Zusammenlegung ähnlicher Plattformen (z.B. von Banken des privaten Sektors) zu realisieren. Es ist an der Zeit, dass die deutsche Wertpapierabwicklung einen entschiedenen Schritt in Richtung effizienter Marktstruktur unternimmt. Neben den Kostensenkungen sprechen zwei weitere starke Argumente dafür. Zum einen würde dies auf europäischer Ebene zur Kenntnis genommen und dazu beitragen, deutschen Anbietern neue Märkte zu erschließen; zum anderen würde die Wertpapierabwicklung hinsichtlich Effizienzverbesserung und Aufbrechen der Wertschöpfungskette im deutschen Finanzsektor die Vorreiterrolle einnehmen.

Abbildung 11: *Strategische Handlungsfelder aus Sicht von 227 Kreditinstituten*

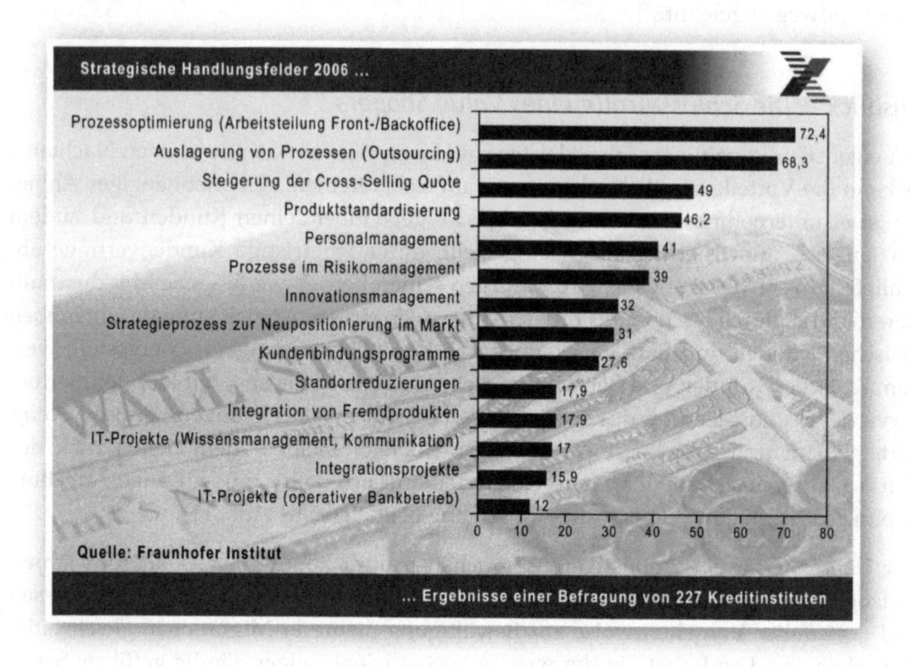

Trend 2015

- Mehr als zwei Drittel aller Backoffice-Prozesse einer Bank werden von spezialisierten Unternehmen (Abwicklungsfabriken) übernommen worden sein. Die Banken erwarten, dass die heute eingeleiteten Maßnahmen zur Steigerung der Prozesseffizienz bis zum Jahr 2015 Wirkung zeigen. Beispielsweise wird von einer stärkeren IT-Automation der Prozesse ausgegangen, die auch die Anforderungen zur Weiterentwicklung der heutigen IT-Dienstleister zu Systemhäusern zur optimalen Versorgung der Abwicklungsfabriken und des Prozessoutsourcings bedingen.
- 80 Prozent der Umsätze werden mit standardisierten, industriell angebotenen Produkten gemacht.
- Die Kreditvergabe wird nahezu papierlos ablaufen.
- Die alten Zahlungssysteme in den EU-Mitgliedstaaten werden abgeschaltet sein. Es erfordert Investitionen in Millionenhöhe, dass die Banken ihre Systeme umstellen können.
- Transaktionsfabriken werden die Betriebsabläufe analysiert und stromlinienförmig gemacht haben. Der War for Transaction Volumes hat bereits begonnen und wird

sich grenzüberschreitend auswirken. Economies of scale werden für nahezu konkurrenzlos niedrige Transaktionspreise und hohe Abwicklungsqualität sorgen und damit den Handlungsdruck auf Banken, die noch am Do-it-yourself-Verfahren festhalten, kontinuierlich verschärfen.

- Der häufig geäußerte Wunsch, die Vertriebsintensivierung voranzutreiben, wird umgesetzt. Insbesondere im Retailsegment wird erwartet, dass über 75 Prozent der Mitarbeiter von Filialbanken im Vertrieb, frei von allen Abwicklungstätigkeiten, arbeiten. Darüber hinaus wird ein Drittel der Vertriebsmitarbeiter ausschließlich mobil tätig sein.

Obwohl BPO heute nur in einigen Bereichen etabliert ist – insbesondere Zahlungsverkehr, Wertpapierabwicklung, Finanzen, Personalwesen und Call Center –, weist die Tendenz mittelfristig in Richtung BPO. Zur Zukunftsmusik zählen gegenwärtig auch Themen wie: Kreditfabrik, Asset Management Administration, Retail Investment Fund Accounting und Cross-Border-Konsolidierung von Asset Services, das heißt, die europaweite Bearbeitung von Zins- und Dividendenausschüttungen ebenso wie Bearbeitung von Kapitalerhöhungen und Bezugsrechten. Dergleichen wird für zahlreiche Unternehmen erst in einem Zeitraum von fünf bis acht Jahren zu einer realistischen Option, nämlich dann, wenn die Sorgen und Ängste hinsichtlich eines Kontrollverlusts überwunden sind und sich der Schwerpunkt der Diskussionen auf die Chancen und wirtschaftlichen Vorteile des BPO konzentriert.

Abbildung 12: *Optimierung durch Management der Wertschöpfung*

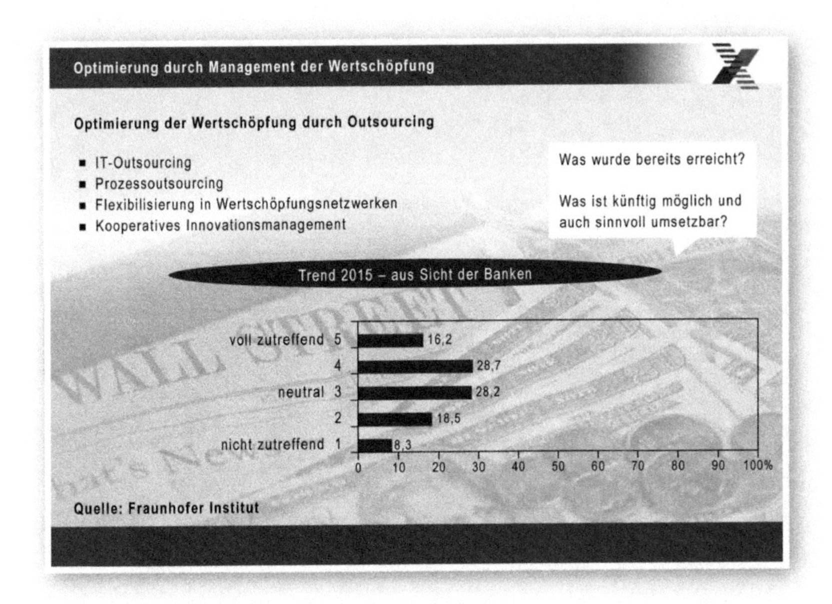

Ralph Hientzsch

Wachstum durch Kooperationen im Asset-Management für Privatkunden

Die Dekonstruktion der Wertschöpfungsketten betrifft nicht nur die Back-Office-Bereiche der Banken, sondern zunehmend auch den Vertrieb. In der Vergangenheit erfolgte der Vertrieb von Fonds in Deutschland fast ausschließlich im Rahmen vertikal integrierter Banken. Seitdem Mitte der neunziger Jahre eine Trennung von Produktion und Vertrieb vorgenommen wurde, können signifikante Wettbewerbsvorteile generiert werden – ein Umstand, den insbesondere neue Wettbewerber zum Markteintritt genutzt haben. Eine Möglichkeit zur Erhöhung der Wettbewerbsfähigkeit etablierter Asset-Management-Gesellschaften bieten Kooperationsvereinbarungen mit externen Vertriebspartnern.

Das Asset-Management zählt mit anderen Worten zu den Wachstumsmotoren der Finanzbranche; dazu muss man sich lediglich vor Augen halten, dass im November 2005 der beste Fondsabsatz seit 2001 verzeichnet wurde. Das verwaltete Fondsvermögen befindet sich mit ca. 1,24 Billionen Euro in 2006 auf einem Rekordniveau.[1] So ist die Anzahl der Fonds in 2006 gegenüber der fallenden Tendenz der Vorjahre wieder angestiegen.[2] Zwei zentrale Entwicklungen werden das Wachstum des nationalen Asset-Management-Marktes weiterhin begünstigen: zum einen der wachsende Markt für die Altersvorsorge und zum anderen die anstehenden Vermögensübergänge in den nächsten Jahren.

Auf diesem Wachstumsmarkt werden sich Unternehmen mit unterschiedlichen Wertschöpfungsmodellen positionieren. In den vergangenen Jahren hat sich ein beträchtlicher Markt für arbeitsteilige Dienstleistungen und Services im Asset-Management entwickelt, wobei das Management der Distribution eine Kerndisziplin darstellt. Zwar werden die klassischen Vertriebswege die dominierenden bleiben, dennoch werden sie Marktanteile verlieren. Die Anteile der unabhängigen Finanzvertriebe werden dagegen leicht steigen. Ein Vergleich der Vertriebswege im Verlauf der folgenden Darstellung wird die dabei zunehmende Bedeutung der Vertriebskooperationen für das Asset-Management verdeutlichen (zudem wird die Neupositionierung der Filiale gewürdigt).

1 BVI (2007), S. 11

2 BVI (2007), S. 14

Das Asset-Management als Wachstumsbranche

Lediglich 25 Prozent der deutschen Bevölkerung nutzen gegenwärtig Investmentfonds. Außer den wachsenden privaten und institutionellen Vermögen wird die Notwendigkeit der zusätzlichen privaten Altersvorsorge für einen weiteren Mittelzuflussschub in Investmentfonds führen. Mit einem verwalteten Vermögen, das sich in den vergangenen zehn Jahren auf aktuell über 1,4 Billionen Euro mehr als verdoppelt hat, konnten die deutschen Investmentgesellschaften auch im internationalen Vergleich zulegen. Die Ist-Situation zeigte im Dezember 2006 eine positive Entwicklung. Im Jahresverlauf 2005 belief sich das Mittelaufkommen bei Publikumsfonds auf insgesamt 46,5 Milliarden Euro, bei Spezialfonds auf insgesamt 30,1 Milliarden Euro.[3] Obwohl sich diese Tendenz in 2006 umkehrte und die Aktienfonds einen Mittelabfluss von ca. 5,8 Milliarden Euro zu verzeichnen hatten, konnte das gesamte Fondsvermögen von 1,16 Billionen im Dezember 2005 auf 1,24 Billionen in 2006 gesteigert werden. Davon entfallen 570 Milliarden Euro (Vorjahr 545 Milliarden Euro) auf Publikumsfonds und 669 Milliarden Euro (Vorjahr 614 Milliarden Euro) auf Spezialfonds (siehe Abb. 1).[4]

Abbildung 1: *Entwicklung der Mittelaufkommen-Fonds*

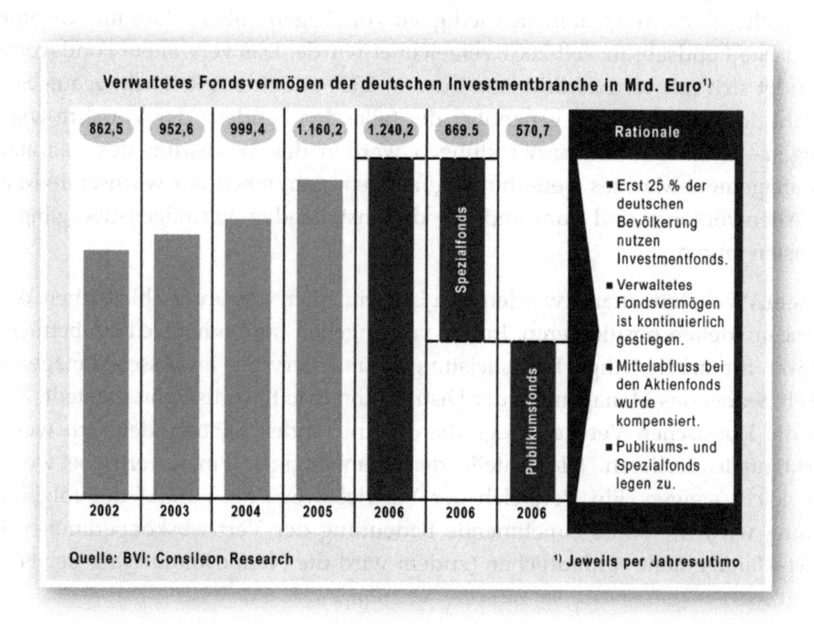

3 BVI (2007), S. 15

4 BVI (2007), S. 14

Es darf jedoch nicht vernachlässigt werden, dass Deutschland als Investmentstandort im internationalen Vergleich einen Nachholbedarf hat. Insbesondere neue Investments werden zunehmend an anderen Standorten zugelassen und dann fast ausschließlich in Deutschland vertrieben. Die im BVI zusammengeschlossenen Investmentgesellschaften haben im Jahr 2004 insgesamt 269 neue Publikumsfonds auf den deutschen Markt gebracht. 48 Produkte tragen den Zulassungsstempel der für diesen Markt zuständigen Aufsicht. Außerhalb Deutschlands sind somit im infrage stehenden Zeitraum 221 Fonds zum Zweck der Einführung in den deutschen Markt zugelassen worden. Die meisten davon sind Produkte von Luxemburger Töchtern deutscher Kapitalanlagegesellschaften.

Ein mittelfristiger Rückblick auf die deutschen Verhältnisse zeigt, dass noch im Jahr 1998 809 Publikumsfonds aus Deutschland stammten und 534 im Ausland aufgelegte Fonds waren. Die Zahl der in den deutschen Markt importierten Fonds wuchs also überproportional. Ende 2005 gab es dort 1.324 aufgelegte Publikumsfonds, während sich Luxemburger und Dubliner Fonds sowie andere ausländische Fonds deutscher Provenienz auf 1.527 summierten. Die Gründe liegen im Bestreben der Fondsanbieter, länderspezifische Standortvorteile zu nutzen. Als Konsequenz daraus wurde die Wertschöpfungskette in den vergangenen Jahren aufgeweicht und einzelne Aktivitäten ins Ausland verlagert – freilich nicht, wie in anderen Branchen, aus Kostengründen, sondern in erster Linie aufgrund des regulatorischen Umfeldes, das von den ausländischen Anbietern als vorteilhafter empfunden wird. Bereits seit einigen Jahren nutzen Staaten wie Luxemburg und Irland sämtliche EU-konformen, standortpolitischen Handlungsmöglichkeiten mit dem Ziel, möglichst viele Fondsanbieter anzusiedeln. Meldevorschriften und Vermögensaufstellungen sind in diesen Ländern stark vereinfacht.

Altersvorsorge unterstützt das Wachstum im Asset-Management

Die demographische Entwicklung in Deutschland stellt das umlagefinanzierte Rentensystem vor kaum lösbare Aufgaben. Nach Schätzungen der Vereinten Nationen wird der Anteil der über 65-Jährigen an der Gesamtbevölkerung bis 2050 von heute rund 18 Prozent auf über 28 Prozent ansteigen. Das Verhältnis von Erwerbstätigen zu Rentnern wird sich dramatisch verschlechtern; massive Leistungskürzungen in den staatlichen Sicherungssystemen sind unausweichlich. Die Erkenntnis, dass ohne Änderungen im Rentensystem das Rentenniveau des sogenannten Eckrentners von gegenwärtig knapp 70 Prozent auf 60 Prozent absinken wird, ist mittlerweile weitverbreitet. Und auch für die Zeit nach 2050 sieht es nicht besser aus.[5]

5 vgl. Hientzsch, R. (26.10.2004)

Der Stellenwert privater Vorsorge wird vor dem Hintergrund dieser Entwicklung deutlich zunehmen. Die individuelle Entscheidung über die jeweilige Anlagestrategie und die Produktauswahl wird den Lebensstandard im Alter daher zukünftig viel stärker bestimmen, als es in der Vergangenheit der Fall war. Um für die jüngere Generation einen angemessenen Lebensstandard im Alter zu gewährleisten, muss eine deutlich höhere, kapitalgedeckte private Vorsorge in Kraft treten. Zur Unterstützung der kapitalgedeckten Privatvorsorge müssen mittelfristig schätzungsweise 50 Prozent der Altersvorsorge aus privaten kapitalgedeckten Mitteln finanziert werden. Aktuell liegt dieser Anteil bei ungefähr 15 Prozent. Das hat zur Folge, dass ungefähr fünf Prozent des Gehaltes von jüngeren Arbeitnehmern und 10 Prozent des Gehaltes der Gruppe der über 45-Jährigen in die private Altersvorsorge eingezahlt werden sollten.

Die Bedeutung der Lebensversicherung als Teil der Alterssicherung hat bis zum Jahr 2004 stetig zugenommen, ihr Anteil am Versorgungsvolumen der Bevölkerung ist dementsprechend gestiegen.[6] Ein Vergleich der ausgezahlten Lebensversicherungsleistungen (ohne Berücksichtigung der Rückkäufe) mit den Ausgaben der staatlichen Rentenkasse für Arbeiter und Angestellte (deutsche Rentenversicherung ohne Bahn, Knappschaft und See) macht das deutlich. Beliefen sich die Auszahlungen der Lebensversicherer 1990 auf knapp 17 Prozent der Rentenausgaben, lag der Anteil im Jahr 2003 bei 26,8 Prozent. Im Jahre 2004 ist diese Quote, aufgrund der neuen Steuergesetzgebung, erstmalig gesunken, und zwar auf 26,2 Prozent. Historisch gesehen war daraufhin erstmalig ein Rückgang zu verzeichnen (siehe Abb. 2).[7]

In 2005 konnten die Investmentgesellschaften überproportional von den positiven Entwicklungen des Jahres profitieren. Die Zuwächse der Asset-Manager waren höher als jene in der Assekuranz.[8] Bei der Allokation zwischen den Investmentgesellschaften zeigten sich Verschiebungen. Kleinere Investmentboutiquen konnten in den letzten zwei Jahren von den Entwicklungen profitieren und Marktanteile gewinnen. Neben diesen Verschiebungen erleben andere Produkte eine Wiederbelebung. Im Bereich der privaten Altersvorsorge erfährt das Sparen vermögenswirksamer Leistungen (VL-Sparen) eine Renaissance. Zugleich steigen die Absätze von Investmentsparplänen sowie von Riester-Plänen. Insbesondere Letztere sind sehr beliebte Produkte der unabhängigen Finanzvermittler.[9] Im Laufe des Jahres 2006 haben überdurchschnittlich viele Altersvorsorgesparer einen Riester-Fondssparplan abgeschlossen. Ein Grund für die zunehmende Beliebtheit ist die Möglichkeit, die staatlichen Zulagen und Steuerbonus in 2006 nutzen zu können.

---

6 laut Definition GDV ohne Pensionskassen und Pensionsfonds

7 vgl. zu den Entwicklungen in der Versicherungsbranche Schareck, B. (26.10.2004)

8 vgl. zu den durch die Altersvorsorge bedingten Entwicklungen für Investmentgesellschaften Benkner, A.-G. (26.10.2004): Nicht mehr nur Steuern sparen

9 Auf ihre Bedeutung als Kooperationspartner werden wir später noch genauer eingehen.

Abbildung 2: *Entwicklung der Lebensversicherungsleistungen*

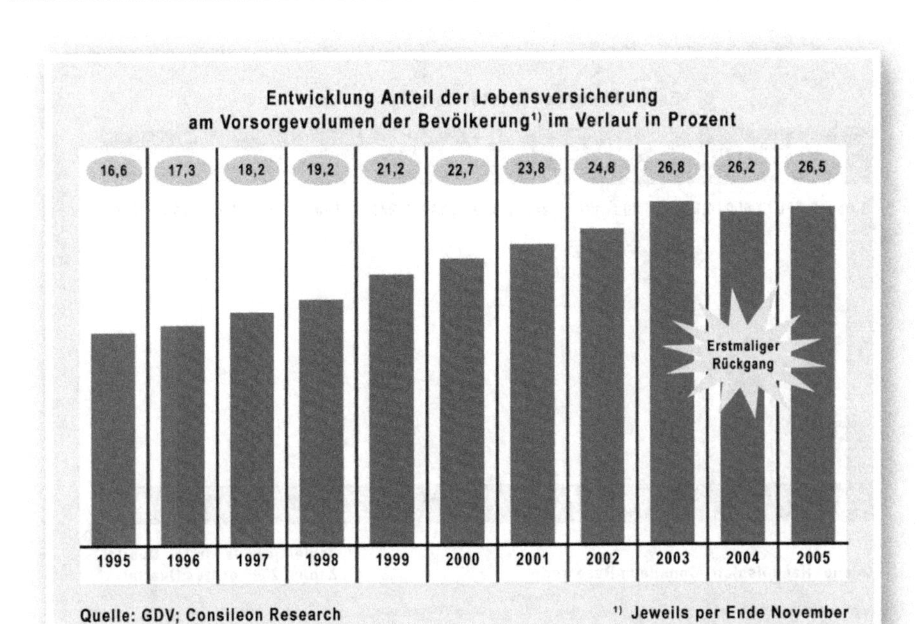

So verwalteten die Investmentgesellschaften Ende 2006 ca. 940.000 Verträge, Banken um die 300.000 und Versicherungen etwa 5.730.000 Verträge (siehe Abb. 3).

Allerdings wurde die positive Entwicklung in der Anlageform zu einem früheren Zeitpunkt erwartet.[10] Die schleppende Entwicklung der ersten Jahre ist auf die komplizierten bürokratischen Vorgaben der zuständigen Aufsichtsbehörden zurückzuführen. Als Vorbild für eine unbürokratische Abwicklung kann das Fondssparen mit vermögenswirksamen Leistungen (VL) gelten. Ende des dritten Quartals 2006 verwaltete die Fondsbranche 5,1 Millionen VL-Depots. Das Gesamtvermögen der VL-Depots hat sich sehr dynamisch entwickelt und belief sich im November 2006 auf 8,4 Milliarden Euro.[11]

10 vgl. auch Hientzsch, R.; Bormann, S. (2001)

11 BVI (2007), S. 18

Abbildung 3: Entwicklung der Investmentsparpläne

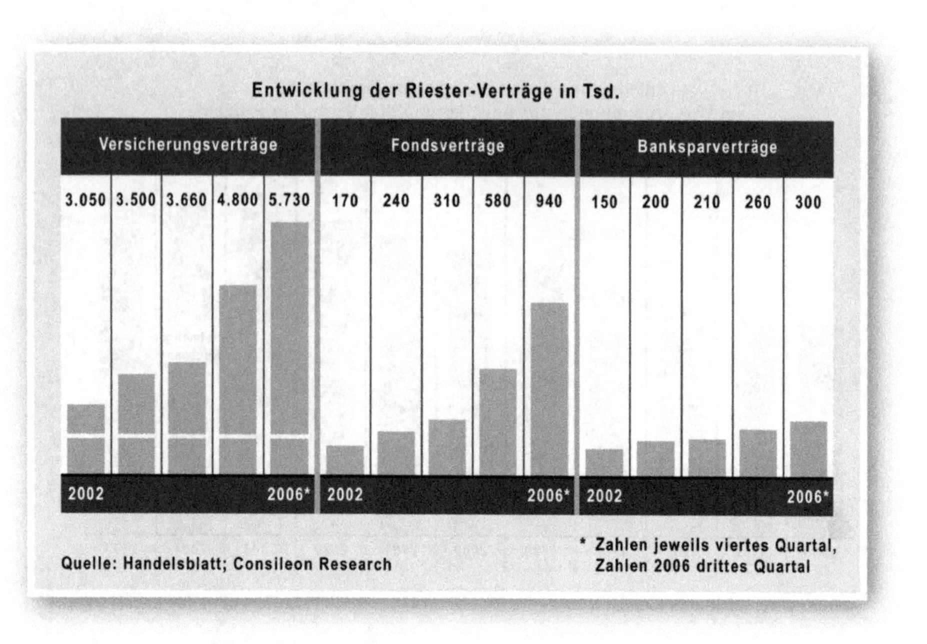

Große Vermögensübergänge durch Erbschaften

In den nächsten fünf Jahren werden national große Vermögensbestände vererbt. Nach Markteinschätzungen werden etwa 2 Billionen Euro an die folgende Generation weitergegeben. Dieser Umstand ist ein weiterer Wachstumsfaktor für das nationale Asset-Management und Private-Banking. Asset-Manager, Vermögensverwalter und Privatbanken befinden sich gegenwärtig im Wettbewerb um den erwarteten Geldsegen. Auf diese Entwicklung wird sich das Asset-Management weiterhin einstellen. Themen wie Schenkungen, steuerliche Ausgestaltung von Vermögensübergängen oder der Aufbau von Stiftungen werden inhaltlich entwickelt. Der Beratungsbedarf auf diesem Wachstumsfeld ist enorm. Fachlich werden die relevanten Fragestellungen des Vermögensüberganges bereits heute durch Asset-Manager und Privatbanken begleitet. Die Unterstützung durch ein Change-Management im Fall eines Unternehmensüberganges ist noch unterwickelt, wenngleich die Change-Management-Beratung insbesondere für Asset-Manager und Privatbanken ein zentrales Betätigungsfeld darstellt.

Aufbrechen der Wertschöpfungsketten

In den vergangenen Jahren wurde die Wertschöpfungskette im Asset-Management eingehender betrachtet und analysiert. Als Folge hat sich ein großer Markt für arbeitsteilige Dienstleistungen und Services im Asset-Management entwickelt. Produktion und Vertrieb von Asset-Management-Leistungen (Factory) werden zunehmend als selbstständige Einheiten gesehen. Der erfolgreiche Asset-Manager wird in Zukunft mehrere Disziplinen zu organisieren haben. Eine Reihe von Master Kapitalanlagegesellschaften hat ihren Markteintritt erfolgreich realisiert. Unternehmen wie die Universal Investment und die Internationale Kapitalanlagegesellschaft mbH (INKA) konnten in den letzten Jahren große Asset-Bestände einwerben. Durch das Aufbrechen der Wertschöpfungsketten konnten auf dem Markt neue Geschäftsmodelle entstehen. Neben der Entwicklung zur Master KAG wird das Management der verschiedenen Distributionswege in den nächsten Jahren eine weitere neue Disziplin von zentraler Bedeutung für das Asset-Management sein.

Das Management der Distributionswege als Kerndisziplin

Zunächst werden wir auf die Entwicklungen im Bereich der klassischen Vertriebswege eingehen und die Implikationen für die Vertriebskooperationen im Asset-Management berücksichtigen. Der Blick nach Europa zeigt nämlich, wie unterschiedlich die Vertriebswege für die Distribution ausgeprägt sind. In Frankreich und Deutschland werden Investmentfonds überwiegend konzern- oder verbundintern über Bankfilialen verkauft. In Italien und Großbritannien hingegen dominieren freie Makler, die in Italien wiederum häufig eine Anbindung an die großen Finanzgruppen haben. Innerhalb der vergangenen Jahre hat sich die Bedeutung der einzelnen Vertriebswege jedoch verändert. Beim Vertrieb von Investmentfonds ist in Europa der Bankvertriebsweg traditionell dominierend. In den großen Asset-Management-Standorten Frankreich, Deutschland, Italien und Spanien stellen sie den wichtigsten Absatzkanal dar. An zweiter Stelle folgen in diesen Ländern die Versicherungen. Im Gegensatz zu Kontinentaleuropa spielen in Großbritannien Kreditinstitute beim Fondsabsatz mit einem Anteil von lediglich 5 Prozent eine untergeordnete Rolle. Dort stehen unabhängige Vermittler (52 Prozent) und Fondssupermärkte (24 Prozent) an der Spitze.[12]

Für die nächsten fünf Jahre wird erwartet, dass der Vertrieb von Investmentfonds über unabhängige Vermittler weiter leicht zunehmen wird. Wie eine Umfrage des BVI ergab, bleiben Bankfilialen auch zukünftig der dominierende Vertriebsweg, werden jedoch weiterhin leicht Marktanteile verlieren. Entfallen derzeit noch rund zwei Drittel des Bruttoabsatzes von Publikumsfonds auf Banken und Sparkassen, so prognostiziert die Branche für das Jahr 2010 einen Rückgang dieses Anteils.[13] Unabhängige Finanz-

---

12 vgl. BVI (2007), S. 18

13 vgl. auch Hientzsch, R.; Bormann, S. (2001)

vermittler werden Marktanteile gewinnen. AWD, DVAG und MLP zeichnen sich zwar nicht durch eine bessere Beratungsqualität aus, sondern gehen vielmehr konsequent auf das Bedürfnis der Kunden ein, eine Finanzplanung in den eigenen vier Wänden und nach dem Terminkalender des Kunden zu gestalten. Durch diese Flexibilität, gepaart mit einer klaren Zielgruppenorientierung, ist es MLP beispielsweise gelungen, die Akademikerzielgruppe zu erreichen und dort verstärkt Marktanteile zu gewinnen.

Mobile Vertriebe der Banken sind entstanden

Den Kundenwunsch nach Beratung, wo und wann der Kunde sie wünscht, haben die Banken national verstanden und aufgegriffen. Demzufolge haben die großen Privatkundenbanken ihre mobilen Vertriebseinheiten ausgebaut. Als größter bankeigener mobiler Vertriebsweg gilt die Vertriebsgesellschaft der Deutschen Bank, die mit ca. 1.600 mobilen Beratern flexible Beratung anbieten kann. Dieser Vertriebsweg existiert bereits seit Mitte der neunziger Jahre, ist seit 2001 jedoch konsequent ausgebaut worden. Über die größte Zahl mobiler Berater verfügt die Postbank zusammen mit dem BHW. Die etwa 500 Berater der Postbank Vermögensberatung werden um die etwa 4.200 Berater des BHW ergänzt. Die Herausforderung für die Postbank besteht nunmehr darin, im Rahmen eines systematischen Vertriebswegemanagements die gewonnenen Vertriebsressourcen auf die Kundenbedürfnisse auszurichten. Sollte die Transformation dieses Vertriebsweges gelingen, existiert das Potenzial, die zusammen etwa 15 Millionen Kunden von Postbank und BHW zu betreuen. Weitere mobile Vertriebseinheiten anderer Großbanken wie Commerzbank, Citibank Privatkunden AG und SEB befinden sich in unterschiedlichen Entwicklungsphasen des Aufbaus.

Die Analyse der einzelnen Geschäftsmodelle zeigt unterschiedliche rechtliche Ausgestaltungen. Während einige Banken ihre mobilen Vertriebseinheiten im Sinne des § 84 HGB klassisch als selbstständige Handelsvertreter beschäftigen, führen andere Banken ihre mobilen Berater als Festangestellte in eigenen Gesellschaften. Nach mehreren Jahren Erfahrung im Aufbau mobiler Vertriebe wird deutlich, dass die größten Herausforderungen für Banken in der adäquaten Steuerung, der Incentivierung, im Flächenkonzept, der Verzahnung mit den Filialprozessen sowie in der Profitabilisierung liegen. Neben den genannten harten Faktoren wird darüber hinaus der Aufbau einer verbindenden, integrativen Unternehmenskultur unter einer starken Marke über den zukünftigen Erfolg der mobilen Vertriebseinheiten entscheiden. Im Wettbewerb um die *right potentials* unter den Beratern werden sich Gesellschaften mit ausgewogenem Geschäftsmodell durchsetzen. Kurzfristige Provisionsoptimierungen sind kein probates Mittel für ein mittel- bis langfristig ausgerichtetes Wachstum.

Entwicklungen in den klassischen Vertriebswegen

Entscheidend für den Bedeutungsrückgang der Filialen sind die unzähligen Restrukturierungsprojekte im Filialvertrieb der Großbanken in den letzten fünf bis sieben

Jahren. Der Kunde konnte erleben, wie sein Finanzpartner das Kundenbedürfnis nach Zugänglichkeit, kompetenter Beratung, Service und Nähe sowie Transparenz mit einem Rückzug aus der Fläche beantwortete. In jenem Zeitraum konnten die unabhängigen Finanzvertriebe und mobilen Vertriebe der Großbanken nachhaltig Marktanteile gewinnen. Privatkundenbanken haben diese Entwicklungen erkannt und erarbeiten teilweise als Gegenoffensive neue Filialkonzepte. So hat die Deutsche Bank im Herbst 2005 in Berlin eine *Filiale der Zukunft* eröffnet, die den angesprochenen Kundenbedürfnissen entgegenkommt.[14] Verunsicherte Kunden sollen wieder für die Filiale als Zentrum der Beratung gewonnen werden. Des Weiteren wurden in den vergangenen Monaten erneut verstärkt Kundenberater eingestellt. Die nächsten fünf Jahre werden zeigen, inwieweit es dem Filialvertrieb mit solchen Initiativen gelingt, die Entscheidungen der Vergangenheit und deren Folgen zu korrigieren und für den klassischen Vertriebsweg neue Impulse zu setzen.

Neben der Neuausrichtung von Filialen bildet ein individuelles Vertriebswegemanagement zur Steuerung, Incentivierung und Koordination der einzelnen Vertriebswege eine beträchtliche Herausforderung für die Privatkundenbanken. Seit Jahren tauchen die Begriffe „Vertriebswegemanagement" und „Multi Channel Banking" auf, gleichwohl gibt es nur vereinzelte Beispiele ihrer gelungenen Ausgestaltung. In einem zukünftigen Vertriebswegemanagement für Banken bleibt die Filiale das Herzstück. Entsprechend den Bedürfnissen des Kunden werden die weiteren Vertriebswege der Banken vernetzt und gesteuert.

Die zukünftige Bedeutung von Kooperationen

Das Verhalten des Kunden im Hinblick auf den Zugang zu seinem Finanzdienstleister hat sich stark verändert. Die Nutzung mehrerer Vertriebswege des gleichen Finanzdienstleisters ist heute die Regel. Neukundengewinnung wird verstärkt durch aggressive Preispolitik im Retailbanking erzielt. Anhand der folgenden Beispiele lässt sich belegen, dass Vertriebskooperationen eine bedeutende taktische Initiative für organisches Wachstum sind. Das Win-Win-Prinzip einer Kooperation ist in den meisten Fällen durch die Produkt-/Servicesuche auf der einen sowie die Kundensuche auf der anderen Seite geprägt.[15] Durch die zuvor beschriebenen Verschiebungen innerhalb der Vertriebswege mit den leicht steigenden Marktanteilen der unabhängigen Finanzvertriebe nimmt die Bedeutung der Kooperationsmanager im Asset-Management und Retailbanking zu.

Bevor wir detaillierter auf deren Stellung im Asset-Management eingehen, sollten wir kurz die aktuellen Entwicklungen im Retailbanking würdigen. National wie internati-

14 vgl. Neske, R. (2005), S. 28 – 31

15 vgl. grundsätzlich zum Thema „Kooperationen": Schuh, G. et al (2005); Lambert, D. M.; Knemeyer, M.; Koppelmann, U. (2005)

onal haben sich Kooperationen sowohl zwischen Finanzdienstleistern als auch branchenübergreifend gebildet und durchgesetzt. Die Royal Bank of Scotland (RBS) kooperiert in Großbritannien seit mittlerweile fünf Jahren mit dem Einzelhändler Tesco.[16] Hier vertreibt der Bankpartner in den Tesco-Supermärkten standardisierte Bankprodukte und -services wie etwa Konsumentenkredite, Kreditkarten, Autoversicherungen, Einlagen und Versicherungen. Tesco Personal Finance konnte so seit 1998 mehr als 5 Millionen Kunden gewinnen. Analysten beziffern den Vorsteuergewinn in 2004 auf über 200 Millionen Euro, Tendenz steigend. Wie sich im nationalen Rahmen die Kooperation der Royal Bank of Scotland mit Tchibo entwickeln wird, bleibt abzuwarten. Die Kooperation wurde Ende 2003 mit der Comfort Card einer Tochter der RBS begonnen. Seit Anfang 2005 erfolgt der Vertrieb über sämtliche 1.000 Tchibo-Filialen und über das Tchibo-Internetportal. Die Kooperation brachte der Royal Bank of Scotland in nur zwei Jahren mit einem standardisierten Ratenkredit ca. 1,2 Millionen Kunden.

Neben den genannten Kooperationen existieren insbesondere im Consumer Finance Kooperationen mit dem Schwerpunkt auf White Labeling. Die wenigsten deutschen Kunden wissen, welche Bank hinter den Angeboten für Ratenkredite in Möbelhäusern, Baumärkten oder Elektroketten steht. Banken wie die Citibank Privatkunden AG, die CC-Bank, Norisbank und die Deutsche Bank sind hier in der Absatzfinanzierung führend. Verschiedene Beispiele zeigen, dass branchenübergreifende Vertriebskooperationen im Retailbanking auch bei der Einproduktnutzung von Bankprodukten sehr profitabel gestaltet werden können. Doch welche sind die zentralen Erfolgsfaktoren für gelungene Kooperationen? Studien und konkrete Projekterfahrungen zeigen unter anderem vier bedeutende Faktoren für erfolgreiche Kooperationen (siehe Abb. 4).

Ein eindeutiges Win-Win-Prinzip lautet: Die Werttreiber einer Kooperation sind in den konkreten Kooperationsgesprächen herauszuarbeiten. Neben Profitabilität, Ertragssteigerung, Neukundengewinnung und Steigerung des Bekanntheitsgrades können ebenfalls der Economic Value Added (EVA) sowie der Customer Lifetime Value (CLV) herangezogen werden.

Systematische Partnerauswahl

Auf der Basis der Kooperationsziele und der Positionierung des Finanzdienstleisters ergibt sich der Optionsraum der Kooperationsmöglichkeiten. Mittels eines systematischen Prozesses wird über eine Marktanalyse eine Shortlist potenzieller Kandidaten entwickelt. Diese Kandidaten werden anhand eines Strategiefilters und zuvor abgestimmter Kriterien untersucht und bewertet. Als Ergebnis wird eine Liste potenzieller Kandidaten aufgezeigt. Die Vorselektion der Partner ist ein kritischer Erfolgsfaktor

16 vgl. Hientzsch, R. (2003)

und bestimmt zentral, welche Performancemöglichkeiten und Chancen eine Kooperation enthält.

Abbildung 4: *Erfolgsfaktoren für ein Kooperationsmanagement*

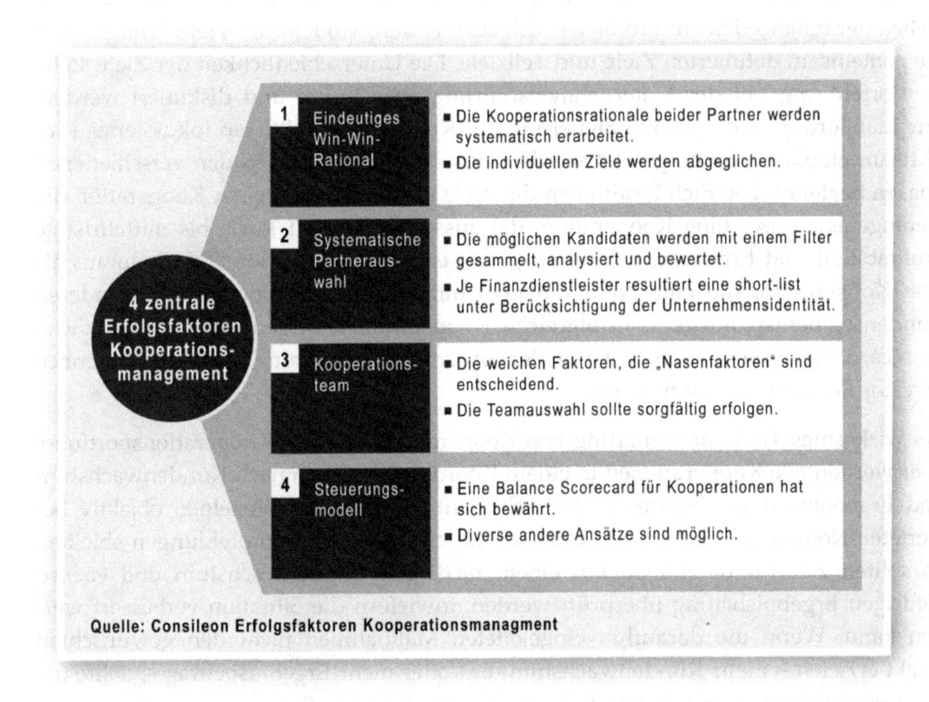

Kooperationsteam

Internationale Studien belegen, dass die Wahl des Projektteams einen signifikanten Einfluss auf den Erfolg einer Vertriebskooperation hat. Außer den harten, quantitativen Erfolgsfaktoren spielen die Soft facts der Zusammenarbeit eine bedeutende Rolle: Auf welchem Weg, mit welchen Mitteln gelingt es, den neuen, zukünftigen Partner in dem anderen Bezugsrahmen zu verstehen? Wie können die beiden möglichen Partner ihre jeweiligen Historien erfassen? Im engeren Sinn der Kooperation ist ein gemeinsames Verständnis für das Partnerunternehmen zu erstellen. Hierbei braucht die Kooperation Zeit zum Wachsen, denn unterschiedliche Branchen, Historien, Strukturen, Anreizsysteme und Prozesse machen es nicht eben einfach, den Partner zu begreifen.[17]

Steuerung über ein Steuerungsmodell

Welches Steuerungsmodell einer Kooperation gewählt wird, ist nicht entscheidend. Neben der Balanced Scorecard bieten sich auch andere Modelle an. Viel wichtiger sind die gemeinsam definierten Ziele und Teilziele. Die Unterschiedlichkeit der Ziele sollte im Vorfeld eng mit der Unternehmensführung abgestimmt und diskutiert werden. Zur Etablierung und späteren Steuerung der Kooperation sollte ein fokussiertes Projektteam etabliert und eingesetzt werden, das die Kooperation in den verschiedenen Phasen begleitet. Letztlich bestimmen die Ziele und Prioritäten einer Kooperation die Herangehensweise. Eine Kooperation, die ausschließlich auf kurz- bis mittelfristige Profitabilität und Ertragssteigerung ausgelegt ist, setzt eine andere Taktik voraus als eine Kooperation, die eine Neukundengewinnung und Positionierung in anderen Kundensegmenten anstrebt. Erfolgreiche Kooperationen zeigen, dass die Balanced Scorecard der Kooperation eng mit der Unternehmensführung sowie dem Bereich Investor Relations abgestimmt ist.

Ein wirksames Tool zur Steuerung von Kooperationen ist das Kooperationsportfolio. Hier werden alle Kooperationen in einem Koordinatensystem nach Kundenwachstum und Ergebnisbeitrag abgetragen. Je nach Positionierung der einzelnen objektiv bewerteten Kooperation lassen sich unterschiedliche Handlungsempfehlungen ableiten. So sollten z.B. Kooperationen mit einem niedrigen Kundenwachstum und ebenso niedrigen Ergebnisbeitrag überprüft werden, inwiefern die Situation verbessert werden kann. Wenn die daraufhin eingeleiteten Maßnahmen nicht den gewünschten Effekt erzielen – mehr Kundenwachstum und/oder mehr Ergebnisbeitrag –, sollte die Kooperation eingestellt werden. Handlungsempfehlungen für die Kooperationen mit hohem Kundenwachstum und Ergebnisbeitrag könnten sein, diese weiter auszubauen bzw. zu verstärken (siehe Abb. 5).

Neben den branchenübergreifenden Kooperationen werden Kooperationen mit anderen Finanzdienstleistern für das Asset-Management weiterhin an Bedeutung gewinnen. Bewusst werden wir uns an dieser Stelle auf Kooperationen ohne kapitalmäßige Beteiligung beschränken und daher Allfinanzmodelle wie beispielsweise dasjenige der Allianz Group nicht betrachten. Es existiert eine Reihe von äußerst erfolgreichen Kooperationsmodellen zwischen Banken und Finanzvertrieben, wie beispielsweise die Kooperation der Deutschen Bank mit der Deutschen Vermögensberatung. Die Kooperation wurde im November 2001 geschlossen und bereits im März 2002 nach der Projektimplementierung begonnen. Seit Beginn der Kooperation wurden mehr als 300.000 Nettoneukunden für die Deutsche Bank AG gewonnen. Das vermittelte Depotvolu-

17 vgl. Hientzsch, R. (2002)

men lag Ende 2004 bei ca. 1,9 Milliarden Euro. Im Bereich des Ratenkredites sieht die Bilanz ähnlich erfolgreich aus. Von November 2004 bis zum August 2005 wurden ca. 13.500 Darlehen mit einem Volumen von 130 Millionen Euro vermittelt.[18]

Abbildung 5: *Consileon-Vorgehen Kooperationsmanagement*

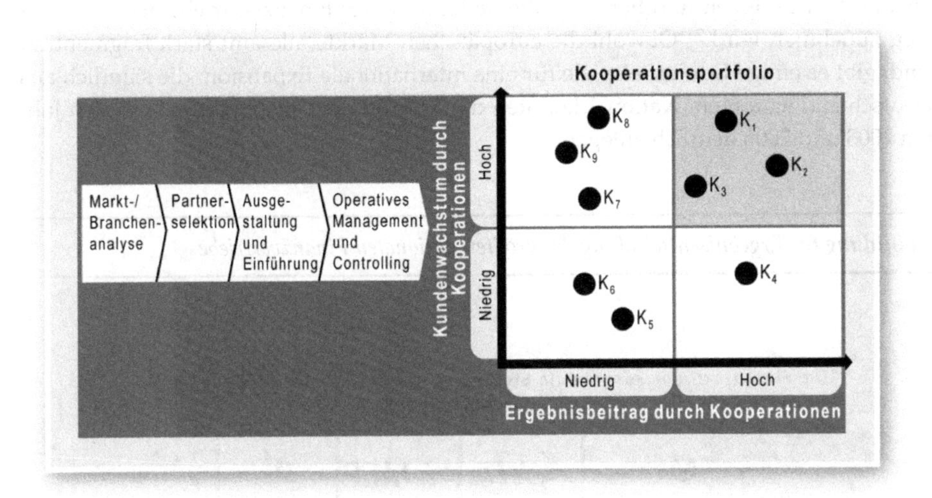

Finanzvertriebe als Kooperationspartner

Die Kooperationsmanager der Zukunft werden den Markt im Hinblick auf relevante Kooperationspartner regelmäßig sowohl branchenübergreifend als auch brancheninternen analysieren. Für das Asset-Management sind Partnerschaften mit unabhängigen Finanzvertrieben von zentraler Bedeutung. Doch was macht diese Unternehmen aus? Wie haben sie sich entwickelt? Welche sind ihre Spezifika? Das sind nur einige ausgewählte Fragen, die ein Kooperationsmanager analysieren und bewerten muss.

Bei einem internationalen Vergleich fällt auf, dass die Märkte in Europa sehr unterschiedlich entwickelt sind. Der deutsche Markt ist neben dem britischen der größte in Europa. In mehr als 7.000 Gesellschaften arbeiten mehr als 300.000 Finanzberater; in Großbritannien sind es etwa 12.000 Gesellschaften. Zum Vergleich: In Italien sind derzeit etwa 100.000 Finanzberater in etwa 4.000 Gesellschaften tätig; in Spanien und

18 Börsenzeitung (23.08.2005)

Frankreich sind es weniger als 50.000 Berater.[19] Eine Reihe unabhängiger Finanzberater in Großbritannien arbeitet an ihrer europäischen Expansion. So konnte Woolwich Financial Advisers erfolgreich nach Spanien und Frankreich expandieren; Inter-Alliance gilt als weiteres Beispiel für eine europäische Expansionsstrategie aus Großbritannien. Für Italien sind besonders Banco Fideuram und Mediolanum als international relevante Unternehmen zu nennen.[20] Bezogen auf die Marktstruktur bedeutet dies, dass in Frankreich und Spanien Einzelunternehmen den Markt dominieren. International besteht Einigkeit darüber, dass die Bedeutung der Finanzvertriebe als Vertriebsweg zunehmen wird.[21] Obwohl die europäischen Märkte allesamt stark fragmentiert sind, gibt es einige Erfolgsbeispiele für eine internationale Expansion, die sämtlich aus Deutschland stammen. National konnten die TOP 30 der Finanzvertriebe in den Jahren 2003 und 2006 deutlich zulegen.[22]

Abbildung 6: *Ergebnisentwicklung der größten nationalen Finanzvertriebe*

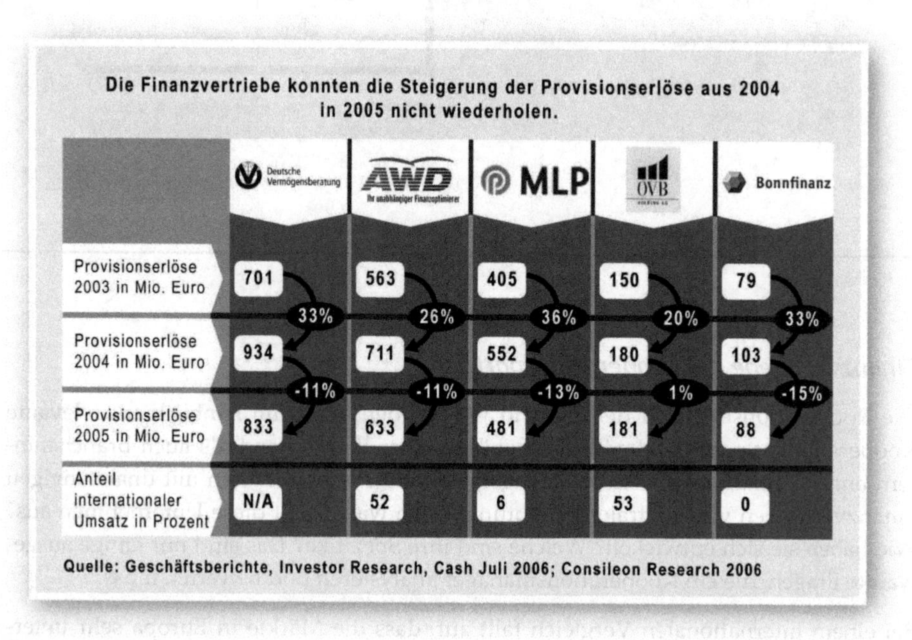

19 Datamonitor (2005), S. 23 – 24

20 Datamonitor (2005), S. 24

21 Datamonitor (2005), S. 17

22 BBE Branchenreport (2004), S. 256

Der größte Finanzvertrieb Deutschlands, die Deutsche Vermögensberatung AG (DVAG), steigerte ihre Provisionserlöse in 2004 um 33 Prozent auf 934 Millionen Euro. Die erfolgreiche Kooperation der DVAG mit der Deutsche Bank AG hat dieses Wachstum unterstützt. Dieser Trend konnte in 2005 nicht gehalten werden, die Provisionserlöse sanken um 11 Prozent. Auf den Plätzen zwei und drei liegen die börsennotierten Finanzdienstleister MLP und AWD, die Zuwächse von 36 Prozent beziehungsweise 26 Prozent in 2004 verzeichnen konnten. Nach dem für sie erfolgreichen Jahr 2004 sanken die Provisionserlöse um 13 Prozent bei MLP respektive um 11 Prozent beim AWD. Daneben sind auch OVB und die Bonnfinanz in 2004 gewachsen. Als Einziger der aufgeführten Finanzvertriebe konnte OVB seine Provisionserlöse leicht um 1 Prozent steigern. Nach dem Rückzug der Bankfilialen aus der Fläche konnten die Finanzvertriebe erfolgreich Marktanteile gewinnen.

Trotz des einheitlichen Umsatzwachstums in 2004 und -rückgangs in 2005 zeichnen sich die Unternehmen durch äußerst unterschiedliche internationale Strategien aus. Während die DVAG und Bonnfinanz eine Internationalisierung nicht an die erste Stelle setzen, ist es AWD, OVB und MLP gelungen, sich international zu diversifizieren. Der AWD konnte durch Zukäufe nicht nur national sehr stark wachsen, auch international gelangen dem Unternehmen einige erfolgreiche Markteintritte. Insgesamt resultierten 2005 etwa 52 Prozent des Umsatzes aus Staaten wie Großbritannien, Österreich, Italien, der Schweiz und Tschechien. Einen höheren Auslandsumsatz weist mit 53 Prozent der OVB auf. Der Auslandsumsatz bei MLP ist mit lediglich 6 Prozent bei Weitem nicht so stark ausgeprägt wie bei den Wettbewerbern.[23]

Ähnlich positiv wie der Umsatz haben sich die Kundenzahlen der Finanzvertriebe entwickelt. Die DVAG zählt etwa 3,8 Millionen Kunden, der AWD etwa 1,5 Millionen. Während die DVAG ihre Kundenzahl um etwa 10 Prozent steigern konnte, waren dies beim AWD annähernd 20 Prozent. Nach den unruhigen Jahren der Vergangenheit konnte sich MLP in den Jahren 2003 und 2004 erfolgreich konsolidieren. MLP konnte die Zahl seiner Kunden von ca. 560.000 auf rund 620.000 steigern. Dabei hat MLP sein Geschäftsmodell nie verwässert. Erfolgversprechende Akademiker werden von der Hochschule an über alle Lebensphasen hinweg von den MLP-Beratern betreut. Neben den TOP 5 der deutschen Finanzberater existiert innerhalb der TOP 30 eine ganze Reihe von viel versprechenden Finanzvertrieben, die sich – gemessen an den Provisionserlösen und den Provisionserlösen pro Berater – ebenfalls dynamisch entwickelt haben. Eine Vielzahl von ausländischen Asset-Managern konnte mithilfe der Vertriebskraft von Finanzvertrieben oder großer mobiler Vertriebseinheiten von Banken nachhaltig Marktanteile gewinnen.

---

[23] vgl. die interne Consileon-Studie (2005)

Ausblick

Der Vertriebsstrategie und Ausgestaltung von Vertriebskooperationen wird neben anderen Kerndisziplinen des Asset-Managements in den nächsten Jahren eine herausragende Bedeutung zukommen. Entscheidend für die Suche und Analyse von Kooperationen und Kooperationspartnern wird die genaue Beschreibung der angestrebten Ziele im Rahmen des Kooperationsportfolios sein. Der Asset-Manager der Zukunft beobachtet das Verhalten und die Bedürfnisse der Kunden sehr genau und entwickelt je nach Marktentwicklung neue, alternative Kooperationsmodelle.

Einige zentrale Fragen hinsichtlich der Distribution des Asset-Managements, bleiben: Wie werden sich die neuen Bankfilialkonzepte entwickeln? Wie werden sie vom Kunden aufgenommen? Werden Kunden zukünftig mehrheitlich bereit sein, für eine Finanzplanung zu bezahlen? Wie lassen sich zentrale Netzwerke schneller erschließen und für den Asset-Manager nutzbar machen? Wie kann ein Asset-Manager eine effiziente und flexible Kooperationsplattform entwickeln? Welche Bedeutung hat die Marke zukünftig im Gegensatz zum White Label? Wie können durch Kooperationen verstärkt Kundenbedürfnisse befriedigt werden? In welcher Weise verändern sich durch die anstehenden Vermögensübergänge und die demographischen Verschiebungen die Kundenerwartungen an Beratung und Finanzplanung?

Das Asset-Management steht vor einer äußerst dynamischen Entwicklung. Die nächsten fünf Jahre werden zeigen, welchen Unternehmen es gelingt, ihre Vertriebswege optimal auf die Kundenbedürfnisse auszurichten. Diejenigen Asset-Manager, die über eine Vertriebswegeexzellenz verfügen, werden neben dem Management der klassischen Vertriebswege ein übergreifendes Kooperationsmanagement entwickelt und ausgebaut haben.

Christoph Burger und Jan Hagen

Zielmarktstruktur der Finanzdienstleistungsindustrie

Die vorliegenden Kapitel haben sich mit den Strategien der Wettbewerber einzelner Wertschöpfungsstufen befasst. Wie aus den Ausführungen ersichtlich, befindet sich die Finanzdienstleistungsindustrie in einer Phase der Neuausrichtung. Wertschöpfungsstufen werden neu gebildet[1] und Marktanteile innerhalb einer Wertschöpfungsstufe[2] neu verteilt. Darüber hinaus werden diese Entwicklungen von der sich abzeichnenden internationalen Konsolidierung des Bankgeschäfts maßgeblich beeinflusst. Bezüglich der weiteren Marktentwicklung stellen sich die folgenden Kernfragen:

- Gibt es in stabilen Märkten, das heißt nach einer Konsolidierungsphase, eine Zielmarktstruktur, in deren Segmente die Wettbewerber sich einfügen müssen?
- Welche Wettbewerber innerhalb der Zielmarktstruktur erreichen die höchsten Renditen?
- Wie lange dauert der Marktentwicklungsprozess beziehungsweise Konsolidierungsprozess bis zur Erreichung der Zielmarktstruktur?

Zu diesen Fragestellungen wurden vor wenigen Jahren zwei Werke herausgegeben, die sich ihnen aus unterschiedlicher Perspektive nähern.[3, 4] Sheth und Sisodia konzentrieren sich auf die Identifikation einer Zielmarktstruktur und auf erfolgreiche Wettbewerberstrategien innerhalb einer gegebenen Struktur. Deans et al legen den Schwerpunkt auf die Beschreibung der Konsolidierungsphasen und die erfolgreichen Strategien pro Phase.

Wir möchten in diesem Kapitel zunächst die für die Finanzdienstleistungsindustrie relevanten Aussagen beider Ansätze aufzeigen, um im zweiten Schritt drei Denkraster zur Strategie der Incumbents vorzustellen, und zwar die Verhaltensmatrix, den strategischen Entwicklungspfad und den Consolidation Index.

---

1 wie im Beispiel der Kreditfabrik

2 wie im Beispiel Wertpapier- und Zahlungsverkehrsabwicklung

3 Sheth, J.; Sisodia, R. (2002)

4 Deans, G. K.; Kröger, F.; Zeisel, S. (2002)

The Rule of Three

Die zentralen Aussagen dieses Buches lassen sich wie folgt darlegen:

1. Im Verlauf einer Marktentwicklung[5] fällt die Vermögensrendite der Nischenanbieter mit zunehmender Größe[6] und steigt nach einer bestimmten Größe[7] wieder an (siehe Abb. 1).

Abbildung 1: *Rendite-Wettbewerber im Zeitverlauf der Marktentwicklung*[8]

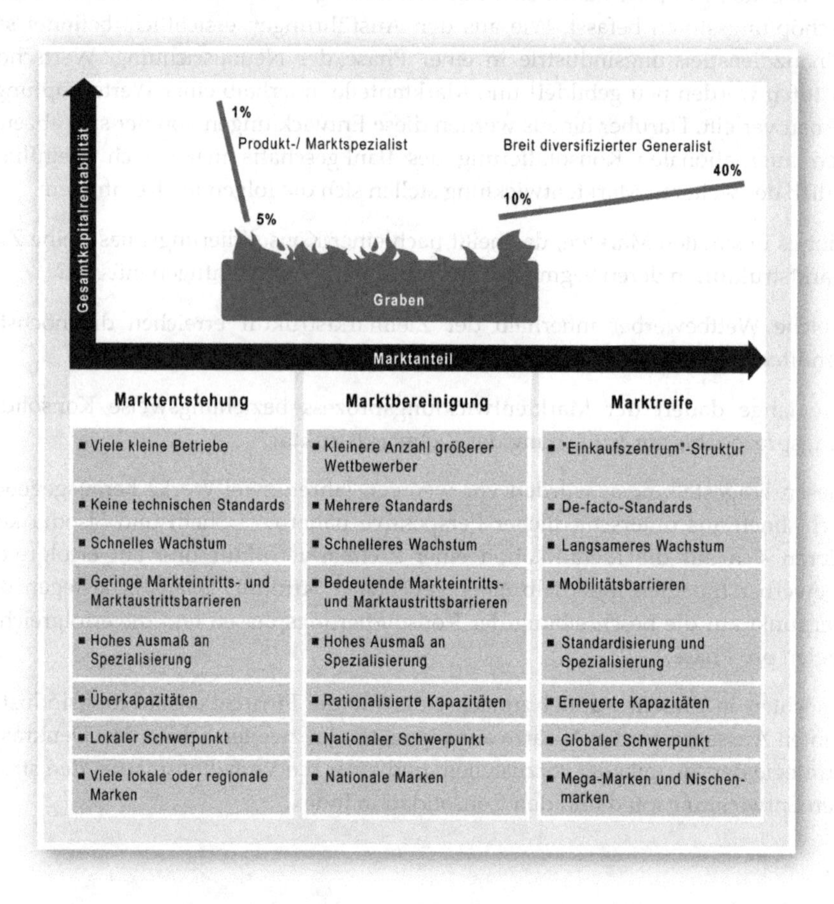

5 von der Marktentstehung bis zur -reife
6 Spezialisten mit einem Marktanteil von 1 – 5 Prozent
7 Generalisten mit einem Marktanteil von 10 – 40 Prozent
8 Sheth, J.; Sisodia, R. (2002)

Das bedeutet, dass Nischenanbieter prozentual die höchste Gesamtkapitalrentabilität erreichen, wohingegen die Generalisten zwar prozentual nicht die Gesamtkapitalrentabilität der Nischenanbieter erreichen, ihre absolute Rentabilität jedoch aufgrund der höheren Marktanteile diejenige der Nischenanbieter übersteigt. Die geringsten Renditen erzielen jene Wettbewerber, die weder zu den breit diversifizierten Generalisten noch zu den Produkt- oder Marktspezialisten zählen. Die Phase der Marktentstehung ist dabei durch zahlreiche kleine Betriebe mit lokalem Schwerpunkt und hohem Maß an Spezialisierung geprägt. Technische Standards existieren nicht; geringe Markteintrittsbarrieren und aufgebaute Überkapazitäten sorgen für schnelles Wachstum. In der Phase der Marktbereinigung bilden sich im Rahmen der Nationalisierung des Marktes eine kleine Anzahl größerer Wettbewerber, mehrere Standards und nationale Marken heraus. Es entwickeln sich Markteintritts- und -austrittsbarrieren; Kapazitäten werden reduziert. In der Phase der Marktreife hat sich das Marktwachstum verlangsamt, De-facto-Standards haben sich etabliert und die Kapazitäten wurden je nach Spezialisierung oder Standardisierung erneuert.

Entstanden ist ein globaler Schwerpunkt mit Mega- und Nischenmarken. Hinsichtlich der Wettbewerbsstruktur hat sich diejenige eines Einkaufszentrums herausgeschält, auf die wir nachfolgend ausführlicher eingehen.

2. Die Marktkonsolidierung wird von vier Mechanismen zur Effizienzsteigerung getrieben:

   - Die vorherrschende Kostenstruktur einer Branche hat starken Einfluss darauf, ob und wie schnell sich eine Branche organisiert. Falls hohe Investitionen zur Einführung neuer Technologien erforderlich sind, können sie häufig nicht von allen Marktteilnehmern getragen werden. Auf die Weise scheiden Marktteilnehmer aus oder versuchen, mithilfe einer gemeinsamen Infrastruktur die notwendigen Investitionen und Fixkosten zu verteilen.[9]

   - Die Etablierung der Standards bedingt zum einen größere Märkte[10]; zum anderen bewirkt sie erhöhte Vergleichbarkeit und dadurch den Wettbewerb unter den Marktteilnehmern.[11]

---

9 Das ist zum Beispiel in der Luftfahrtindustrie der Fall, wo gemeinsame Reservierungs- und Luftüberwachungssysteme existieren, ebenso wie gemeinsame Bodendienste. Gleiches gilt für Banken, die sich Scheck-Clearings- oder Kreditkartenautorisierungsprozesse teilen.

10 So resultierte die Etablierung des Videostandards VHS (Video Home System) in einer Ausweitung des Marktes, als das Marktsegment für den Betamax-Standard hinzukam. Ebenso wurde aufgrund des einheitlichen GSM-Standards (Global System for Mobile Communication) für Mobiltelefonie aus den nationalen Mobilfunkmärkten Europas ein europäischer Mobilfunkmarkt.

11 Ein Beispiel ist die EU-Verordnung 2560/2001, die vorsieht, dass alle Banken Auslandszahlungen im EURO-Raum zukünftig zum gleichen Preis wie Inlandszahlungen abwickeln. Die-

- In verschiedenen Wirtschaftsbereichen – wie Bildungs-, Gesundheitswesen oder Computerindustrie – greift der Staat ein und etabliert Standards, um für größeren Wettbewerb und höhere Effizienz zu sorgen. Anschließend bilden sich oftmals Zusammenschlüsse der Marktteilnehmer, die versuchen, derartige Standards ihrerseits festzulegen.[12]

Abbildung 2: *Vergleich der Marktanteile der vier größten Retailbanken*[13]

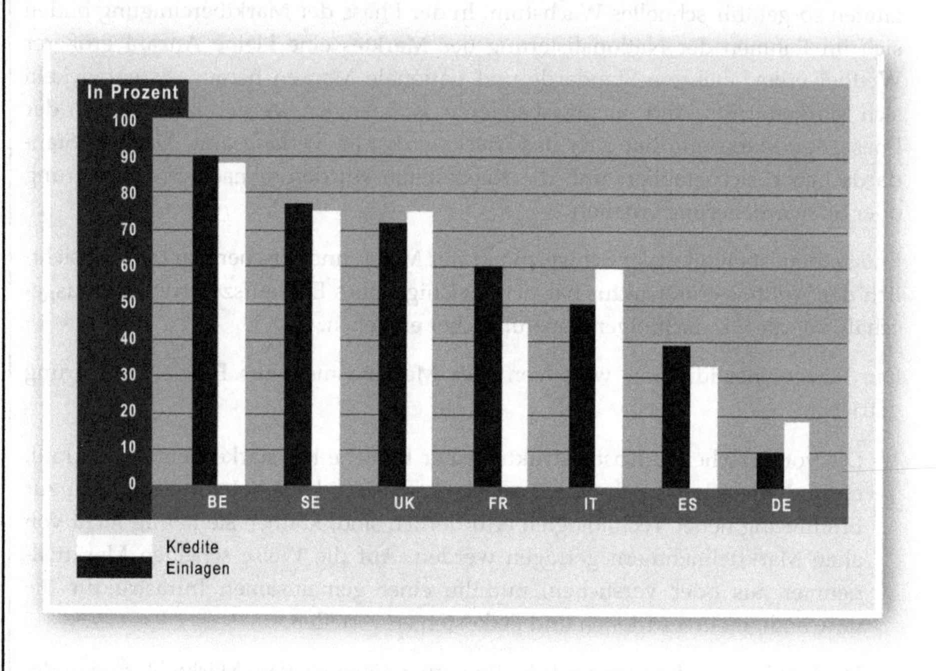

ses EU-Anliegen wird auch unter dem Begriff SEPA (Single Euro Payment Area) zusammengefasst und stellt einen wesentlichen Treiber der anstehenden Marktkonsolidierung dar.

12 So haben sich als Reaktion auf die EU-Verordnung 2560/2001 die europäischen Bankenverbände zum EPC (European Payment Council) zusammengeschlossen, um gemeinsam – und insbesondere auf selbstregulierender Basis – die Grundlagen für die zukünftige kostengünstige, vollautomatische und standardisierte ZahlungsverkehrEconsinfrastruktur zu schaffen. Bis Dezember 2007 sieht der EPC die Umsetzung abgestimmter Service-Levels und bis Dezember 2010 die vollständige Migration zur Single European Payment Area vor.

13 Cap Gemini Earnst & Young Analysis (2003 – 2004)

- Weiterhin führt der Überlebenskampf der Marktteilnehmer, beispielsweise nach einer Deregulierung, zur Branchenkonsolidierung.[14] Der Vergleich der Marktanteile der vier größten Retailbanken (siehe Abb. 2) zeigt die noch geringe Branchenkonsolidierung der deutschen Banken. Der Marktanteil der vier größten Retailbanken liegt – je nachdem ob man Einlagen oder Kredite betrachtet – zwischen zehn und 20 Prozent, wohingegen die Marktanteile der vier größten Banken in Italien, Frankreich und Großbritannien zwischen 40 und 70 Prozent liegt.

3. Die Dauer der Marktkonsolidierung schwankt je nach Branche zwischen zwei und 25 Jahren. Die Marktkonsolidierung bei Banken und Bausparkassen in den USA dauerte zwischen drei und zehn Jahren, wohingegen diejenige im Investmentbanking nur ein bis zwei Jahre in Anspruch nahm. Andererseits gibt es Branchen wie die Zivilluftfahrt, in denen die Dauer der Marktbereinigung bis zu 25 Jahren betragen kann (siehe Abb. 3). Wenn wir die Dauer der Marktkonsolidierung von Banken und Sparkassen in den USA auf Europa anwenden und gemäß Deans et al das Jahr 2002 als Start für die Marktkonsolidierung in Europa nehmen, sollte sie bis 2011 abgeschlossen – oder zumindest vorangeschritten sein.

4. Für die Marktbereinigung in der Finanzdienstleistungsindustrie lassen sich fünf Frühwarnsignale identifizieren:

   - Plötzliche und nachhaltige Veränderungen der Eintrittsbarrieren. In der Finanzdienstleistungsindustrie ist dergleichen mit der EU-weiten Harmonisierung der Bankaufsicht und dem darausfolgenden erleichterten Marktzugang innerhalb Europas gegeben.

   - Wachstumsraten junger Unternehmen, die weit über dem langjährigen Marktwachstum liegen, sodass ein Großteil der Marktteilnehmer nicht länger fähig ist, profitabel zu arbeiten. Hier wäre das Beispiel der Citibank zu nennen, der es seit Jahren gelingt, über dem Markt liegende Zuwachsraten und Profite zu erwirtschaften.

   - Dauerhafte Unterauslastung der Kapazitäten, ein Umstand, der den Druck, aus dem Markt auszuscheiden, erhöht. Zu nennen wären hier die regionalen Volksbanken und Sparkassen, deren Effizienzthema noch nicht nachhaltig gelöst ist.

   - Technologische Durchbrüche innerhalb einer Branche; man denke an das Beispiel Internet als Vertriebskanal, mit dessen Nutzung die Bedeutung der Direktbanken schlagartig gestiegen ist.[15]

---

14 Beispielsweise stieg die Zahl der amerikanischen Fluggesellschaften auf 96. Der Überlebenskampf führte zur Konsolidierung und 23 Teilnehmern.

15 Darin liegt die Erfolgsgeschichte der ING DiBa begründet.

Abbildung 3: Dauer von Marktbereinigungen in den USA[16]

Dauer der Marktbereinigung (Jahre)	Branche	Hauptursachen für jüngste Marktbereinigung
1–2	▪ US-Weinbau	▪ Zu viele Unternehmen
	▪ Investmentbanking	▪ Deregulierung
	▪ Hersteller von Diskettenlaufwerken	▪ Neue Technologie und Globalisierung
3–10	▪ Autozulieferer	▪ Globalisierung
	▪ Computer-Tastaturen	▪ Globalisierung
	▪ Farbfernsehgeräte (USA)	▪ Prozesstechnologie und Globalisierung
	▪ Bausparkassen	▪ Deregulierung
	▪ Regionalfluglinien	▪ Deregulierung
	▪ Rauchmelder	▪ Zu viele Unternehmen
	▪ Speditionen	▪ Deregulierung
10–25	▪ Autoindustrie	▪ Prozesstechnologie und Globalisierung
	▪ Zivilluftfahrt	▪ Deregulierung und Yield Management
	▪ Landwirtschaft	▪ Ökonomischer Strukturwandel
	▪ Unabhängige Telefonhersteller	▪ Deregulierung und zu viele Unternehmen

- Das plötzliche Eindringen ausländischer Wettbewerber in einen Markt, der als strategisch wichtig gilt.[17]

5. Nach den Untersuchungen, die Sheth und Sisodia durchgeführt haben, sind reife Märkte durch die Existenz dreier großer Marktteilnehmer (Generalisten) und einer Vielzahl kleiner Produkt- und Marktspezialisten gekennzeichnet.

   Überdies gehen die Autoren davon aus, dass sich derartige Marktstrukturen auf regionaler, nationaler und internationaler Ebene ausbilden, und dass sich auf den jeweiligen Transformationsstufen – beispielsweise von regional zu national – eine Konsolidierungsphase vollzieht.[18]

16 Sheth, J.; Sisodia, R. (2002)

17 Als Beispiel möge die Übernahme der HVB durch UniCredit dienen.

18 Konsolidierungsbeispiele für den Übergang von nationalen zu internationalen Märkten sind die Luftfahrtindustrie (wie der Merger von KLM und Air France, Lufthansa und Swiss) oder auch der Markt der Telekomausrüster (wie das Joint Venture Nokia und Siemens).

Abbildung 4: *Beispiel Shopping Mall*[19]

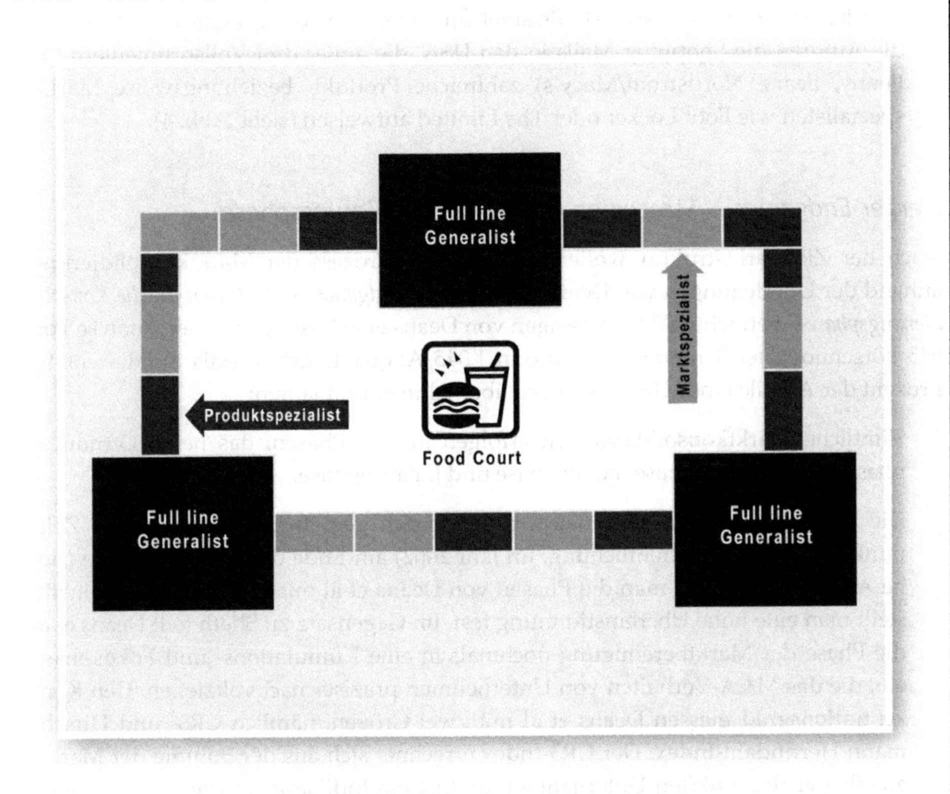

Drei Marktteilnehmer stellen nach Sheth und Sisodia die optimale Anzahl der Generalisten dar.[20] Gemäß ihren Aussagen ist ein Markt mit drei Generalisten stabiler und wettbewerbsintensiver als einer mit zweien, da zwei sich entweder absprechen oder einander zerstören.[21] Ein vierter Generalist ist ihres Erachtens über-

---

19 Sheth, J.; Sisodia, R. (2002)

20 Als Beispiel für drei große Generalisten führen Sheth und Sisodia für den Markt der Halbleiterproduzenten Philips; SGS-Thomson; Siemens für Europa an; Intel, Texas and Applied Materials für den globalen Markt. Bei den Fluglinien verweisen sie auf British Airways, Lufthansa und Air France/KLM für Europa; die Star Alliance, One World Alliance und Sky Team für den globalen Markt.

21 Die Europäische Kommission hat beispielsweise Nestlé/Perrier und BSN im Rahmen einer Fusionskontrolle als Duopol angesehen; das heißt eine Einrichtung, die aufgrund ihrer Reaktionsverbundenheit auch ohne Absprachen das Angebot verknappen und den Marktpreis in die Höhe treiben kann. Als Beispiel für feindliche Duopole mögen Airbus und Boeing oder auch Aldi und Lidl angeführt werden.

flüssig, da er die Markteffizienz nicht erhöht. Mit anderen Worten liefern drei Generalisten die beste Mischung aus Wettbewerbsintensität, Effizienz, Profitabilität und Kundenzufriedenheit. Als Beispiel für die optimale Marktaufteilung nennen die Autoren die Shopping Malls in den USA, die außer drei Vollsortimentern (JC Penny, Sears, Nordstrom/Macy's) zahlreiche Produkt- beziehungsweise Marktspezialisten wie Foot Locker oder The Limited aufweisen (siehe Abb. 4).

Merger Endgames – Strategien für die Konsolidierungsphase

Nach der Zielmarktstruktur wollen wir nun den Prozess der Marktkonsolidierung anhand der Überlegungen von Deans et al *Merger Endgames – Strategien für die Konsolidierungsphase*[22] betrachten. Die Aussagen von Deans et al basieren auf der Analyse von 945 börsennotierten Unternehmen, die in 1.345 Akquisitionen jeweils mindestens 51 Prozent der Anteile eines Unternehmens übernahmen und lauten:

1. Sämtliche Marktkonsolidierungen erfolgen in vier Phasen, das heißt: Öffnungsphase, Kumulationsphase, Fokusphase und Balancephase.

   Die Finanzdienstleistungsindustrie befindet sich gemäß Deans et al (zum Zeitpunkt ihrer Buchveröffentlichung, im Jahr 2002) am Ende der Öffnungsphase (siehe Abb. 5). Vergleicht man die Phasen von Deans et al mit den Phasen von Sheth, stellt man eine hohe Übereinstimmung fest. Im Gegensatz zu Sheth teilt Deans et al die Phase der Marktbereinigung nochmals in eine Kumulations- und Fokusphase ein, die das M&A-Verhalten von Unternehmen präziser nachvollziehen. Den Konzentrationsgrad messen Deans et al mit zwei Größen, nämlich CR3- und Hirschmann-Herfindahl-Index. Der CR3-Index errechnet sich aus der Summe der Marktanteile der drei größten Unternehmen und ist ein Indikator für die relative Größe dieser Wettbewerber. Der Hirschmann-Herfindahl-Index (HHI), der auch vom U.S. Department of Justice und der Federal Trade Commission verwendet wird, um Monopolstellungen zu verhindern, berücksichtigt die relative Größe und Verteilung der Unternehmen einer Industrie und errechnet sich aus der Summe der quadrierten Marktanteile der einzelnen Unternehmen einer Industrie. Gemäß Deans et al geht der Marktanteil der drei größten Wettbewerber bei regulierten Industrien innerhalb der Öffnungsphase von 30 auf zehn Prozent zurück, um dann bis zur Balancephase auf 70 bis 80 Prozent anzusteigen. Er entspricht somit den von Sheth genannten Marktanteilen der drei Generalisten von 10 bis 40 Prozent. Ebenso weisen auch Deans et al eine Dauer der Marktbereinigung von bis zu 25 Jahren aus (siehe Abb. 5).

2. Jede strategische und operative Entscheidung – so Deans at al – ist nach ihrem Endgame-Effekt zu beurteilen, das heißt, ob sie Wachstum fördert, die Wettbewerbsfähigkeit erhöht und die Positionierung auf der Endgame-Kurve verbessert.

---

22 Deans, G. K. et al, ibd.

Abbildung 5: *Gesetzmäßigkeit von Marktkonsolidierungen*[23]

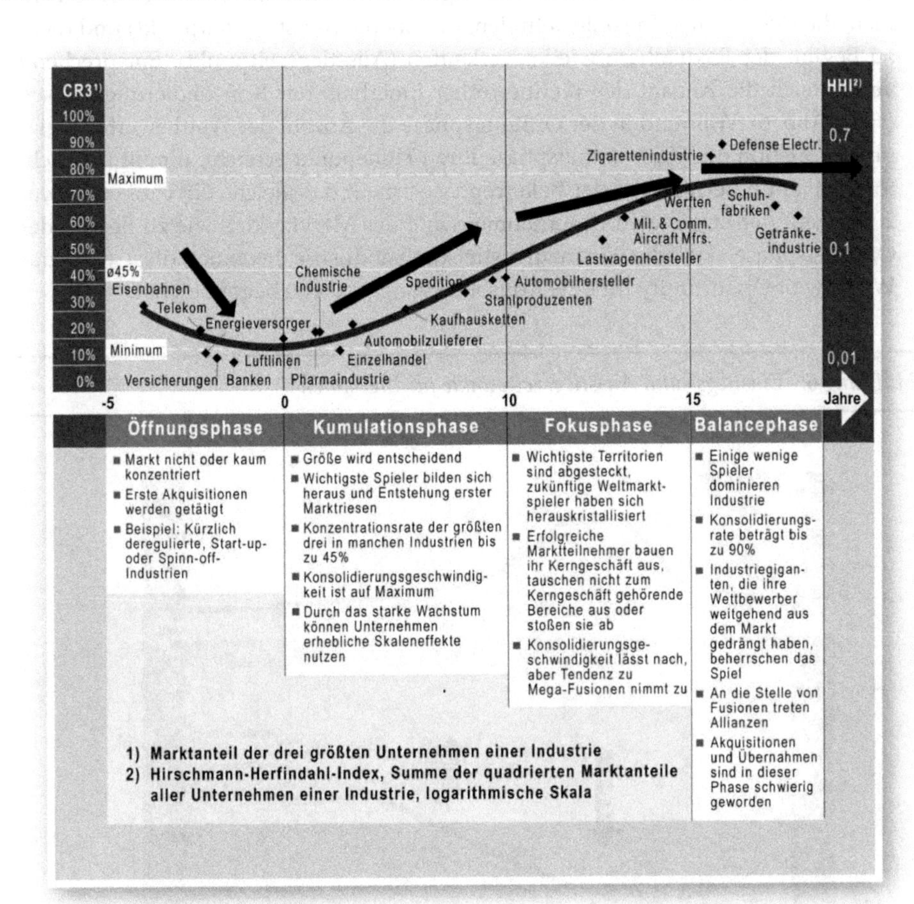

Entscheidend für die Realisierung eines positiven Endgame-Effektes ist die Geschwindigkeit. Diejenigen Unternehmen, die ihre Industrie zügig von einer Phase des Endgame in die nächste führen, sind am erfolgreichsten. Sie verbuchen rasch wichtige Vorteile für sich und besetzen günstige Wettbewerbspositionen. Langsamere Unternehmen werden zu Übernahmekandidaten. Hierbei genügt es nicht, Unternehmen aufzukaufen. Der Kauf muss sich hinsichtlich des operativen Wert-

23 Deans, G. K. et al, ibd.

beitrags sowie des Fits zum strategischen Marktportfolio bewähren. Nach einer Kumulationphase ist somit eine Fokusphase angesagt.

Nach Deans et al sollten Investoren zu Beginn der Kumulationsphase in Unternehmen, die sich in einer Talsohle befinden, investieren (Einstiegszeitpunkt) und diese zu Beginn der Fokusphase wieder verkaufen (Ausstiegszeitpunkt). Entsprechend verhält sich die Anzahl der Wettbewerber innerhalb der Konsolidierungsphasen (siehe Abb. 6). Während in der Öffnungsphase die Anzahl der Wettbewerber steigt und zu Beginn der Kumulationsphase ihren Höhepunkt erreicht, nimmt sie nachfolgend ab und erreicht in der Balancephase erneut das gleiche Niveau, und zwar 20 Prozent der maximalen Unternehmenszahl des Marktzyklus wie zu Beginn der Öffnungsphase. Für die Finanzdienstleistungsindustrie bedeutet dies, dass das Window of Opportunity für eine Konsolidierung jetzt erst begonnen hat.

Abbildung 6: *Einstiegs- und Ausstiegszeitpunkte für Investoren*[24]

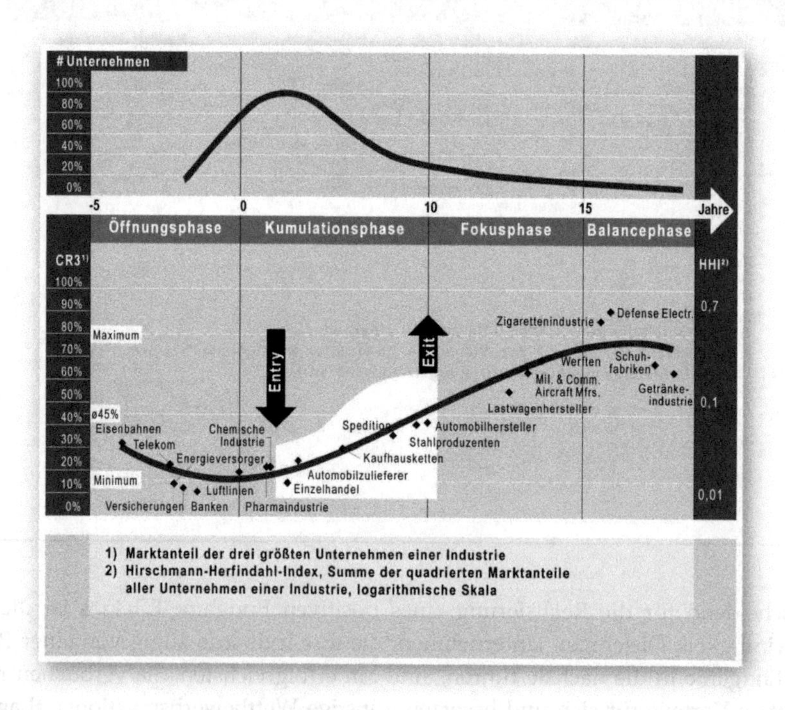

24 Deans, G. K. et al, ibd.

3. Die Erfolgswahrscheinlichkeit einer Fusion hängt von der Position der jeweiligen Industrie im Endgame ab.

   So liegt die Wertschaffung von Transaktionen in der Öffnungs- und Kumulationsphase, wie in Abbildung 7 dargestellt, mit 59 beziehungsweise 58 Prozent überdurchschnittlicher M&A-Erträge innerhalb der Industrie über der Wertschaffung in der Fokus- (50 Prozent überdurchschnittliche M&A-Erträge) und Balancephase (30 Prozent).

Abbildung 7: *Wertschaffung und -vernichtung nach Konsolidierungsphasen*[25]

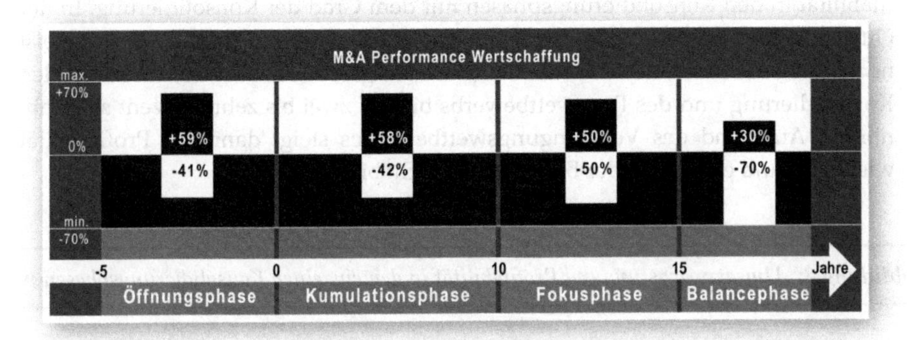

Gemäß Deans et al stellten sich frühere Faustregeln wie „Großes Unternehmen sollte kleines Unternehmen kaufen", „fusionierende Unternehmen sollten aus einem Land stammen" oder „Fusionen sollten das Kerngeschäft stärken" als kurzsichtig oder nicht relevant heraus. Vielmehr sind je nach Konsolidierungsphase unterschiedliche Auswahlkriterien für das Zielunternehmen anzuwenden:

- In der Öffnungsphase sollte das Unternehmen über ausreichende Finanzkraft und ein solides Geschäftsmodell verfügen;
- In der Kumulations- und Fokusphase ist die Integrationskompetenz des Unternehmens entscheidend. Horizontale Akquisitionen/Fusionen, die nahe am Kerngeschäft liegen, weisen in dieser Phase bessere Erfolgschancen aus als vertikale Transaktionen;
- In der Balancephase kommt der Fähigkeit, sich neu zu erfinden und Geschäftsbereiche auszugliedern, um von den Wachstumspotenzialen früherer Phasen des

25 Deans, G. K. et al, ibd.

Endgames zu profitieren, eine besondere Bedeutung zu. Mit ausgegliederten, sich in der Öffnungsphase befindenden Unternehmen, kann das Unternehmen danach von dem Wachstumszyklus eines neuen Marktes profitieren. Angewandt auf die Finanzdienstleistungsindustrie, ist somit neben der Finanzkraft und dem soliden Geschäftsmodell als Basis der Konsolidierung die Integrationskompetenz gefragt, um künftiges anorganisches Wachstum effizient zu bewältigen.

4. Das Umsatzwachstum ist im Durchschnitt über die Phasen stabil, die Profitabilität dagegen verändert sich in den jeweiligen Endgame-Phasen.

   Innerhalb der Konsolidierungsphasen beträgt das durchschnittliche Umsatzwachstum zwischen 7,6 Prozent (Kumulationsphase) und 10,6 Prozent (Öffnungsphase), wobei die Streuung in der Fokusphase am größten ist. Dagegen korreliert die Profitabilität in den Konsolidierungsphasen mit dem Grad der Konsolidierung. In der Öffnungsphase ist die Profitabilität mit ca. 12 bis 20 Prozent EBIT/Umsatz meist hoch, während sie in der Kumulationsphase aufgrund der sich beschleunigenden Konsolidierung und des Preiswettbewerbs bis auf zwei bis zehn Prozent stark abnimmt. Aufgrund des Verdrängungswettbewerbes steigt dann die Profitabilität wieder an und erreicht in der Balancephase acht bis 16 Prozent.

Abbildung 8: *Umsatzwachstum und Profitabilität in den einzelnen Konsolidierungsphasen*[26]

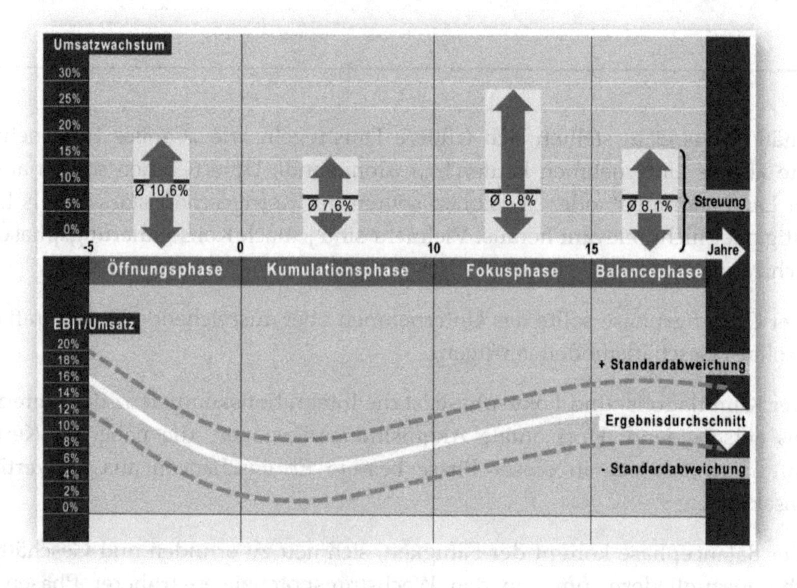

26 Deans, G. K. et al, ibd.

5. Die Rolle des CEO ändert sich gemäß Deans et al vom Architekten zum Schachspieler.

   In der Eröffnungs- und Kumulationsphase müssen Unternehmen Marktanteile gewinnen, aggressiv wachsen und die Konsolidierung vorantreiben. Die Rolle des CEO besteht somit im Aufzeigen einer Vision und in der Führungsstärke, den Weg konsequent zu gehen (Architekt). In der Fokus- und Balancephase sind CEOs gesucht, die umsichtig und planvoll vorgehen, die Strategien ihrer Wettbewerber abschätzen und ihr Portfolio erfolgreich managen (Schachspieler).

Denkraster zur Hinterfragung der Strategie von Incumbents

1. Verhaltensmatrix

Auf Basis der vorgestellten Analyseergebnisse von Sheth/Sisodia und Deans et al, haben die Autoren eine Verhaltensmatrix für Incumbents abgeleitet. Sie kombiniert die Idee der Zielmarktstruktur mit ihren Nischenanbietern und Generalisten mit der Einstellung des Unternehmens, den Konsolidierungsprozess zu treiben oder darauf zu reagieren.

Zum einen müssen sich die Wettbewerber bewusst werden, ob sie im Rahmen der Konsolidierungswelle eine Nischen- oder Generalistenstrategie verfolgen wollen (siehe Abb. 9). Der bedeutendste Unterschied zwischen Spezialisten und Generalisten besteht darin, dass der wirtschaftliche Erfolg der Generalisten von einem hohen Umsatzvolumen und Economies of Scale abhängt, während Spezialisten aufgrund des Fokus' auf wenige Produkte und Exklusivität hohe Gewinnmargen erzielen. Entsprechend sind die Strategien der beiden Gruppen ausgerichtet. Während Nischenanbieter den Service betonen, sich auf Produkt und/oder Märkte zu spezialisieren und multiple Markenidenditäten zur Sicherung der Exklusivität ihrer Produkte/Dienstleistungen zu nutzen, betonen Generalisten die Abdeckung von Produkten/Dienstleistungen und Märkten und eine einheitliche Markenidentität, die diese Leistung entsprechend kommuniziert. So legen Nischenanbieter den Fokus auf Effektivität mit kleinen Einbußen der Effizienz und Generalisten auf Effizienz mit Einbußen bei der Effektivität.

Zum anderen stellt sich die Frage, ob sie diese Strategie aktiv vorantreiben (Driver) oder auf Marktveränderungen reagieren (Follower).

Nachfolgend haben die Autoren die Verhaltensmatrix für ausgewählte große, deutsche Wettbewerber und europäische Incumbents aus deutscher wie auch aus europäischer Perspektive angewandt. Hierbei lassen sich folgende Aussagen festhalten:

Abbildung 9: Checkliste zur Hinterfragung der Nischen- oder Generalistenstrategie[27]

Spezialisten	Generalisten
▪ Schwerpunkt auf hohen Gewinnmargen	▪ Schwerpunkt auf hohem Volumen
▪ Betonung von Service	▪ Betonung von Größe
▪ Vorteil durch Exklusivität des Produktangebots	▪ Vorteil durch hohe Auslastung des Anlagevermögens
▪ Fokussierte Produkte und Dienstleistungen	▪ Abdeckung Vollsortiment
▪ Fokus auf spezifische Marktsegmente	▪ Abdeckung Gesamtmarkt
▪ Wettbewerb durch Image und Erfahrung	▪ Wettbewerb durch Werthaltigkeit und Verkaufsförderung
▪ Fokussierte Vertriebskanäle	▪ Hybride Vertriebskanäle
▪ Multibusiness Unternehmen	▪ Integriertes Unternehmen
▪ Produkt- und Marktinnovationen	▪ Prozessinnovationen
▪ Multiple Markenidentität	▪ Einheitliche Markenidentität
▪ Effektivität mit kleinen Einbußen an Effizienz	▪ Effizienz mit kleinen Einbußen an Effektivität

Aus deutscher Perspektive:

- Von den vier deutschen Banken beziehungsweise Bankengruppen, die als Generalisten im Markt auftreten, ist lediglich die Deutsche Bank als Driver positioniert, während Commerzbank, Sparkassen und Genossenschaftsbanken eher in die Follower-Kategorie fallen.
- Die Postbank ist als Driver mit ihrem Fokus auf das Retail-Banking auf dem Weg zu einer klaren Nischenpositionierung. In dieser Positionierung sind ausländische Incumbents die wesentlichen Wettbewerber.

Aus europäischer Perspektive:

- Aufgrund der begrenzten internationalen Präsenz nehmen die bewerteten deutschen Banken mit Ausnahme der Deutschen Bank nur eine Nischenanbieterrolle wahr.

27 Sheth, J.; Sisodia, R. (2002)

- Driver innerhalb der Generalistenposition sind im europäischen Kontext die Citibank, HSBC, UBS und CS.
- Die Royal Bank of Scotland und UniCredit sind hingegen als Driver im Nischenanbietersegment positioniert.

Abbildung 10: *Verhaltensmatrix Incumbents*

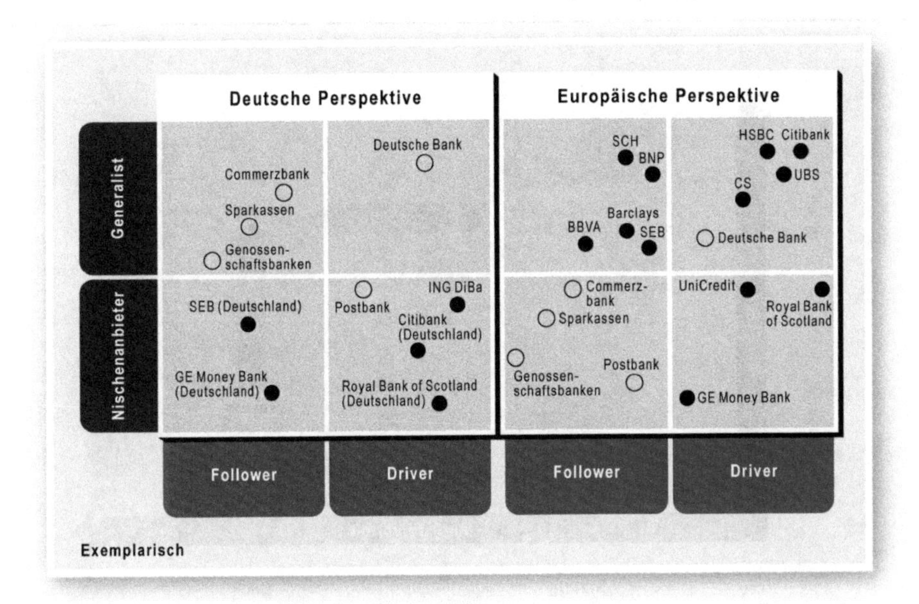

2. Strategische Entwicklungspfade

Zusätzlich zur Frage der Verhaltensmatrix ist von den Incumbents die Frage der Wettbewerbspositionierung mit dem strategischen Entwicklungspfad zu hinterfragen. Ein Wettbewerbsvorteil kann aus einem vom Kunden wahrgenommenen Kundenvorteil und/oder einem Anbietervorteil bestehen.

Eine Messgröße für den Kundenvorteil ist zum Beispiel der Preis. Je mehr der Kunde bereit ist zu zahlen, desto höher schätzt er den Vorteil des gekauften Produktes im Vergleich zum Wettbewerbsprodukt ein. Für den Anbietervorteil lassen sich die Durchschnittskosten des Produktes/der Leistung im Vergleich zum Wettbewerb heranziehen. Im Rahmen dieses Denkschemas lassen sich folgende Aussagen treffen:

Eine Positionierung eines Unternehmens unterhalb der Matrix-Diagonalen ist langfristig nicht nachhaltig beziehungsweise wettbewerbsfähig, da im Vergleich zum Durchschnitt weder ein Kunden- noch ein Anbietervorteil besteht; Incumbents sind häufig im Quadranten hoher Kundenvorteil, niedriger Anbietervorteil positioniert, während Herausforderer meist über eine bessere Kostenposition in den Markt eintreten.

***Abbildung 11:** Positionierungsmatrix*

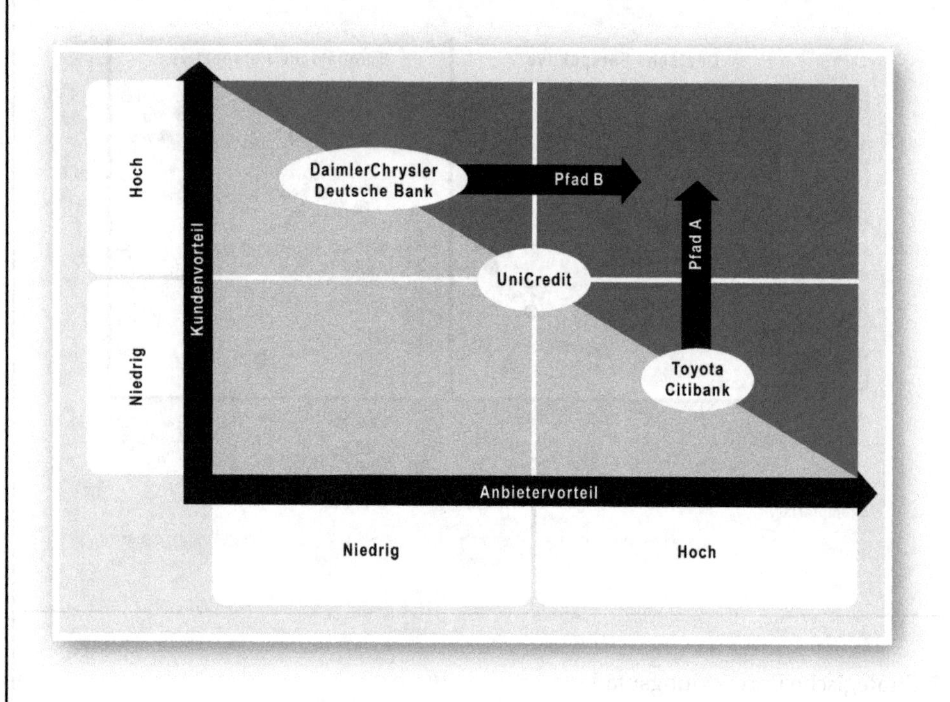

Ein Beispiel bietet die Automobilindustrie, wo Toyota sich über einen Kostenvorteil positioniert hat und nun die eigene Wettbewerbsfähigkeit vermehrt über Leistungsdifferenzierung und zunehmende Kundenvorteile aufbaut (strategischer Pfad A). DaimlerChrysler hat diese Herausforderung mit dem Fokus auf Kostenbeherrschung aufgenommen (strategischer Pfad B). Im Bankenbereich wären entsprechende Beispiele die Deutsche Bank (strategischer Pfad B), die Citibank (strategischer Pfad A) beziehungsweise UniCredit, die nach der HypoVereinsbank-Übernahme in 2005 am Knotenpunkt positioniert ist und ihre strategische Stoßrichtung noch finden muss.

Bei beiden dargestellten strategischen Pfaden handelt es sich auch um eine kulturelle Reorientierung innerhalb eines Wertesystems: Bei Pfad A bedeutet sie den Weg von der Kostenorientierung zur Leistungsorientierung; bei Pfad B gilt der umgekehrte Prozess.

Da auf erarbeitete Statussymbole verzichtet werden muss, ist Pfad B oftmals schwieriger zu verfolgen.[28] Incumbents versuchen diesen schwierigen Kulturwandel auf verschiedene Arten zu erreichen, beispielsweise durch:

- Outsourcing von nicht wettbewerbsrelevanten Aktivitäten der Wertschöpfungskette und damit Ermöglichung einer klaren Kostenfokussierung, die durch die vergangene Kultur des Incumbents nicht beeinträchtigt wird,
- Ausgründung von Einheiten und deren Ausstattung mit einem Topmanagement, das von Kostenorientierung geprägt ist und somit nicht dem eigenen Unternehmen entstammt,[29]
- Merger mit einem Unternehmen, das kostenorientiert geführt wird.

3. Consolidation Index

Die Kernfrage des Consolidation Index lautet, welcher Wettbewerber ist nach der Konsolidierung in der Lage, als einer der drei Generalisten Geld zu verdienen? Für den Consolidation Index verwenden die Autoren die nachfolgenden Kriterien, die hinsichtlich der Marktkapitalisierung der zehn größten europäischen Banken und der drei größten börsennotierten deutschen Banken (Deutsche Bank, Commerzbank und Postbank) angewandt werden (siehe Abb. 12).

- *Wettbewerbskompetenz:* Hier lautet die Frage, ob das Unternehmen die Marktregeln besser als der Wettbewerb beherrscht. Als internen Indikator verwenden wir die Produktivität je Mitarbeiter, als externen die Marktkapitalisierung, das heißt die Sichtweise der Investoren.
- *Finanzkompetenz:* Hier wird danach gefragt, ob das Unternehmen finanziell in der Lage ist, den Konsolidierungsprozess zu formen. Indikatoren hierfür sind das Ergebnis vor Steuern, die Eigenkapitalrendite sowie der Anteil institutioneller Anleger als potenzielle Hebel für die Aufnahme von Kapital.
- *Internationalisierungskompetenz:* In dem Fall lautet die Frage, ob das Unternehmen genügend Kompetenz besitzt, um sich mit der zunehmenden Internationalisierung des Wettbewerbs auseinanderzusetzen. Als Indikatoren hierfür verwenden wir den Anteil des Auslandsgeschäftes sowie den Internationalisierungsgrad des Management Committees.

---

28 Für einen Vertriebsmitarbeiter ist es leichter, sich mit einem qualitativ höherwertigen Firmenwagen anzufreunden als umgekehrt.

29 Zum Beispiel e·Plus, dessen Geschäftsbereiche Base und Simyo erfolgreich von branchenfremden Managern geleitet werden.

- *Wandelkompetenz:* Dieser Punkt fragt danach, ob das Unternehmen in der Vergangenheit gezeigt hat, dass es mit Reorganisationen umgehen und diese erfolgreich bewältigen kann. Indikator hierfür sind die Anzahl und die Größe der in der Vergangenheit durchgeführten Reorganisationen/Integrationen.

Abbildung 12: Consolidation Index

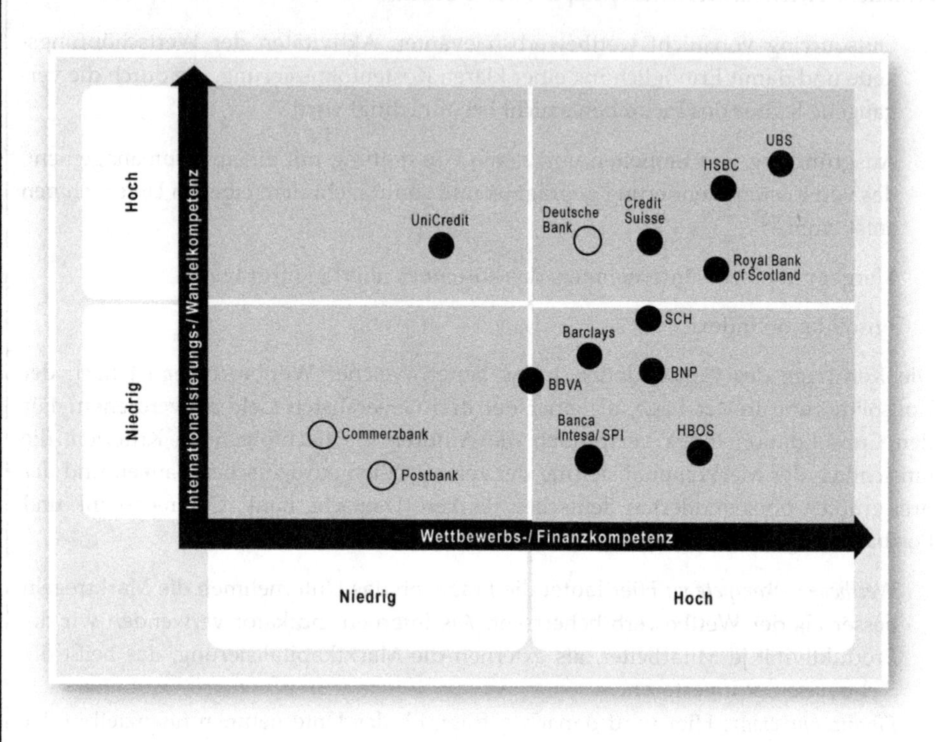

Sieht man sich die Gesamtbeurteilung an, kann man feststellen, dass insbesondere die UBS, die HSBC sowie die Royal Bank of Scotland im Rahmen der europäischen Marktkonsolidierung eine sehr gute Ausgangsposition haben. Dagegen weisen die vergleichsweise großen und am Markt hoch bewerteten spanischen, italienischen und französischen Banken zwar eine starke regionale Bedeutung auf, doch ihnen fehlt das internationale Profil. Lediglich die UniCredit hat nach der Übernahme der HVB mit dem starken Geschäft in Mittel- und Osteuropa eine gute Ausgangsposition für die weitergehende Marktkonsolidierung erreicht – allerdings wird sie ihre Wettbewerbskompetenz weiterhin verbessern müssen.

Die deutschen Banken haben – nicht zuletzt vor dem Hintergrund der noch immer bestehenden Wettbewerbsverzerrungen im Heimatmarkt – eine vergleichsweise schwache Ausgangsposition. Die Deutsche Bank hat darauf bereits mit einer klaren Fokussierung auf das internationale Investmentbanking, einem selektiven europäischen Retailbanking sowie mit dem Outsourcing von Teilfunktionen (Wertpapierabwicklung, Zahlungsverkehr, IT) reagiert. Auch die Postbank hat durch den Aufbau des Transaction-Banking den Weg zur Spezialisierung[30] eingeschlagen. Die Commerzbank wird ihr künftiges Profil dagegen noch schärfen müssen, wenn sie im europäischen Kontext weiterhin eine Rolle spielen will.

Abbildung 13: *Top 25 Banken der Welt nach Kernkapital*[31]

Position	Bank	Country	Tier-1 Capital in $ mill.
1	Citigroup	USA	79,407.00
2	HSBC Holdings	UK	74,403.00
3	Bank of America Corp	USA	74,027.00
4	JP Morgan Chase & Co	USA	72,474.00
5	Mitsubishi UFJ Financial Group	Japan	63,897.79
6	Crédit Agricole Groupe	France	60,598.80
7	Royal Bank of Scotland	UK	48,584.71
8	Sumitomo Mitsui Financial Group	Japan	39,573.25
9	Mizuho Financial Group	Japan	38,806.64
10	Santander Central Hispano	Spain	38,376.78
11	China Construction Bank Corporation	China	35,646.82
12	HBOS	UK	35,583.68
13	UniCredit	Italy	34,029.73
14	Barclays Bank	UK	32,532.71
15	ABN Amro Bank	Netherlands	32,301.52
16	Industrial and Commercial Bank of China	China	31,670.34
17	Bank of China	China	31,346.19
18	UBS	Switzerland	30,391.08
19	Wells Fargo & Co	USA	29,873.00
20	Rabobank Group	Netherlands	29,326.41
21	Wachovia Corporation	USA	28,654.00
22	ING Bank	Netherlands	27,613.54
23	Deutsche Bank	Germany	25,832.25
24	BNP Paribas	France	25,145.69
25	Crédit Mutuel	France	23,129.64

Quelle: The Banker, Juli 2006

30 neben dem dominierenden Retailbanking

31 The Banker (2006), S. 178 ff.

Der weite Weg zu einer internationalen Bedeutung deutscher Banken wird im internationalen Ranking der Banken sowie im Vergleich zu anderen Industrien deutlich (siehe Abb. 13 und 14). Die Deutsche Bank befindet sich beispielsweise nicht unter den Top 10 der Bankenrangliste nach Kernkapital. Vergleicht man die Bedeutung der Deutschen Bank auf Basis der Marktkapitalisierung zum Weltmarktführer Citibank und vergleicht dies Verhältnis mit anderen deutschen Unternehmen, so kann man folgern, dass Unternehmen wie Deutsche Telekom, Allianz und DaimlerChrysler noch am ehesten in den weltweiten Konsolidierungsprozess eingreifen können.

Abbildung 14: *Größenvergleich verschiedener Branchen*[32]

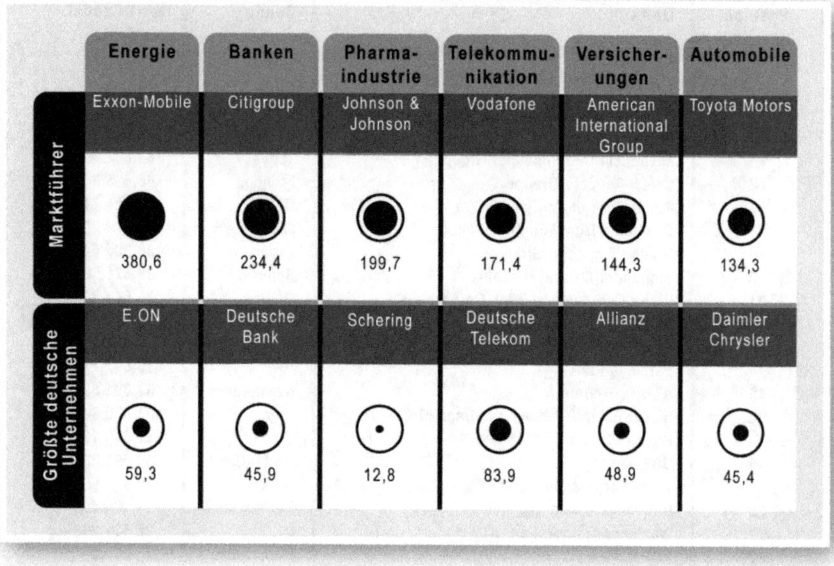

	Energie	Banken	Pharmaindustrie	Telekommunikation	Versicherungen	Automobile
Marktführer	Exxon-Mobile	Citigroup	Johnson & Johnson	Vodafone	American International Group	Toyota Motors
	380,6	234,4	199,7	171,4	144,3	134,3
Größte deutsche Unternehmen	E.ON	Deutsche Bank	Schering	Deutsche Telekom	Allianz	Daimler Chrysler
	59,3	45,9	12,8	83,9	48,9	45,4

Sechs Thesen

Abgeleitet von den dargestellten Ergebnissen postulieren wir sechs Thesen für die großen Banken im deutschen Markt:

32 Fortune Global 500 (2005)

1. Internationalisierung des Wettbewerbs und der Eintritt neuer Wettbewerber werden den Margen- und Effizienzdruck weiterhin erhöhen.

2. Erster Ansatzpunkt zur Effizienzsteigerung der Banken ist die Optimierung der bestehenden Wertschöpfungsstufen.

3. Im Sinne dieser Optimierung versuchen Banken, Effizienzpotenziale durch Skalierung der einzelnen Wertschöpfungsstufen, ebenso wie bei der Industrialisierung anderer Branchen geschehen, zu realisieren.

4. Mittelfristig und im nationalen Kontext erweist sich die Strategie der Effizienzsteigerung als valide; langfristig wird sie bei konvergierenden Märkten weder in Europa noch weltweit ausreichend sein, um als einer von drei Generalisten im Markt eine bedeutende Rolle zu spielen.

5. Im Sinne einer dualen Strategie, die neben dem kurz- und mittelfristigen Horizont auch die längerfristige europäische Konsolidierung beachtet, ist es essenziell, sich mit Zielmarktstrukturen und der möglichen eigenen Positionierung innerhalb dieser Zielmarktstrukturen zu beschäftigen und zu hinterfragen, ob die derzeitige Strategie vor einem solchen Hintergrund robust ist.

6. Im Rahmen dieser Hinterfragung ist es notwendig, das Bewusstsein zu generieren, dass sich der Bankensektor in einer Konsolidierungsphase befindet, die sich von zehn bis zu 25 Jahren erstrecken kann und folgende strategische Leitfragen zu klären:

   - *Verhaltensmatrix*: Will sich das Unternehmen als Spezialist/oder Generalist, als Driver oder Follower positionieren?

   - *Strategischer Entwicklungspfad*: Auf welchem strategischen Entwicklungspfad befindet sich das Unternehmen, und wie will das Unternehmen den kulturellen Wandel bewerkstelligen?

   - *Consolidation Index*: Hat das Unternehmen die notwendige Wettbewerbs-, Finanz-, Internationalisierungs- und Wandelkompetenz, um sich in der internationalen Konsolidierung als Generalist behaupten zu können, beziehungsweise wie kann das Unternehmen die notwendigen Kompetenzverbesserungen erlangen? Speziell für Banken, die kurzfristig nicht über die Ressourcen verfügen, um die in Deutschland übliche Generalistenposition zu halten, ist die Fokussierung auf klare Nischen notwendig. Dabei erscheint es opportun, die Generalistenposition im Heimatmarkt passiv abzugeben, während man im Ausland aktiv die Nischenposition aufbaut. Eine reine Generalistenstrategie erscheint den Autoren auch bei den vorhandenen Outsourcingmöglichkeiten für die deutschen Wettbewerber als nicht mehr valide.

Literaturverzeichnis

A.T. KEARNEY: A. T. Kearney-Transaction-Banking-Studie 2004

ACKERMANN, J.: Wird der Investmentbanker zum ständigen Begleiter des Mittelstandes? Familienunternehmer im Gespräch, Vortrag, Baden-Baden (24.11.2001)

BACHER, M. R.: Outsourcing als strategische Marketing-Entscheidung, Wiesbaden (2000)

BALZLI, B.; KERBUSK, K.-P.; PAULI, C.: Schulden im Schlussverkauf. In: Der Spiegel, Nr. 6 (2005)

BBE BRANCHENREPORT: Vertriebswege von Geldanlagen, Nr. 5 (2004)

BEARINGPOINT BENCHMARKING STUDIE: Investmentkonten (2005)

BECKER, W.: Restrukturierung beginnt schon bei profitablen Unternehmen. In: Börsenzeitung (24.7.2002)

BENKNER, A.-G.: Nicht mehr nur Steuern sparen. In: FAZ-Sonderbeilage Altersvorsorge (26.10.2004)

BERGER, R.: Berger prophezeit anhaltende Bankenflaute – Interview mit Heistenmann, G.; Bögler, D. In: Financial Times Deutschland (10.9.2002)

BERNET, B.: Institutionelle Grundlagen der Finanzintermediation, München (2003)

BIERER, H.; FASSBENDER, H.; RÜDEL, T.: Auf dem Weg zur schlanken Bank. In: Die Bank, Nr. 9 (1992)

BONGARTZ, U.: Transaktionsbanking quo vadis? In: Lamberti, H.-J.; Marlière, A.; PÖHLER, A. (HRSG): Management von Transaktionsbanken, Berlin (2003)

BÖRSENZEITUNG (10.8.2002): Lazard liegt bei der Schuldenberatung vorn.

BÖRSENZEITUNG (24.4.2003): Schlechte Kredite dürfen und werden nie dabei sein.

BÖRSENZEITUNG (2.7.2003): Apax sagt einen „Capital Crunch" voraus.

BÖRSENZEITUNG (23.8.2005): Für deutsche Bank wird DV AG immer wichtiger.

BREMNER, A.; SIMONE, A. E.: Rethinking wholesale-banking operations. In: McKinsey on Corporate & Investment Banking (01/2006)

BRENNER, M.: Pro KMU AG – Grobkonzept der Versicherungs Treuhand Zürich AG (VTZ). In: WAK (Kommission für Wirtschaft und Abgaben), Referatsunterlagen, Zürich (12.1.1998)

BREUER, ROLF E.: Banken stehen vor radikalem Umbau. In: Handelsblatt (2.12.2002)

BRUNNER, A.; DECRESSIN, J.; HARDY, D.; KUDELA, B.: Germany's Three-Pillar Banking System, International Monetary Fund, Washington DC (2004)

BURCHARD, U.: Kompetenz-Netzwerk versus Universalbank. In: Die Bank, Nr. 1 (1997)

BVI, BUNDESVERBAND INVESTMENT UND ASSET MANAGEMENT E. V.: Daten, Fakten, Entwicklungen, Frankfurt a. M. (2007)

CAP GEMINI EARNST & YOUNG ANALYSIS (2003 – 2004)

COMMISSION OF THE EUROPEAN COMMUNITIES, COM (2005) 603 FINAL: Proposal for a "Directive of the European Parliament and of the Council on payment services in the internal market"

CONSILEON-STUDIE (2005): Quo vadis Finanzvertriebe?, Frankfurt a. M.

DATAMONITOR (2005): The German Financial Advice Market

DB-RESEARCH: Kreditderivate: Wirkung auf die Stabilität der Finanzmärkte, e-Conomics, Aktuelle Themen, Nr. 293 (2004)

DEANS, G. K.; KRÖGER, F.; ZEISEL, S.: Merger Endgames – Strategien für die Konsolidierungswelle, Wiesbaden (2002)

DICKLER, R. A.; SCHALAST, CH.: Distressed Debt in Germany: What's next? Possible innovative Exit Strategies. In: HfB-Working Paper, Series Nr. 73 (2006)

EHRENSBERGER, S.; OPELT, F.; RUBNER, H.; SCHMIEDEBERG, A.: Dealing with Deconstruction. In: Bresser, R.; Hitt, M.; Nixon, R.; Heuskel, D. (Hrsg.): Winning Strategies in a Deconstructing World, Chichester (2000)

EURACTIV.COM: Brief – McCreevy tells banks to "press accelerator" on retail reforms. Online unter: http://www.euractiv.com/en/financial-services/brief-mccreevy-tells-banks- press-accelerator-retail-reforms/article-136755, (14.5.2005)

EUROPEAN COMMISSION: Consultative Paper on SEPA Initiatives (13.2.2006)

FDIC OUTLOOK, FALL 2006: A New Plateau for the U.S. Securitization Market

FOCKENBROCK, D.: Strategie der Zukunft liegt in der Kunst des Zerlegens. In: Handelsblatt (1.10.1999)

FORTUNE GLOBAL 500 (2005)

FUCHS, W.: Die Transaktionskosten-Theorie und ihre Anwendung auf die Ausgliederung von Verwaltungsfunktionen aus industriellen Unternehmen, Dissertation, Universität Trier /1994)

GEORGE, M. L.: Lean Six Sigma – Combining Six Sigma Quality with Lean Speed, McGraw-Hill Professional (2002)

GOMEZ, P.; PROBST, G.: Die Praxis des ganzheitlichen Problemlösens: Vernetzt denken, unternehmerisch handeln, persönlich überzeugen. In: Gomez, P.; Probst, G.: Die Praxis des ganzheitlichen Problemlösens, Bern (1997)

GRAMPP, M.: Die Analyse des renditeorientierten Inkubatorenkonzeptes in Deutschland, Berlin (2004)

GRIES, L.: Banken vermarkten Kredite. In: Süddeutsche Zeitung, Nr. 152 (2003)

GROßE-PECLUM, K.-H.: Lean-Banking-Kommunikation zur Stärkung der Teamarbeit und Produktivität. In: Congena (Hrsg.): Die lernende Bankorganisation. Strategien für die Jahrtausendwende, Wiesbaden (1995)

GROTH, A.; GOTTSCHLAG, O.: Venture Capital und Private Equity aus Sicht der Wissenschaft. In: Zeitschrift für das gesamte Kreditwesen, Nr. 01 (2004)

HAMEL, G.; PRAHALAD, C. K.: Competing for the Future, Cambridge, Mass. (1994)

HAMOIR, O.; MCCAMISH, C.; THIERSCH, C.: Europe's Banks: Verging on Merging. In: The McKinsey Quarterly, Issue 3 (2002)

HANDELSBLATT (23.7.2002): Kreditinstituten fehlt die Innovationsfreude. Prof. J. Moormann: Neue Ideen bleiben bei Banken derzeit auf der Strecke.

HANDELSBLATT (30.10.2002): Investmentbanker schielen auf Sanierungsfälle – UBS Warburg und Rothschild wollen vermehrt Restrukturierungsmandate akquirieren.

HANDELSBLATT (7.9.2005): Boom im Handel mit Problemkrediten.

HANDELSBLATT ONLINE (6.9.2006): Weniger Firmen gehen Pleite, Angaben des Statistischen Bundesamtes. Online unter: http://www.handelsblatt.com/news/printpage.aspx?_p=203990&_ t=ftprint&_b=11317

HEDGE FUND RESEARCH, INC. (2007)

HENNINGS, D.; BEHRENS, J.; CZAPLINSKY, E.: Die Firmensanierung: Banken als Schrittmacher und Wegbegleiter. In: Kreditpraxis, Nr. 1 (1998)

HEUERDING, H.; KNIELING, H.: Spezialisierte Investoren als Alternative zur Insolvenz. In: Börsenzeitung (8.5.2004)

HIENTZSCH, R.: Damit die Vertriebskooperation gelingt. In: Versicherungswirtschaft, Nr. 12 (2002)

HIENTZSCH, R.: Die Vertriebswege neu ausrichten. In: Die Bank, Nr. 11 (2003)

HIENTZSCH, R.: Spaß muss sein – Was Kunden für ihre Vorsorge von Finanzdienstleistern erwarten. In: FAZ-Sonderbeilage Altersvorsorge (26.10.2004)

HIENTZSCH, R.; BORMANN, S.: Die Vertriebskanäle im Umbruch. In: Versicherungswirtschaft, Nr. 21 (2001)

INTERNATIONAL MONETARY FUND: Banking System, Washington DC (2004)

JOBE, C.: WORKOUT: Management und Handel von Problemkrediten. In: Clemens J.; Stachuletz, R. (Hrsg.): Workout. Management und Handel von Problemkrediten, Frankfurt a. M. (2005)

JOST, P.-J. (HRSG.): Der Transaktionskostenansatz in der Betriebswirtschaftslehre, Stuttgart (2001)

KFW-RESEARCH, MAKROSCOPE NR. 17 (2005): Das deutsche Kreditgewerbe im internationalen Vergleich: Betriebswirtschaftlich wenig rentabel, volkswirtschaftlich hoch produktiv.

KÖHLER, P.: Deutsche Verbriefungsinitiative TSI verfehlt ihre Ziele für 2005, Prestigeobjekt der Banken wird jetzt auf faule Kredite ausgedehnt. In: Handelblatt (2005)

KOPPELMANN, U.: Outsourcing, Stuttgart (1996)

KRÖNUNG, H. D.: Chancen und Risiken von Lean Banking. In: Die Bank, Nr. 6 (1994)

LAMBERT, D. M.; KNEMEYER, M.; KOPPELMANN, U.: Outsourcing: Kooperation – Gemeinsam zur perfekten Partnerschaft. In: Harvard Business Manager, Nr. 9 (2006)

LAMBERTI, H.-J.: Kernelemente der Industrialisierung. In: Sokolovsky, Z.; Löschenkohl, S. (Hrsg.): Handbuch Industrialisierung der Finanzwirtschaft, Wiesbaden (2005)

LAMBERTI, H.-J.: Sourcingentscheidungen entlang der Wertschöpfungsprozesse der Deutschen Bank. In: Töpfer, A.; Schweickart, N. (Hrsg.): Wertorientiertes Management. Werterhaltung – Wertsteuerung – Wertsteigerung ganzheitlich gestalten, Berlin (2006)

LAMMERS, M.; LOEHNDORF, N.; WEITZEL, T.: Strategic Sourcing in Banking – A Framework. In: Proceedings of the 12th European Conference on Information Systems, Turku (2004)

LAUTENSCHLAGER, P.: Workout-Management. Theoretische Fundierung und empirische Analyse des Managements von Problemkrediten im schweizerischen Kreditgeschäft, Bern (2000)

LOHNEIß, H.: Zukunftskonzepte für einen industrienahen Dienstleister im Finanzmarkt. In: Die Bank, Nr. 4 (2000)

LÜTHY, M.: Unternehmenskrisen und Restrukturierungen: Bank und Kreditnehmer im Spannungsfeld existenzieller Krisen, Dissertation, Universität Zürich (1987)

MAISCH, M.: Banken schreiben massiv Kredite ab. In: Handelsblatt (28.10.2002)

MAISCH, M.: Junk Bonds werden auch in Deutschland salonfähig – Investmentbanker hoffen auf Fortsetzung des Booms in Europa. In: Handelsblatt (25.8.2003)

MAISCH, M.: Notverkäufe von Firmen verschaffen Bankern Luft – Unternehmenskrisen bringen Arbeit für unterbeschäftigte Fusionsberater. In: Handelsblatt (22.7.2002)

MENNER, S.: Umsatzsteuerfragen bei Tx-Bankleistungen. In: Lamberti, H.-J.; Marlière, A.; Pöhler, A. (Hrsg.): Management von Transaktionsbanken, Berlin (2003)

MOLDENHAUER, R.: Krisenbewältigung in der New Economy, Sanierungsansätze und Handlungsempfehlungen für Gründungs- und Wachstumsunternehmen, Dissertation, Technische Universität Berlin (2003)

MÜLLER, J.: Die Beurteilung von Private-Equity-Fonds aus Sicht privater und institutioneller Investoren, Diplomarbeit, Universität Leipzig (2001)

NESKE, R.: Der Kunde baut die Bank der Zukunft. In: Die Bank, Nr. 9 (2005)

OBERMÜLLER, M.: Stillhalten oder kündigen? In: Kreditpraxis, Nr. 2 (1982)

PICOT, A.; DIETL, H.; FRANK: Organisation, Stuttgart (1997)

POLITI, J.: KKR founder Kravis warns hedge funds, in: Financial Times (23.9.2004)

PORTER, M.: Competitive Advantage, New York (1985)

PRAHALAD, C. K.; HAMEL, G.: The Core Competence of the Corporation. In: Harvard Business Review, Nr. 3 (1991)

RÄSS, H. E.: Die Restrukturierung von Unternehmen aus der Sicht der kreditgebenden Bank, Bern (1993)

ROBERTS, J.: The Modern Firm. Organizational Design for Performance and Growth, Oxford (2004)

RUSHTON, J.; SEMBACH, M.: Deutsche Banken müssen aufwachen, in: Handelsblatt (2.10.2002)

SCHARECK, B.: Der größte Umbruch seit Bestehen der Bundesrepublik. In: FAZ-Sonderbeilage Altersvorsorge (26.10.2004)

SCHÄTZER, S.: Unternehmerische Outsourcing-Entscheidungen. Eine transaktionskosten- theoretische Analyse, Dissertation, Universität Lüneburg (1999)

SCHUH, G.; FRIEDLI, T.; KURR, M. A.: Kooperationsmanagement. Systematische Vorbereitung – Gezielter Auf- und Ausbau – Entscheidende Erfolgsfaktoren, München (2005)

SECURITIES INDUSTRY AND FINANCIAL MARKETS ASSOCIATION: Erträge US-Markt, Volumen für NYSE, NASDAQ und AMEX. Online unter: http://www.sia.com/research/html/industry_statistics.html

SHETH, J.; SISODIA, R.: The Rule of Three: Surviving and Thriving in Competitive Markets, New York (2002)

STORCK, A.: Die Technik- und Beratungsbank. Eine Analyse organisatorischer Möglichkeiten zur Effizienzverbesserung des Absatzes von Universalbankleistungen, Frankfurt (1983)

SÜCHTING, J.: Bankmanagement, Stuttgart (1998)

SÜCHTING, J.; PAUL, S.: Bankenintermediation, Stuttgart (1998)

THE BANKER (2006), Nr. 7

VATER, D.: Die Qualität deutscher Private-Equity-Unternehmen: Optimierungsmöglichkeiten bei der Vergabe von Beteiligungskapital, Dissertation, Technische Universität Chemnitz (2002)

VOIGT, S.: Die Beteiligungsprüfung innovativer Start-ups durch unabhängige, renditeorientierte Venture-Capital-Gesellschaften, Universtität Leipzig (2004)

VOLK, R.: New Workout Management als Kern einer eigenständigen Bankdienstleistung. Auf dem Weg zu einer Sanierungsspezialbank, Universität Leipzig (2007)

WHITE PAPER (05/2002): "Euroland: Our Single Payment Area!"

WILLIAMSON, O.E.: The Economics Institutions of Capitalism, New York (1985)

WILLIAMSON, O.E.: Markets and Hierarchies: Analysis and Antitrust Implications. A Study in the Economics of International Organizations, New York (1975)

WINDSPERGER, J.: Transaktionskostenansatz zur Entstehung der Unternehmensorganisation, Heidelberg (1996)

WIRTZ, B. W.: Electronic Business, Wiesbaden (2000)

WITTKOWSKI, B.; FRÜHAUF, M.: Wir sind im Risikomanagement auf dem richtigen Weg – Interview mit Kemmer, M. In: Börsenzeitung (24.8.2004)

WITTKOWSKI, B.: Risiken handeln statt nehmen, in: Börsenzeitung, Nr. 82 (2003)

XCHANGING WHITEPAPER (2004): Ein neuer Horizont: Warum deutsche Wertpapierabwickler umdenken müssen, Frankfurt a. M.

Stichwortverzeichnis

H

I

K

L

M

N

O

P

R

S

T

V

W

Z